汉代焦氏林辞研究

田胜利 著

中国社会科学出版社

# 图书在版编目（CIP）数据

汉代焦氏林辞研究／田胜利著 . —北京：中国社会科学出版社，2020.12
（京师中文学术文库）
ISBN 978-7-5203-7080-6

Ⅰ.①汉⋯　Ⅱ.①田⋯　Ⅲ.①占卜—研究②《周易》—研究
Ⅳ.①B992.2②B221.5

中国版本图书馆 CIP 数据核字（2020）第 164069 号

| | |
|---|---|
| 出 版 人 | 赵剑英 |
| 责任编辑 | 史慕鸿 |
| 责任校对 | 刘　娟 |
| 责任印制 | 戴　宽 |

| | |
|---|---|
| 出　版 | 中国社会科学出版社 |
| 社　址 | 北京鼓楼西大街甲 158 号 |
| 邮　编 | 100720 |
| 网　址 | http://www.csspw.cn |
| 发 行 部 | 010-84083685 |
| 门 市 部 | 010-84029450 |
| 经　销 | 新华书店及其他书店 |

| | |
|---|---|
| 印刷装订 | 三河弘翰印务有限公司 |
| 版　次 | 2020 年 12 月第 1 版 |
| 印　次 | 2020 年 12 月第 1 次印刷 |

| | |
|---|---|
| 开　本 | 710×1000　1/16 |
| 印　张 | 19.25 |
| 插　页 | 2 |
| 字　数 | 269 千字 |
| 定　价 | 108.00 元 |

凡购买中国社会科学出版社图书，如有质量问题请与本社营销中心联系调换
电话：010-84083683
**版权所有　侵权必究**

# 目 录

序 …………………………………………………………… (1)

**绪论** ……………………………………………………… (1)
  一 选题依据 ……………………………………………… (1)
  二 研究现状 ……………………………………………… (3)
  三 研究中的难题 ………………………………………… (7)
  四 选题的理论意义及实践意义 ………………………… (8)
  五 研究的具体方法 ……………………………………… (9)

**第一章 卦象与繇辞：《易林》的文本结构** ……………… (11)
  第一节 《易林》卦象与繇辞的关系 …………………… (11)
    一 繇辞对卦象的游离 ………………………………… (11)
    二 卦象对繇辞的限制 ………………………………… (17)
  第二节 象数的背后：《易林》义理蠡测
       ——以八纯卦卦象与卦旨的关系为例 ………… (21)
    一 尚中与静体多吉理念及其在卦象与卦旨关系中的
       显现 ………………………………………………… (22)
    二 以阳为尊的阴阳消长理念及其在卦象与卦旨关系
       中的显现 …………………………………………… (24)

## 第二章 编撰与机理：《易林》的文脉渊薮 …………………………（32）

### 第一节 《易林》与《周易》古经 …………………………………（32）
- 一 《易林》取象与《周易》的卦名及爻辞之象 …………………（32）
- 二 《易林》卦旨指向与《周易》的爻位意义 ……………………（37）

### 第二节 《易林》与《易传》 ………………………………………（48）
- 一 《易林》与《易传》据爻位、爻辞之象数解《易》的沟通 ……………………………………………………………（49）
- 二 《易林》与《易传》据卦象、义理解《易》的渊源 ……………（53）

### 第三节 《易林》与先秦筮例 ………………………………………（61）
- 一 《易林》与先秦《左传》解卦法及一爻变筮例渊源 …………（61）
- 二 《易林》与先秦多爻变及六爻不变筮例的渊源 ………………（70）
- 三 《易林》解占的稳定性与先秦筮例的预设性：以《左传》为例 ……………………………………………（81）

## 第三章 诗学与经学：《易林》的诗性特征 ………………………（86）

### 第一节 汉代经学的演变与四言诗的走势 …………………………（86）
- 一 经学初创期的主流层面四言诗 …………………………………（86）
- 二 经学昌盛期四言诗文人的双重身份和地理分布 ………………（89）
- 三 经学昌盛期主流层面四言诗和特征 ……………………………（91）
- 四 四言诗的特例——《易林》 ……………………………………（95）
- 五 经学衰落期主流层面的四言诗 …………………………………（98）
- 六 两汉民间层面的四言诗 …………………………………………（100）

### 第二节 《易林》与上博简《孔子诗论》 ……………………………（101）
- 一 《易林》说《诗》与《孔子诗论》解《诗》的会通 ……………（102）
- 二 《易林》说《诗》与《孔子诗论》解《诗》的分际 ……………（111）

### 第三节 《易林》与《韩诗外传》引《诗》比较 ……………………（120）
- 一 涉《诗》篇目重心从《雅》《颂》到《风》《小雅》的转变 ……………………………………………………………（120）
- 二 解读风格从庄重典奥向平实通俗的倾斜 ………………………（124）

三　诗学旨趣从成一家之言到博采众家之论……………………(130)
第四节　《易林》与《周易》古歌 ……………………………………(134)
　　一　《易林》与《周易》卦、爻辞诗性句型结构……………………(135)
　　二　《易林》与《周易》卦、爻辞物类事象的象征意义……………(139)
　　三　《易林》的语汇特色与《周易》卦、爻辞用语……………………(146)
第五节　《诗经》的比、兴与《易林》的象征 ……………………………(152)
　　一　《诗经》比、兴与《易林》象征的融通……………………………(152)
　　二　《诗经》比、兴与《易林》象征的分际……………………………(161)

第四章　主题与用典：《易林》的旨趣寄寓 ……………………………(167)
　第一节　《易林》对历史传说的吸纳及承载的理念 …………………(167)
　　一　变革主题的彰显………………………………………………(167)
　　二　居高思危的忧患意识…………………………………………(173)
　　三　中正多吉的价值判断…………………………………………(176)
　第二节　《易林》引史传作品故实考论举隅 …………………………(182)
　　一　《易林》引东周之前故实及其与卦象含义的融通 ……………(182)
　　二　《易林》引东周至西汉故实及其与卦象含义的
　　　　融通 ………………………………………………………………(187)
　第三节　《易林》的仙道思想与企寿情怀
　　　　　——以相关名物为透视点………………………………………(191)
　　一　《易林》作者焦赣姓、名、字的纵横关联 ………………………(191)
　　二　《易林》仙道特征、仙山的地域分布及其与名字内涵的
　　　　融通 ………………………………………………………………(197)

第五章　义理与事象：《易林》的斑斓世界 ……………………………(205)
　第一节　沟通卜筮与文学的桥梁
　　　　　——《易林》中的动物意象浅议………………………………(205)
　　一　动物意象群的分类与作者的情感指向………………………(205)
　　二　动物意象的分布及其映射出的社会现实……………………(208)

三　动物意象群呈现出的多样化艺术特色……………………（212）
　第二节　《易林》的方位词及其相关事象选析………………（215）
　　一　东邻、东家、西邻、西家及其婚姻相感事象……………（216）
　　二　南山及其舒展事象………………………………………（221）
　　三　北陆及其消敛事象………………………………………（225）
　第三节　天人同感与以阳为尊理念的显现
　　　　　——《易林》灾异事象透视……………………………（228）
　　一　灾异事象类型及相关理念生成的文化土壤……………（229）
　　二　天文类灾异事象…………………………………………（231）
　　三　自然风物、人间怪诞类灾异事象…………………………（235）
　第四节　《易林》的色彩词及相关物象与事象选析……………（241）
　　一　白、黑、赤搭配的物象及相关的吉祥或争斗事象………（241）
　　二　玄、苍、青、黄搭配的物象及相关吉祥事象………………（248）

**第六章　范式与流传：《易林》的后世影响**………………………（255）
　第一节　《易林》与《京氏易传》的关系厘清与认定………………（255）
　　一　《易林》和《京氏易传》对《易传》的嗣承与发展…………（255）
　　二　《易林》与《京氏易传》的纳甲、卦气说…………………（259）
　　三　《易林》与《京氏易传》的星象、五行说…………………（267）
　第二节　《易林》与郭璞《易洞林》及相关占辞………………（271）
　　一　《易林》与郭璞占筮一爻变、静体不变占辞的生成
　　　　机理…………………………………………………………（271）
　　二　《易林》与郭璞占筮多爻变占辞的生成机理……………（277）
　　三　《易林》与郭璞占筮筮例占辞的文学性…………………（284）

**主要参考文献**………………………………………………………（288）

**后记**………………………………………………………………（293）

# 序

李炳海

田胜利博士的学术专著《汉代焦氏林辞研究》即将出版，嘱予为之作序。我作为他在攻读博士学位期间的指导教师，自然义不容辞，同时对我来说也是一件乐事。这部专著是以博士学位论文为基础，又作了修改加工。从确定选题到今天提交给出版社，历时五年多，可以说是一部惨淡经营、精心打磨之作。面对这部书稿，确实感慨良多，有许多话题可供谈论。

田胜利攻读硕士期间在福建师范大学师从郭丹教授，受到严格的学术训练，论文选题集中在楚辞、《庄子》，这与他本科期间班主任吴广平教授的影响直接相关，同时这也是郭丹教授的研究方向之一，这个阶段的学术研究的师承关系非常明显。考取中国人民大学博士生之后，田胜利把他的论文选题确定为《易林》研究。他的这种选择出自两方面原因，一是他对《易》情有独钟，二是要继承硕士期间的母校福建师范大学的治《易》传统。这两条理由都具有合理性，我颇为欣赏。福建师范大学是近代以来治《易》重镇，尚秉和先生的《周易尚氏学》《焦氏易林注》等一系列著作，使他成为《易》学的一代宗师。黄寿祺、张善文先生继承《周易尚氏学》的传统，他们的《周易译注》成为国内最权威的读本之一。至于陈良运先生的《焦氏易林诗学阐释》则是近代以来首部对《易林》进行系统的文学研究的专著。由此看来，田胜利把《易林》作为博士学位论文选题，是他的《易》学情结与学脉渊源相结合的产物，由此使人联想到当下的学脉源流与学术传承的问题。

学派的形成是学术昌盛的标志，而学派的形成很大程度上依托学脉的绵延承接。古代的学脉延续无非三种形式，有官学、有私学，还有家学。而在当下阶段，古代学脉延续的这些形式都无法加以复制。即以高校为例，由于强调学缘结构的多元与合理，防止近亲繁殖，因此，具有相同学缘或师承关系的学人很难在一个单位形成群体，更无法形成学派，这种情况在中国古代文学学科体现得尤为明显。除了少数有学术远见者当权的单位，或是学科带动人处于强势，许多高校中国古代文学学科的师承、学脉或者出现明显的断裂，或者是不绝如缕，这是有目共睹的事实。作为单独的学人个体，根本无法改变这种现状，也无须怨天尤人。正确的选择是树立自觉的学脉意识，通过自身的努力使得学术薪火相传，最终形成各具特色的学术流派。中国的学术要真正走到这一步还有漫长的路程，需要几代学人坚持不懈的努力。田胜利博士的这部学术著作，它的一个重要价值就是在学脉的延续上作出了贡献。福建师范大学的《易林》研究，前有尚秉和先生的《焦氏易林注》《焦氏易诂》奠基，中间有陈良运先生的《焦氏易林诗学阐释》相接续，现在又有田胜利博士的《汉代焦氏林辞研究》，这些同属一个学缘的著作，足以卓然自立于当代学术之林。当然，如果这个学脉的链条能够继续延伸，无疑会形成《焦氏易林》研究的闽派。

《易》是象数之学，对它的研究不能脱离象和数，《易林》也是如此。田胜利攻读的是中国古代文学专业的博士，是从文学角度研究《易林》。那么，这个课题是从象切入呢，还是把数作为突破口？通常情况下，《易林》的文学研究都是以象为重点，而对于其中的数则较少涉及。《易林》共4096则，篇幅较大，尽管学界的文学研究对于其中的象已有较多探讨，但是，仍然留有很大的学术空间可供开拓。田胜利博士如果沿着这个路数继续前行，在学术上也会有所突破。对其中的意象、角色、风物、原型等加以解析，难度并不是很大。田胜利博士对《易林》的研究，首先探索的不是其中的象，而是它的数，是由数到象，以数的研究统辖象的研究，这方面的研究成果主要收录在这部著作的第二章。他的这种研究理路，提出两个问题：学术研究是知难而上，还是避重就轻？学术研究的最终目的，解决"是什么"的问题，还是"为什么"的问题？

从数字的角度切入研究《易林》，存在较大的难度。《易林》构建的是变卦体系，从一爻变到六爻变，还有六爻皆不变，其中每个爻变系列都涉及众多条林辞。田胜利博士在进行梳理过程中，对每个爻变系列的林辞都分门别类地全部加以摘录编排，探讨其中的机制。在涉及一爻变、两爻变时还比较顺利，到了三爻变就相当艰难。至于四爻变、五爻变，无法解决的问题就更多，因为这需要运用数理逻辑进行推演。尽管在这方面未能做得尽善尽美，但已经有了良好的开端，并且为今后的探索留下了空间。我作为田胜利的指导教师，亲眼目睹了他在进行爻变运演研究所付出的艰辛。这种知难而上、攻坚克难的学术执着，确实是难能可贵的。

田胜利博士对《易林》首先从数字的角度切入进行研究，有他自己的考虑。在他看来，这部著作中暗含的数变，决定林辞的象，也就是说，数变是本质性的因素，是作为规律在发挥作用。他对《易林》所作的探索，不是停留在林辞所出现的物类事象，而是聚焦于为什么会出现这些事象。对爻变所作的梳理，在很大程度上解决了这个问题。他对林辞物类事象所作的阐释，往往是以爻变为依托。

除此之外，他还从文化学、历史学、哲学的角度，对林辞的名物典故、方位色彩的深层意蕴加以揭示，触及许多规律性的东西。一篇论文、一部学术著作，如果只是展现出研究对象所表现的内容，并且认定得比较准确，可以说是基本达到合格标准。但是，如果想成为学术精品，就必须向深处开掘，解决为什么会如此的问题，这是学术探索应该达到的高度。在学术界现象描述泛滥的今天，田胜利博士这种追本溯源的精神，应该大力提倡。

当下正处在大数据时代，许多学术信息可以从网络上轻易获得。但是，网络不是万能的，对于学术研究而言，还有个小数据的处理问题。所谓的小数据，就是非常专业的学术信息，这些信息依靠网络是无法得到的。田胜利博士这部著作，对极其专业的小数据处理得比较成功。如前所述，他对林辞爻变得各种类型作了分门别类的梳理，由于文字量很大，尽管没有纳入书中，却是整部著作的基本依托。书中出现的一系列表格，都是对非常专门的学术信息的归纳整理，是在进行量化，采用的是切实可行而又效果显著的操作方式，在方法上有借鉴意义。

这部著作对小数据所作的处理，采用的是分门别类加以编排的处理方式，是以专题为单元。综观这部著作，是以专题研究为基础，许多节都是相对独立的单篇论文。这就提出另一个问题：学术研究是以解决问题为主，还是把构建体系放在首位。当下的博士学位论文评审答辩，以及对学术专著的认定，往往强调体系的完整和严密，从而导致许多人致力于体系的构建，而忽视专题研究的深入。平心而论，对于博士生和年轻学人，在踏上学术之路的初始阶段就用体系为标准加以衡量，实在是苛求，是强人所难，也是无法真正落实的。在博士毕业阶段，能够初步形成自己的学术格局，已经实属不易，距离形成自己的体系还相距甚远。当然，作为一名有造诣的学者，最终应该推出有体系的学术著作，这是必须确立的远期目标，需要数十年甚至毕生的努力才有可能实现。如果在学术起步阶段就沉湎于体系的构造，那么所造出来的体系或者是强制性的，或者是对已有体系的复制。向这类体系内部所填充的材料，很难有学术亮点。田胜利博士这部著作走的不是构建体系的路子，而是以实证和专题研究为基础和构架的组合，已经为以后形成完整严密的体系铺平道路。

在以往的学术研究中，经常出现研究者被研究对象同化的现象：神话研究走向虚幻，经学研究者食古不化，《易》学研究者沦为方士，甚至为人相面算卦。《易林》是对《周易》本经的演绎，而《周易》本经最初用于巫术。田胜利博士在对《易林》进行研究的过程中，始终保持清醒的理性和严格的科学精神。他对其中的巫术思维进行还原，同时又用辩证思维和严密的逻辑加以分析。他根据林辞的实际情况进行象和数的运演，但是把它掌控在合理的范围之内。古代《易》学研究后来走向神秘化，一个重要的原因，就是对象和数的过分推演，以及对以自然现象附会人事所得出的结论信以为真。田胜利博士的《易》学研究可以就此告一段落，但是，在此过程中表现出的清醒理性和科学精神，会成为今后学术研究的基本遵循，这部著作是良好的开端。

田胜利博士在获得学位之后，又转益多师，先后进入南京大学和北京师范大学的博士后流动站。他在这两个学术驿站的合作导师许结教授、过常宝教授，均是学养深厚、视野宏阔的古代文学专家，有丰硕的学术成果问世。他们对田胜利博士的沾溉熏陶，已经取得显著的成效，这从他近期撰写的一系列论文可以看得很清楚。对此，我深表欣慰。

话题又回到《焦氏易林》研究。尚秉和先生作为近代《焦氏易林》研究的奠基人和宗师，祖籍河北行唐。如今，田胜利博士又在燕赵之地推出他的这部专著，可谓是历史的巧合。田胜利博士出生在湖南，在今后的学术生涯中，如能熔湘学闽学于一炉，并且兼取京派海派之长，那么，未来的学术前景就会更加美好。这是我的衷心祝愿。

2017 年 6 月 6 日于北京寓所

# 绪　　论

## 一　选题依据

**1. 焦赣其人与《易林》**

《易林》是出现于西汉末年的一部作品，作者焦赣是汉代易学家京房的老师，《汉书》在卷七十五《京房传》和卷八十八《儒林传》中有对焦赣的简要介绍：

> （京房）治《易》，事梁人焦延寿。延寿字赣。赣贫贱，以好学得幸梁王，王共其资用，令极意学。既成，为郡史，察举补小黄令。以候司先知奸邪，盗贼不得发。爱养吏民，化行县中。举最当迁，三老官属上书愿留赣，有诏许增秩留，卒于小黄。赣常曰："得我道以亡身者，必京生也。"其说长于灾变，分六十四卦，更直日用事，以风雨寒温为候，各有占验。

又曰：

> 京房受《易》梁人焦延寿。延寿云：尝从孟喜问《易》。会喜死，房以为延寿《易》即孟氏学，翟牧、白生不肯，皆曰非也。至成帝时，刘向校书，考《易》说，以为诸《易》家说皆

祖田何、杨叔元、丁将军，大谊略同，唯京氏为异，党焦延寿独得隐士之说，托之孟氏，不相与同。

焦赣的生卒年，陈良运先生推测，焦赣约出生在汉武帝太始元年（前96）以后，约卒于汉成帝河平年间（前27—前25），得寿约70余岁。焦赣的籍贯属梁，梁在西汉时是藩国，在今天的河南商丘一带。焦赣一生为官的地方叫小黄，汉时是陈留郡的辖县之一，在今天开封市兰考县一带，小黄和梁两地相距不远。

焦赣的著作《易林》是保存较为完好的衍《易》作品，西汉时期，其他和《易经》相关的著作大都已经散佚，《易林》是目前可看到的最为完整的资料。

《易林》全书由4096则卦象和繇辞构成，在《易经》六十四卦基础上衍生，一卦变为六十四卦，每卦配一则繇辞而成，合称为一"林"，全书64"林"，共计4096条林辞。《易林》又名《六十四卦变者占》，为《易经》服务，和《易经》在渊源上类似于姊妹的关系，徐芹庭先生说："夫《易经》与《易林》诚如左右手不可或缺，有《易林》更能显《易经》之变化，有《易经》方能寻《易林》之本体。"[①] 文字载体上，《易林》林辞多由四言韵语构成，间有少量全部由三言组成的林辞。林辞的编撰化用《诗经》《左传》《尚书》《周易》《山海经》等先秦典语，同时融入不少民间习语，典雅而不失通俗，古朴而不失活泼。

## 2. 选题意义

《易林》集经学性质与文学性质于一身，这两方面都特色鲜明，对《易林》和经学的关系，至今学术界的认知并不充分，民国时期的尚秉和先生，完全依托以象解占的方法解读《易林》，将研究带入一片神秘的境地，让后来学者望而生畏，《易林》的经学附属性质也

---

① 徐芹庭：《焦氏易林新注·序》，中国书店2010年版，第2页。

进一步地受到了淡化和遮蔽。

《易林》文学性的阐释,近年来已经得到了部分发掘,但令人遗憾的是,文学性的阐释大都停留在文本本身,没有放置于整个汉代经学与文学互动的视域中考察,未能解决《易林》和其他解经作品的关系问题,《易林》文学性事象的阐释也缺少义理的渗入,文学研究就像犯贫血症的婴儿一样,显得很单薄。

上述两个方面的研究,常常在脱节的环境下进行,没有交叉研究的视角,关注易学者只关注易学,关注文学者只关注文学,目前尚无综合这两个方面对《易林》进行系统研究的论著。其实,《易林》的易学是体,文学是翼,体和翼交汇融合,不能完全割裂开来。《易林》的易学思想很多和《易林》的文学特征一脉相承,林辞中的文学事象的出现往往是各种易学思想的结晶。本书正是鉴于这种交叉研究的视角而作。

## 二 研究现状

《易林》在《隋书·经籍志》中列为子部历数类,《旧唐书》和《新唐书》中列为五行类,《宋史·艺文志》列为蓍龟类,《四库全书》中列于术数类,文献目录著作的归类标示出《易林》文本具有工具性。传世史籍文献关于《易林》最早的记载也是应用层面的,见于《东观汉记》。真正对《易林》展开研究,从目前文献来看,唐人王俞的《周易变卦序》可视为最早,其中"辞假出于经史"、"言近意远"的论断拉开了后代研究的序幕,宋、元时期《易林》略显沉寂,明代开始,对《易林》的关注逐渐上升。近现代,尚秉和、闻一多、胡适、钱锺书等学者的加入,使得《易林》的研究趋向于活跃,相对来讲,视角更为开阔和广泛,对其进行简单的分类梳理,主要成果有以下几个方面。

**1.《易林》的校勘、注解、作者考辨**

最早对《易林》进行校定的学者是宋代的黄伯思,流传下来的

《校定焦赣易林序》有这样的文字:"或字误,以快为怏、以羊为手。"随后的薛季宣、陈振孙也进行了这样的工作,薛季宣在《叙焦氏易林》中说:"书屡经传写,字多舛误,以羊为缶,以快为决,若此者众,为是正其晓然者。"陈振孙在《直斋书录解题》中也谈到了对《易林》的校定问题,曰:"颇恨多脱误。嘉熙庚子从湖守王寺丞侑借本两相校,十得八九。其中亦多重复,或诸卦繇爻共一繇,莫可考也。"宋代以后,印刷术长足发展,《易林》的版本增多,随之,文字校勘工作也更为常见。版本不同,相互之间的文字差异也越大,今天的学术界一般将《易林》版本分为两个系统,综合起来:一是《士礼居》本(清嘉庆十三年黄丕烈《士礼居丛书》校宋刊本)、《四部丛刊》本(乌程蒋氏密韵楼影元本)、《丛书集成》本,合称为"宋元本";一是《正统道藏》本、《广汉魏丛书》本、《津逮秘书》本、《四库全书》本、《百子全书》本、《古今图书集成》本,称为"明本"。民国时期尚秉和先生广搜各种版本,依据不同版本的文献记载,进行了卓有成效的校勘,并在此基础上,对《易林》予以注解,写成《焦氏易林注》与《焦氏易诂》两书,嘉惠学林。近人徐传武先生、胡真先生的《易林汇校集注》,刘黎明先生的《焦氏易林校注》也是这方面的代表作[①]。在校勘的基础上,对《易林》做出注解、注译的著作也不少,钱世明先生的《易林通说》,费秉勋先生主编的《白话易林》,邓球柏先生的《白话焦氏易林》,芮执俭先生的《易林注译》等,他们将《易林》的研究从校勘、注译层面推进了一大步。

《易林》作者考辨是研究的一个热点,也是一个难点,综合各种论断,历来关于《易林》的作者共出现四种看法:(1)西汉焦延寿说,《隋书》、《旧唐书》、《新唐书》、《宋史》,唐代王俞《周易变卦序》,宋代黄伯思《校定焦赣易林序》、晁公武《郡斋读书志》、陈振孙《直斋书录解题》,清代丁晏《易林释文》、刘毓崧为《易林释文》作

---

[①] 本书所引林辞以《易林汇校集注》为主,同时参考其他版本。

的跋、《四库全书总目提要》，民国时期的尚秉和、杭辛斋，近人陈良运等主张此观点①。（2）东汉崔篆说，这种论断起自明代，清人牟庭相、翟云升、姚际恒，近人余嘉锡、胡适等主张此观点。（3）东汉许峻说，清人左暄主张此观点。（4）作者不可考，明人郑晓在《古言》中提出，明末清初顾炎武说"疑为东汉以后人撰而托之焦延寿"，近人容肇祖认为"《易林》一书确为哀平以后的占筮书。即不然，亦当是慢慢积累而成，而今本《易林》，断非全部是哀平以前所应有的"②。近几年，陆续还有学人在这一问题上下功夫。他们的研究或从文本出发，或从文献目录、版本出发，考订《易林》的作者归属，对于认清今本《易林》的本来面目有很大借鉴意义。

### 2.《易林》的易学研究

唐代以前，对《易林》的易学术数关注点一直停留在应用或模仿层面，郭璞的《易洞林》、托名东方朔的《灵棋经》等在占辞的编写和解占方式上和《易林》有一定承继关系。唐人王俞最先开始对《易林》的易学进行研究，在《周易变卦序》中说："大凡变化象数，莫逃乎《易》，唯人之情伪最为难知。筮者尚占，忧者与处，赣明且哲，乃留其术。"并称《易林》为《大易通变》，明确指出《易林》和易学的关系，以及《易林》的易学性质。宋人朱熹、朱震、朱鉴、赵汝楳、丁易东，明人熊过，清人王弘、惠栋、魏荔彤等主要从变卦角度对《易林》进行认知和研究，间或有对《易林》卦气、值日法的探讨，另有明人韩邦奇的《易占经纬》，将《易林》和《易经》视之为经纬的关系，值得借鉴和重视。民国时期尚秉和先生，从纯象数角度出发，在《易林》易学研究领域取得长足进展，近人台湾学者乔家骏先生的《〈焦氏易林〉易学研究》，在尚氏学的基础上，归纳总结出《易林》的易学特征，对后学具有启发意义。

---

① 笔者持此说。
② 容肇祖：《占卜的源流》，海豚出版社2010年版，第40页。

### 3.《易林》的文学研究

明代杨慎、钟惺、谭元春、王世贞等人开始对《易林》的文学性予以重视，杨慎在《升庵集》中摘录多首《易林》优美的林辞，品评说："《焦氏易林》，西京文辞也，辞皆古韵，与《毛诗》《楚辞》叶音相合，或似《诗》，或似乐府、童谣，观者但以占卜书视之，过矣。"钟惺和谭元春在《古诗归》中说道："其锻炼精简，未可谓无意为文也。"王世贞在《艺苑卮言》中说："延寿《易林》、伯阳《参同》，虽以数术为书，要之皆四言之懿，《三百》遗法耳。"除了直接对《易林》林辞进行鉴赏品评，将《易林》引入文学研究视域做出真正贡献的是关于《易林》和《诗经》的关系探讨，宋人王质的《诗总闻》和杨简的《慈湖诗传》都不同程度地征引《易林》林辞对《诗经》传世本做出注解。明人杨慎《丹铅余录》、清人陈启源《毛诗稽古编》、毛奇龄《毛诗写官记》、近人闻一多《诗经通义》《诗经新义》等，都对这一视角有所承继和发挥。在这方面，尤以清人陈乔枞、王先谦的成果最为突出，两位先贤利用《易林》考察"三家诗"遗义，认定《易林》所引之《诗》是《齐诗》，为厘清汉代今文《诗》学发展脉络开辟出一片新天地。

近现代以来，对《易林》文学性的重视和研究得到进一步发展，专著方面：闻一多先生将《易林》放置于中国文学流变过程中，进行观照，指出《易林》是唐宋诗的滥觞，在《四千年文学大势鸟瞰》中将《易林》与汉乐府并提，视之为"民歌的起来"，提供了一个研究的视角。钱锺书先生在《管锥编》中有较长篇幅专门讨论《易林》，从《易林》的语言、兴象和说理三方面予以研究，认为焦赣有明确的"造艺意愿"。此外，卞孝萱先生的《两汉文学史》、赵义山等先生的《中国分体文学史·诗歌卷》、刘松来先生的《两汉经学与文学》、赵敏俐先生的《周汉诗歌综论》等著作都对《易林》有所涉及和论述，但仅仅限于介绍性或结论性的描写，没有深入探讨。陈良运先生的《焦氏易林诗学阐释》是当下最为系统的一本研究《易林》专著，该书命名为"诗学阐释",主要从《易林》作者的思想渊源、题材、兴象艺术等角度展开,认为《易林》的作者是一位现实主义诗人,《易林》林辞既有哲理诗,也有寓言诗等,对《易林》的文学研究领域有较大拓展。

总体上,《易林》的研究还很薄弱,《易林》产生于西汉末年,全书约有8万多字,至今大体保存完好,但是历代学者对其研究的深度和广度,远比不上先秦两汉的其他传世典籍,《易林》年代够早,部头也够大,两千年间却无多少人问津,研究还在起步阶段,拓展空间很大。本书立足文学本位,和易学思想相融通,希望能全面审视、深入研究《易林》的文本性质和文学价值。

## 三 研究中的难题

《易林》研究的第一个难题是,如何实现所谓真正意义上的纯学科研究。《易林》如同《易经》一样,是哲学(甚至在部分人眼里是巫术)和文学的双重载体,两个部分是密不可分的,袁行霈先生主编的《中国文学史·先秦卷》绪论中说:"先秦文学,并非现代意义上的文学。先秦时期,文化呈现一种综合的形态。先秦有些文学作品是史学或哲学著作。史学和哲学著作也富有文学意味。"① 这个判断是准确的,《易林》虽生成于西汉末年,也是这样一个文本,弄不懂《易林》的象数易学原理,按照普通读书的方法读《易林》,似乎也能读出一些东西,但总让人感觉有点隔靴搔痒的味道,故而研究《易林》文学的同时兼顾《易林》的易学是比较可行的途径,有了哲学思想的介入,才有利于深化《易林》的文学研究,但在研究实践中,只要跨度大一点,稍有不慎就有可能失掉文学本位,这是先秦两汉文学研究的一大威胁,也是研究《易林》的一个难题。

《易林》研究的第二个难题可以说是由一系列疑问构成的,这其中包括:(1)《易林》的作者究竟是谁?这个问题由来已久,人们已

---

① 袁行霈主编:《中国文学史》第一卷,高等教育出版社1999年版,第23页。

经尝试着给出不同的答案，层出不穷，聚讼不已。（2）《易林》的林辞是如何编撰的？这是关于《易林》成书的问题，编撰的机理是所有研究《易林》的人试图解开而又茫然不知所措的学案，迄今为止，不相信象数的人，认为这是一团乱麻；相信象数的人，也只能曲为之解，留下似是而非的答案，让人诟病不已。（3）《易林》卦象与繇辞的关系问题，是自由还是自由与约束同在，或者说是"字字皆从象生"，都有待解决。上述几个最基本的问题，《易林》易学研究回避不了，文学研究同样也回避不了。《易林》文本研究看似简单，其实它的大门是封闭的，就像上了一道道门锁，需要研究者去层层破解，才能体会其中的乐趣。《易林》不似先秦两汉的其他典籍，它的文字障碍非常小[①]，多数林辞简单明了，平白如话，但是要想读懂《易林》，遇到的挑战还是很大的，上述这些问题就是明证。它们像一道道数学题，既诱惑人又折磨人，研究时需要给出自己的答案，方可以登堂入室，否则永远只能是一个徘徊着的门外汉。试图解决这其中的任何一个问题，都有较大的难度，有时看似找寻到了规律或者说是答案，但当推演到更多例证的时候，往往会有例外存在，如何处理好这些例外是一个不小的挑战，稍有不慎，就会将一条不是规律的推论变为规律，担上强为之解的风险。

## 四　选题的理论意义及实践意义

### 1. 理论意义

《易林》产生于西汉末期，是一部奇书，文字古朴，却沉寂千年，汉代易学是中国易学研究的第一个高峰时期，象数手段被运用到极致，目前学者或视《易林》乃术数之书，林辞的出现全无逻辑可言；或视《易林》是象数易学的杰作，字字从卦象而出，因而在研究上往往出现走极端的倾向。针对这种现象，本选题试图立足在基本的象

---

[①] 因版本不同而需要进行字词的考辨除外。

数易学基础上，融入义理，将象数与义理结合起来，使象不至于完全脱离义理而存在。象数和义理结合起来研究，可以弥补视《易林》林辞出现全无逻辑这一论点的不足，也可以避免视《易林》乃纯讲象数之术的短处，选题把象数背后的义理作为主攻方向，厘清《易林》本身以及《易林》和之前传世文献中的筮例的关联，从而找寻其中潜藏的义理成分，最大限度地进行科学化、系统化阐释。以象数与义理相结合的立论角度，解释《易林》各种各样的文学现象，提供一些研究《易林》文学现象的视角。

### 2. 实践意义

在中国先秦两汉的著作中，许多作品都充满哲学意味，文学常和这类作品捆绑在一起。研究文学完全脱离哲学是不可取的，但是完全依傍哲学，又会丧失文学本位，所以二者的关系应该建立在一个适度的基础上，坚持文学本位，而不丧失哲学视野，方可以将先秦两汉的文学研究提高到一个新的层次，对先秦两汉文学的载体和存在形式才可以作最大的还原。如，《易林》与方位词南、南山搭配的事象，描写多集中于生命舒展型，而与方位词北相系的事象，描写多集中于生命收敛型，解读这种文学现象，和古人对南北方位所形成的哲学理念是分不开的。古人的时空观，南方属火，对应夏天，阳气盛，北方属水，对应冬天，阴气盛，故相关林辞中的事象亦如此。它们虽然是作为卦象的对应物出现，却具有规律性，同时也具有很强的文学性。解读这样的事象，只有把握其中的内在规律，才能接触到文学事象描写的真谛。本选题的研究思路是：从《易林》作品中选取文学之事象，从文学之事象与卦象的结合中提炼义理，再通过义理来透视文学现象，从而把握《易林》的文学特征。

## 五 研究的具体方法

汉代的文学，有些还处于文史哲不分的混沌状态，而这些混沌部分也是最有开掘价值的部分。《易林》就是这样一部作品，研究这部作品，方法要有很强的针对性。

1. 分类别研究的方法。以《易林》编撰问题切入，以类别划分为基础系统梳理，寻找相同类别的规律。在具体操作上，还运用通过已知求取未知的方法，如对《易林》的一爻变、三爻变、五爻变、六爻不变解占方式的考察，由于《易林》本身的解占方式已经没有文献说明，通过比对已知的相应先秦筮例的解占方式，从而推求《易林》的解占手段，从源到流进行历时观照，持之有据，能避免论述的空洞。

2. 动态考察的方法。描述《易林》诗学特征和与诗学的互动关系，分为《易林》的象征和《诗经》的比兴、《易林》引《诗》与西汉初年《韩诗外传》解《诗》的比较，以及整个西汉经学与四言诗演变走势的揭示。从动态的角度把握《易林》引《诗》和林辞的诗性特色，通过考察《易林》引《诗》以及四言韵语特征，凸显《易林》诗化的文学特质。

3. 专题研究的方法。《易林》涉及的事象丰富多彩，对这些事象进行研究，本书拟以专题的方式予以探讨，分为方位词及其相关事象选析、特定色彩词与相关事象选析、动物类意象以及灾异类事象等小型板块，分门别类予以阐释，以点带面，给出合理而科学的解释。

4. 定量、定位、定性研究的方法。《易林》文本有四千多条林辞，对其中涉及的一些文学事象所透露的义理、相同类别林辞的吉凶走势判定、八经卦取象的特征等，在定量分析的基础上做定性研究，做到立论持之有据。

# 第一章

# 卦象与繇辞：
# 《易林》的文本结构

## 第一节 《易林》卦象与繇辞的关系

《易林》四千多则林辞相似度很高，阅读这些林辞，往往给人以重复感。卦象与繇辞之间的关系如何呢？这始终很让人困惑不已。时至今日，《易林》的这一问题仍是一桩学术悬案，"这些断语与卦的关系究竟何在？焦延寿何所依据而创作了这几千首占断诗？却是后世易家无法得知的谜"①。本节试从林辞中的物象（本节简称象或辞）与变动经卦的关系入手，作为这方面研究的一个尝试。

### 一 繇辞对卦象的游离

卦形代表的象多种多样，象与象之间有时畛域比较模糊，并不明显。《说卦》称："乾为良马。"同时还写道："震，其于马也，为作足，为的颡。"作足和的颡都是形容善跑之马，与《乾》卦所辖的良马相通，区分不明显。象在后代的演变中同样如此，《九家逸象》曰："乾为龙，离为牝牛。"② 与《说卦》所言"震为龙，坤为子母

---

① 高怀明：《两汉易学史》，广西师范大学出版社2007年版，第89页。
② （清）惠栋：《周易述》（附《易汉学》《易例》），中华书局2007年版，第626页。

牛"重合。由此可见，卦形代表的象具有相通性。这种相通性为卦象与辞的关系提供了自由的可能。事实也确实如此，从《易林》中能得到很好的验证。《易林》一组变卦分为本卦和之卦①，包含四个经卦。先秦时期，互卦已经得到应用，《左传》庄公二十二年："遇《观》之《否》……风为天于土上。山也，有山之材而照之以天光，于是乎居土上。"杨伯峻先生注："自《否》卦之第二爻至第四爻，古所谓互体，为《艮》卦，《艮》为山，故云山也。"②杨先生的解释是可信的，《易林》变卦计算互卦在内，辞所对应的经卦数量可以达到八个（含重复），如此一来，就产生了部分自由之象，表现卦象的辞因而也不再受某一具体变卦限制，试以日、龙、马、水为例。

《说卦》称："离为日，乾为君。"荀爽曰："日以喻君。"《乾》可引申有日象。"震为动，为耕作，引申出早晨，日出"③，早晨，耕作之象和日有很大关联，《击壤歌》曰"日出而作"，故《震》也可引申出日象。《说卦》又称："坎为轮。"轮是圆形，"坎为轮，故为日，因为日形如轮。《考工记·辀人》：'轮辐三十，以象日，月也。'"④《坎》为日运用的是形象思维，据此，《乾》为日，《震》为日，《离》为日，《坎》为日，四个卦形代表同一象，这样，除了《坤》之《坤》外，日象能在所有变动卦形中畅行无阻，成为自由之象。事实也确实如此，《易林》取象于日共计约279次，无一例外，都有与之匹配的卦象存在。

象征阳刚的龙，《说卦》称："震为龙。"《九家逸象》曰："乾为龙。"龙常生活于水中，《说文》写道："（龙）春分而登天，秋分而潜渊。"《周易》有"龙跃于渊"。故《坎》亦可引申为龙。除《坤》之《坤》、《兑》之《兑》外，龙可以出现在其他任何变卦中。统计数据表明，龙出现约121次，同样，所有出现的情形都有与之相应的

---

① 本书将某卦之某卦的情形统一称为变卦。
② 杨伯峻：《春秋左传注》（修订本），中华书局2009年版，第223页。
③ 温少峰：《周易八卦释象》，巴蜀书社2005年版，第93页。
④ 同上书，第188页。

卦象。

　　《说卦》称："乾为良马，为老马；震，其于马也为善鸣；坎，其于马也为美脊。"《左传》闵公元年记载："初，毕万筮仕于晋，遇《屯》☷之《比》☷。辛廖占之，曰：'吉。《屯》固、《比》入，吉孰大焉？其必蕃昌。《震》为土，车从马。'"①《震》为车，可推知马所对应的是《坤》。《易林》中的马分属《乾》《坤》《震》《坎》四个卦象，除了《巽》之《巽》、《离》之《离》、《兑》之《兑》外，可以畅行于所有变卦中。林辞中马出现约126次，都有上述卦象与之对应。

　　《说卦》记载："坎为水，兑为泽。"《兑》为泽，可引申有水象。《坤》的单卦卦形☷，取象于巛，以川为原型，故《坤》亦可为水。《说卦》又称："乾为冰。"冰乃水为之，《说文》曰："冰，水坚也。"水是冰的母体，故《乾》也可引申指水。故此，水可以在任何林辞中出现，《易林》林辞中水共计出现约165次，卦象或有《坤》《乾》，或有《坎》《兑》，无一例外。

　　常见象和卦形的联系紧密，它们的出现和卦象能够形成一一对应关系，象一旦分属于三个或四个以上经卦，则无论出现在何种变卦中，大都有能对应的卦形出现，不受单一卦象的限制。象通过辞表达，卦象与具体物象的关系换句话说是卦象与辞的关系，上述结论可以概括为，单个卦象与辞不是支配与被支配的关系，而是相对自由的关系，辞的出现不是机械的，而是灵活多变的。

　　部分常见象外，大量生僻之象和卦象并不具备对应关系，它们和卦象的关系呈现疏离状，其中的原因多种多样，择其要者有三。

　　第一，编撰材料本来如此，和卦象的关系比较松散，并不依傍卦象的存在而存在。"雄狐绥绥"（《既济》之《咸》），语出《诗经·齐风》，绥绥指追求匹偶而相随的样子；"并坐鼓簧"（《咸》之《震》），见于《诗经·秦风》；"在师中吉"（《师》之《坤》），出自《师》卦六二爻辞，它们的组合搭配已经趋于固定化，出现在组合之

---

① 杨伯峻：《春秋左传注》（修订本），第259—260页。

中的词语无须字字对应卦象。有时这种组合的词语字数还会更多，成串联式出现，"男女媾精，万物化生"（《乾》之《井》），源于《系辞》。"嗈嗈喈喈，啍啍萋萋"（《观》之《谦》），出自《诗经·大雅·卷阿》，四个重言词都是拟声词，与卦象的关系不是紧密，而是疏远。"中田有庐，疆场有瓜。献进皇祖，曾孙寿考"（《小过》之《渐》），其中前两句"中田有庐，疆场有瓜"和第四句"曾孙寿考"均出自《诗经·小雅·信南山》的原文。类似的引用很多，一首林辞可以尽情地使用各种典语，典语本身是一个有机的整体，无法加以分割，这些典语并不是常见象，字字对应卦象是很难做到的，那么合理的解释只有一个，即辞与卦形不是一一对应的关系，而是疏离的，只有疏离，才会获得相对自由的发挥空间。

　　第二，有时物象的出现属于起兴手法的运用，和卦象的联系也不紧密。《东观汉记》记载："永平五年秋，京师少雨，上御云台，召尚席取卦具为卦，以《周易易林》卜之，其繇云：'蚁封穴户，大雨将集。'……辅上书曰：'案《易》卦《震》之《蹇》：蚁封穴户，大雨将集。《蹇》，《艮》下《坎》上，《艮》为山，《坎》为水，山出云为雨，蚁穴居而知雨，将云雨，蚁封穴，故以蚁为兴文。'"① 《东观汉记》是去焦氏未远的刘珍等人所著，对于部分林辞之象从兴文的角度认知，这是很正确的，兴文可视为占断语的发兴，和后面内容融为一体，无须对应卦象，是人们对生活认知的惯性表达。和蚁相类似的象很多，如，鹜、蜩、鹭、鹫、猾、貐、豹、蚯蚓、窃脂、貉、螽、鹑、蜉蝣、狙、虮子、蚕、鹳、蜂、猕猴、蚕、鸠、黄鸟、狼、鸥、鲂、鹤、驴、熊罴、蜘蛛、虻、螳螂等，这类象的出现与卦旨走向关系不大，类似于一个符号存在而已，象分属于何种卦象不易明确规定，以鹳为例，鹳是一种水鸟，生活于水中，似可归属于《坎》、《兑》卦象之下；鹳属于鸟类，能高飞，古人常将鹳的图案画在旗幡之上，司马相如《子虚赋》写道："浮文鹢，

---

① （汉）刘珍等撰，吴树平校注：《东观汉记校注》，中华书局2008年版，第236—237页。

扬旌桅。"①《说卦》称："艮为黔喙之属。"故鹳似又可归入《艮》卦之下。可见，从人们的认知入手，只能做大致推断。因此，卦象与辞之间的关系与其说是对应，不如说是疏离与自由。

第三，部分象的出现根据上下文引申所致，和卦象本不存在对应关系。《说卦》称"坤为母"，《易林逸象》"巽为母"，母仅和《坤》卦、《巽》卦相联，这是象数易学家比较一致的看法，然而《易林》取象于"母"的林辞出现频繁，其中有数处均没法得到落实。如下：

一巢九子，同公共母。柔顺利贞，出入不殆，福禄所在。（《需》之《归妹》）

金牙铁齿，西王母子。无有患殆，涉道大利。（《大有》之《蹇》）

清人高子，久屯外野。逍遥不归，思我慈母。（《贲》之《艮》）

太子扶苏，出于远郊。佞幸成邪，改命生忧。慈母之恩，无路致之。（《大畜》之《夬》）

符左契右，相与合齿。乾坤利贞，出生六子。长大成就，风言如母。（《大畜》之《未济》）

两足四翼，飞入嘉国。宁我伯姊，与母相得。（《坎》之《蹇》）

戴尧扶禹，松乔彭祖。西遇王母，道路夷易，无敢难者。（《夬》之《夬》）

皇母多恩，字养孝孙。脱于襁褓，成就为君。（《节》之《解》）

弱水之右，有西王母。生不知老，与天相保。不利行旅。（《既济》之《大畜》）

---

① 费正刚、仇仲谦、刘南平校释：《全汉赋》，广东教育出版社 2006 年版，第 56 页。

上述卦形中没有《坤》象和《巽》象，为什么还会出现"母"呢？象数易学家尚秉和先生的注解并没有给出合理解释，要回答这个问题，还得从引申入手。如，"思我慈母"顺承"久屯外野"而引申发挥，念叨慈母之恩也属于出行久远的思念行为，是漂流在外而想家的思维定势使然。"风言如母"是对"出生六子"期待的顺势表达，"与母相得"和"宁我伯姊"是相伴随而出现，王母和赤松子、王子乔等则属于传说中的同一系列人物，几则林辞中"母"之象都出现在后半部分，是在相应情境下的引申发挥，不具有和卦形对应的特征。另外几则林辞中的"同公共母"和"皇母多恩"是习惯语的表达，西王母是固有的人物称呼，同样不宜拆分开来对应卦象。这种无须字字落实的方式，王弼在《明象》篇中写道："义苟在健，何必马乎？类苟在顺，何必牛乎？爻苟合顺，何必坤乃为牛？义苟应健，何必乾乃为马。"① 尽管王弼的论断本身针对的是汉代象数易学的弊病，但从《易林》繇辞与卦象关系来看，西汉末年产生的《易林》并不严格遵循象与卦象必须一一对应的规律。林辞运用的象与卦象不寻求一一对应，在后代对卜筮占辞的注解中也能得到印证。郭璞的《易洞林》和焦氏《易林》相仿，在一次遇险途中，郭璞自占一卦，所得变卦为《随》之《升》，系辞为：

虎在山石，马过其左（原注：兑虎震马，互艮山石）。驳为功曹，猾为主者（原注：驳猾能伏虎）。垂耳而潜，不敢来下。爰升虚邑，遂释魏野（原注：随时制行，卦义也。升贼不来，知无寇当。魏则河北亦荒败）。②

从后人的注解方式中可以看出，并不是所有象和卦象都有对应关系，方位词左、动物名称驳、猾等均未系于一定卦象之下。有的占辞更是从卦义入手，与卦象的象征物无涉。

---

① （魏）王弼撰，楼宇烈校释：《周易注》（附《周易略例》），中华书局2011年版，第415页。

② （清）马国翰：《玉函山房辑佚书》，广陵书社2005年版，第2972—2973页。

林辞中卦象与辞的关系具有灵活性，这种特征在重复林辞中体现的也同样明显而突出。卦象对于具体辞的限制作用就显得较小，辞的灵活性可以充分体现出来。既然卦象对辞不具有严格的支配力，二者没有一一对应关系，那么同一则林辞或相似度很高的林辞就可以反复出现多次，这是《易林》全书出现了1700多则相似林辞的一个重要原因。

## 二 卦象对繇辞的限制

卦象与辞的关系十分灵活，那么卦象对辞是否就没有了影响呢？通过比对相似卦象所系的林辞后，会发现情况并非如此，相似的卦象常有相似的取象出现，卦象又是具体取象的激发因子，如，以与《泰》之《丰》具有相似卦形的一爻变林辞为例，如下图所示：

《大壮》䷡之《丰》䷶ ↖    ↗《泰》䷊之《大壮》䷡

　　　　《泰》䷊ 之《丰》䷶

《明夷》䷣之《丰》䷶ ↙    ↘《泰》䷊ 之《明夷》䷣

图中选取的卦形对应的林辞分别是这样的：

　　龙蛇所聚，大水来处。滑滑沛沛，使我无赖。（《泰》之《丰》）

　　日月之涂，所行必到。无凶无咎，安宁不殆。（《明夷》之《丰》）

　　顾念所生，隔在东平。遭离满沸，河川决溃。幸得无恙，复归相室。（《大壮》之《丰》）

　　水流趋下，远至东海。求我所有，买鲔与鲤。（《泰》之《大壮》）

　　求兔得獐，过其所望。欢以相迎，高位夷伤。（《泰》之《明夷》）

在这组林辞里，《泰》之《丰》的取象与一爻变的《大壮》之《丰》和《泰》之《大壮》相同，都有"水"之象，"河川决溃"和"大水来处。滑滑沛沛，使我无赖"描写的都是水所造成的灾害场景，卦旨呈凶。《泰》卦上《坤》下《乾》，《丰》卦上《震》下《离》，《泰》之《丰》是《坤》变而为《震》与《乾》变而为《离》的结合，《大壮》卦上《震》下《乾》，之卦是《丰》，《大壮》之《丰》和《泰》之《丰》的区别仅是本卦上卦不同，其余卦象完全一致，故均选取了"水涝"之象，象征着阴柔过盛。

这种明显的关联在其他的林辞中不乏其例，一爻变林辞《师》之《蒙》"三足孤乌，远其元夫"，选用"乌"为象，相应的二爻变林辞《坤》之《蒙》则曰"城上有乌，自名破家"；一爻变林辞《大有》之《鼎》"履泥污足，名困身辱"，相应的两爻变林辞《乾》之《鼎》则有"弱足刖跟，不利出门"，同样出现"足"物象；一爻变林辞《比》之《蹇》有"长股善走，趋步千里"，相应的二爻变林辞《坤》之《蹇》为"爱亡善走，多获鹿子"。有时二爻变林辞除了和单则一爻变林辞在象上对应明显外，还会和多则卦形相似的林辞有重合，如：《坤》之《解》曰"含和建德，常受天福"，描写的是建德获取天福之象，同样以获福之象为编撰素材的还见于《师》之《解》、《豫》之《解》和《解》之《豫》，分别为"三德五才，和合四时。阴阳顺序，国无咎灾"，"周德既成，杼轴不倾。太宰东西，夏国康宁"和"高飞有得，君子获福"。由此不难推测，卦象相同或相似，取象趋势往往也具有相同或相似之处。

如果说上述的关系明显，那么有的林辞取象相通性则比较隐晦，需要找寻相应的象征含义。《中孚》之《小畜》"尨降庭坚，为陶叔后。封于英六，福履绥厚"，描写的是尨降、庭坚受封故实，卦形相似的《乾》之《中孚》写道："舜升大禹，石夷之野。征诣王庭，拜治水土"，选取的是大禹受封治水的传说，二者是题材相同。《同人》之《家人》"讼争相背，和气不处。阴阳俱否，谷风无子"，相似林辞《乾》之《家人》为"三女求夫，伺候山隅，不见复关，长思忧叹"，在这里，标示的都是阴阳相背相离之象。《剥》之《颐》"危坐至暮，请求不得。膏泽不降，政庶民忒"，相似的《坤》之《颐》为"自卫返鲁，时不我与。冰炭异室，仁道隔塞"，描写的都是"求而不得之象"。

由此可见，相似卦形选用相似辞的情形也是普遍的，联系的方式也多种多样。这种现象在以组为单位的林辞中也有体现。如，以《坎》易《巽》的一爻变林辞，属于第六爻或第三爻变动，卦旨凶多于吉，《说卦》："巽为木，坎为水。"以《坎》易《巽》和以《巽》易《坎》，乃水、木结合，这样的场所适宜动物栖居，故多有鸟、兽、虫、鱼之象。第三或第六爻变动的林辞卦旨虽多为凶，但对动物意象的密集摄取，让人很少再直接闻到战火硝烟的味道了，相关林辞是这样的：

  鸡鸣失时，民侨劳苦。厖吠有威，行者留止。（《姤》之《讼》）

  鸢生会稽，稍巨能飞。翱翔桂林，为众鸟雄。（《升》之《师》）

  鸟飞无翼，兔走折足。虽不会同，未得医工。（《恒》之《解》）

  画龙头颈，文章未成。甘言美语，诡辞无名。（《巽》之《涣》）

  炙鱼楅斗，张伺夜鼠。不忍香味，机发为祟，竿不得去。（《井》之《坎》）

  螟虫为贼，害我稼穑。尽禾殚麦，秋无所得。（《鼎》之《未济》）

  大步上车，南到喜家。送我貂裘，与福载来。（《大过》之《困》）

  麟趾龙身，日驭三千。南上苍梧，与福为婚。道里夷易，安全无患（《观》之《比》）

  敏捷亟疾，如猿集木。彤弓虽调，终不能获。（《渐》之《蹇》）

出门蹉跌，看道后旅。买羊逸亡，取物逃走。空手握拳，坐恨为咎。(《中孚》之《节》)

上述多则林辞都以动物意象起兴，有虎、鸢、龙这类飞兽猛禽，更有螟虫、鱼、老鼠、鸡等这类普通生灵，取象纷繁而广泛，以《坎》易《巽》共计使用动物意象11种分布于10则林辞中。相比之下，以《坎》易《坤》的16则一爻变林辞，动物意象为貆、麟、凤、狸、虎、牛、马7种，仅分布在4则中；以《坎》易《兑》的16则一爻变林辞，动物意象为鸿鹄、虎、狼、牛、羊（羟）6种，仅分布于3则中。总之，同样是与《坎》相易的卦象，以《坎》易《巽》远比以《坎》易《坤》、以《坎》易《兑》摄取的动物之象多，由此可见，于动物意象的选用不是偶然的，而是受到卦象的制约，有某种内在的必然联系。

将这种组卦中卦象对辞的制约现象从更大范围上审视，情形也是如此，《乾》卦卦象全部由阳爻组成，"劲健"是它的基本象征义。这一象征意义投射到人类社会中常常借助于上层阶级来表现，《说卦》称"乾为君"，即本于此，遍检一爻变与《乾》相易的48则林辞①，据笔者统计，出现的历史人物甚夥：尧、公刘、姬伯、司马迁、李陵、齐侯、彭生、跖、郑昭、穆王、造父、伯凤、晋献公、赵衰、晋文公、子般（2次）、齐襄公、伍子胥（2次）、阖闾、楚平王、姜太公、周文王、陶叔，计23人之多，与这些有名有姓的历史人物相比，还有像王侯、君臣、上卿、祈父这样的爵位尊称。历史人物上至远古帝王，下到西汉李陵、司马迁，形形色色穿插于其间，旁及13则林辞②。王侯将相的取象如此密集，分布如此广泛，是其他组别无可媲美的。相比之下，这一取象特征在变动的经卦为《震》、为

---

① 与《乾》相易的48则一爻变林辞分别指：变动经卦以《乾》易《巽》16则，以《乾》易《离》16则，以《乾》易《兑》16则。

② 《涣》之《讼》、《渐》之《遁》、《升》之《泰》、《鼎》之《姤》、《旅》之《遁》、《家人》之《小畜》、《革》之《夬》、《大过》之《姤》、《困》之《讼》、《履》之《乾》、《临》之《泰》、《归妹》之《大壮》、《中孚》之《小畜》。

《坎》、为《艮》中呈明显下降趋势。以《震》易《坤》、以《震》易《离》、以《震》易《兑》的48则一爻变林辞一共仅涉及舜、卫侯、申生、骊姬、晋文公、涉伯、成子7位历史人物，分布在4则林辞中①。以《坎》易的一爻变48首林辞更少，仅涉及百里奚、宁戚、伯虎、仲熊4位历史人物，分布在《否》之《讼》、《益》之《屯》中。以《艮》易的一爻变48则林辞略多，共描写了文姜、舜、蔡侯、禹、王良、陈灵公、夏征舒、古公亶父、晋平公9人，分布在8则林辞里②。比较这四大组192首林辞，从总体上看，无论是历史人物数量还是涉及的林辞数量，与《乾》相易的林辞取象的指向是较为清晰的，对历史故实的运用比例最大，带有明显的倾向性。

总起来说，相似卦象的林辞有许多相通性，林辞的编撰有一定规律可循，具体取象和卦形有联系，但又不拘泥于卦形，是自由与限制的结合。卦象与辞的关系可概括为：一方面是自由的，因而各种典语、习语可以不失真实地选入，增添了林辞的文学色彩；另一方面卦象对辞又有影响，使辞不至于完全杂乱无章，呈现出相似性的取象趋势。

## 第二节　象数的背后：《易林》义理蠡测
### ——以八纯卦卦象与卦旨的关系为例

《易林》易学研究在清末得到长足发展。尚秉和先生运用象数解易，做出巨大贡献。尚氏一味追求"字字必从象生"，忽视义理的存在，则是研究的短板，对此，黄黎星先生追问道："《易》象的多样性与取象的特定性的矛盾在易辞的创制过程中，尤其是在具体的占筮过程中是如何解决的？何以在众多之象中舍此取彼而非相反？"③ 黄

---

① 《升》之《恒》、《丰》之《震》、《随》之《震》、《履》之《无妄》。
② 《临》之《损》、《坤》之《谦》、《豫》之《坤》、《观》之《渐》、《比》之《蹇》、《巽》之《蛊》、《恒》之《小过》、《离》之《贲》。
③ 黄黎星：《以象解筮的探索——论尚秉和先生对〈左传〉〈国语〉筮例的阐释》，《周易研究》2002年第5期，第40页。

先生的质问是有道理的，尚氏易学不能"从根本上解决《易林》卦象与预言结果（卦旨）之间的因果律问题"，时至今日，《易林》的这一问题仍是一桩学术悬案，学者多将林辞视之为一堆杂乱无章的灵庙谶签。其实，《易林》卦象与卦旨之间是有一定规律存在的。试以八纯卦转换所涉的六十四卦为中心，作为这方面研究的尝试。

## 一 尚中与静体多吉理念及其在卦象与卦旨关系中的显现

中庸、中和之道是儒家的重要理念，《易林》作者编写的林辞也不例外，《蛊》之《兑》写道："南山高冈，麟凤室堂。含和履中，国无灾殃。"林辞中的履中，指践履不偏不倚的中道。这一思想反映到卦象里，联系最为紧密的是爻位，试以八纯卦之间的转换为例。《乾》之《离》属于《乾》卦二、五爻变动，林辞写道："胎生孚乳，长息成就。充满帝室，家国昌富。"描写的是一幅国家昌盛富裕场景，卦旨吉利。《坤》之《坎》，《坤》卦二、五爻变动，林辞曰："齐东郭卢，嫁于洛都。俊良美好，媒利过倍。"描写的是一桩美好的婚姻事象，卦旨吉利。《震》之《兑》属于《震》卦二、五爻变动，林辞是这样的："马能负乘，见邑之野。井获粱稻，喜悦无咎。"描写的是一幅丰收场景。《艮》之《巽》属于《艮》卦二、五爻变动，林辞标示道："五谷不熟，民苦困急。驾之南国，嘉乐有得。"在这里，虽然以五谷不熟发端，但结局却是一幅嘉乐和欢的场景，卦旨同样吉利。与之相应的另外四则二、五爻变动的八纯卦如下：

　　猿堕高木，不跌手足。保我金玉，还归其室。（《坎》之《坤》）

　　执辔四骊，王以为师。阴阳之明，载受东齐。（《离》之《乾》）

　　宫门悲鸣，臣围其君，不得东西。（《巽》之《艮》）

　　营城洛邑，周公所作。世建三十，年历八百。福祐盘结，坚固不落。（《兑》之《震》）

上述四则林辞都是居中的二、五爻变动，尚中理念对应的爻位正是二和五，卦旨明显趋向吉利，仅《巽》之《艮》例外，可能受"风落山，女惑男"理念的影响所致。二、五爻位是《周易》卦象中重要的爻位，《系辞》写道："二多誉……五多功。"林辞依傍《周易》而成，八纯卦在这两个爻位同时变动时，有七则卦旨吉利，这与整部《易林》的卦旨分布相比有很大不同。四千多则林辞，卦旨吉利者所占比例不大，陈良运先生以《乾》《坤》《泰》《否》为对象做抽样统计得出"报凶言忧者在每林六十四首中分别是三十六首、四十首、三十六首、四十一首，共一百五十三首，约占四'林'的百分之六十"①。陈先生的抽样对象是典型的，得出的结论具有代表性。整部《易林》，据笔者统计，总体描写吉利事象的林辞约为1517则，占总数的37%，平均分配在每一卦之下，约为23则，与陈先生的结论大体吻合。由此可见，八纯卦二、五爻变动的林辞几乎均系之以吉利卦旨，远超《易林》吉利卦旨的分布均数，无疑表明《易林》作者对居中爻位的重视，系之以吉利卦旨是尚中的一种表现。这种尚中理念在另外的林辞中也能得到很好印证。相关统计数据见表1-1。

表1-1

| 一爻变林辞 | 初爻变动 | 第二爻变动 | 第三爻变动 | 第四爻变动 | 第五爻变动 | 第六爻变动 |
| --- | --- | --- | --- | --- | --- | --- |
| 吉卦数量 | 23 | 30 | 25 | 26 | 32 | 25 |
| 五爻变林辞 | 本卦初爻不动 | 本卦第二爻不动 | 本卦第三爻不动 | 本卦第四爻不动 | 本卦第五爻不动 | 本卦第六爻不动 |
| 吉卦数量 | 30 | 32 | 24 | 25 | 33 | 21 |

从表1-1可以看出，一爻变林辞中，第二爻变动时，吉利卦旨为30则，第五爻变动时，吉利卦旨为32则，都高于其他爻变动时的吉利卦旨数量，也高于平均值23则。五爻同时变动时，以不变动的爻位来看，同样如此，本卦第二爻不变动时，有32则描写吉利事象，

---

① 陈良运：《焦氏易林诗学阐释》，百花洲文艺出版社2000年版，第306页。

第五爻不变动时有33则描写吉利事象。两相合计共有65则之多。相比之下，其他单一爻变动或不变动时，描写的吉利事象都相对要少许多，最少的第六爻合计才46则。总之，《易林》各卦象中的爻发生变动时，居中爻位多与吉利事象相联不是偶然的，而是普遍存在的，不是一种随意性的巧合，而是作者的有意编排，是尚中理念的外在显现。

八纯卦中卦体不变动时的情形又是如何呢？相应林辞是这样的，《坤》之《坤》卦体不动，辞谓："不风不雨，白日皎皎。宜出驱驰，通利大道。"描写的是一幅利于出行的场景。《坎》之《坎》为："有鸟黄足，归呼季玉。从我睢阳，可避刀兵。与福俱行，有命久长。"描写的是与福祥同行，获得天佑命长的卦旨。《离》之《离》的林辞是这样的："时乘六龙，为帝使东。达命宣旨，无所不通。"表达的是顺应时节，一路无不畅通的卦旨。《巽》之《巽》编撰为："温山松柏，常茂不落。鸾凤以庇，得其欢乐。"林辞中出现温山、松柏、鸾鸟、凤凰，展示的是一幅吉祥如意图。《兑》之《兑》更是如此，"班马还师，以息劳疲。役夫嘉喜，入户见妻。"呈现出一幅夫妻团聚的和乐场景。《震》之《震》的卦旨是给人指点迷津，写道："枯匏不材，利以济舟。渡逾河海，无有溺忧。"揭示的是如何使用不材之材，得到好的结果。相比之下，八纯卦中，仅有两则略微例外，它们是《乾》之《乾》和《艮》之《艮》，前者标示的是不利于出行，求事无功之象，后者标示的是幽处孤独之象。

由此不难看出，卦象处于不变动的静体时，8首纯卦林辞有6首和吉利卦旨相联，也颇特殊，这一特征在八个纯卦之外的静体不变林辞中也能得到验证，累计描写吉利的事象的林辞共计36则，远超平均值以上。在《易林》作者崇尚中的同时，也透露出对于卦体不变之象的青睐。

## 二 以阳为尊的阴阳消长理念及其在卦象与卦旨关系中的显现

阴阳是易学的基本要素，其中以阳为尊理念是影响林辞卦旨的重要支配力量，可一以贯之。阴阳既对立又统一，《谦》之《渐》写道："长夜短日，阴为阳贼。万物空枯，藏于北陆。"阴为阳贼表明二者具有相反性，存在对立矛盾，与此同时，焦赣笔下的林辞也注重阴阳和谐，如，《师》之《解》曰："三德五才，和合四时。阴阳顺序，国无咎灾。"《履》之《蹇》写道："太仓积谷，天下饶食。阴阳和调，年岁时熟。"《咸》之《大壮》亦曰："尧舜在国，阴阳和得。涿聚衣裳，晋人无殃。"三首林辞中的顺序、和调、和得，都是阴阳和谐的具体表现，卦旨无疑趋向吉利，然而，在林辞里和谐的阴阳关系不是一种平等的关系，而是一种以阳为主的关系。这从《易林》的相关表述能得到印证，《大有》之《临》写道："阴衰老极，阳建其德。履离戴光，天下昭明。"阴气消敛阳气建德，阴弱阳盛时会与吉利相联，受到肯定。相反，阳不居于主导地位时会产生灾乱，如，《乾》之《渐》："阳低头，阴仰首，水为灾，伤我宝，进不利，难生子。"阴阳和谐关系建立在以阳为尊的基础之上，这种理念在卦象有卦旨之间是否有影响呢？回答是肯定的，林辞揭示的阴阳观念和变动卦象在一定程度上可以相互印证。

　　首先，六爻全部变动，以二、五爻变动为切入点考察，卦象与卦旨的具体关系是这样的。《坤》之《乾》写道："谷风布气，万物出生。萌庶长养，花叶茂盛。"《坤》卦二、五爻属阴爻，变而为《乾》卦，二、五阴爻变为阳爻，卦旨吉利。《离》之《坎》曰："六月采芑，征伐无道。张仲方叔，克胜饮酒。"《离》卦二、五爻属阴爻，变而为之卦《坎》，二、五爻由阴爻变为阳爻，卦旨也吉利。《震》之《巽》标示为："心得所好，口常欲笑。公孙蛾眉，鸡鸣乐夜。"《震》卦二、五爻属阴，变而为之卦《巽》，是阴爻变而为阳爻，林辞化用《诗经》的《女曰鸡鸣》，诗歌讲述一位妻子催促丈夫早起，首章是这样的："女曰鸡鸣，士曰昧旦。子兴视夜，明星有灿。将翱将翔，弋凫与雁。"妻子说鸡已经鸣叫，劝勉丈夫出行狩猎，丈夫说未到天明时段。林辞据此引申，取夫妻恩爱缠绵之义。"口常欲笑"源于《震》卦辞"笑言哑哑"，林辞卦旨吉利。《艮》之《兑》曰：

"黄裳建元，福德在身。禄祐洋溢，封为齐君，富贵多孙。"《艮》卦二、五爻属阴爻，变而为《兑》，阴爻变为阳爻，卦旨也吉利。与之相反的情形是，六个爻都发生变动的八个纯卦林辞，二、五爻位阳爻变为阴爻时，卦旨均凶险。如下：

招殃来蟊，害我邦国。病伤手足，不得安息。(《乾》之《坤》)

阴生麢鹿，鼠舞鬼哭。灵龟陆处，釜甑尘土。仁智盘桓，国乱无绪。(《坎》之《离》)

日月运行，一寒一暑。荣宠赫赫，不可得保。颠陨坠堕，更为士伍。(《巽》之《震》)

三人俱行，别离将食。一身五心，反覆迷惑。(《兑》之《艮》)

上述变动卦象中，本卦《乾》《坎》《巽》《兑》二、五爻位是阳爻，之卦《坤》《离》《震》《艮》二、五爻位是阴爻，本卦变而为之卦，二、五爻位是阳爻变而为阴爻，描写的事象均指向凶险，无一例外。《乾》之《坤》取象于国家与自身受损。《坎》之《离》中獐鹿有角，象征阳，却生于阴，鼠舞凶兆发生于汉昭帝元凤元年，灵龟匍匐于陆地，锅底尘土飘浮，仁人智士徘徊，罗列的是一系列处非其所，行为反常的景象。《巽》之《震》首两句出自《系辞》，日为阳，月为阴，叙述如同日月寒暑，阴阳更迭转换一样，显赫荣宠也会陨落。《兑》之《艮》谓用心不专一，枝多碍事。

二、五爻位阴爻变阳爻多吉利，阳爻变阴爻多凶险的特征，在另外涉及二、五爻变动的16则多爻变纯卦林辞中是否也如此呢？答案是肯定的，这从相关数据中能找到线索，《坤》之《巽》、《坤》之《兑》、《离》之《兑》、《艮》之《乾》、《艮》之《坎》，二、五爻位阴爻变阳爻，均呈吉利；《乾》之《震》、《乾》之《艮》、《巽》之《坤》、《巽》之《离》、《兑》之《坤》、《兑》之《离》，二、五爻位阳爻变阴爻，均呈凶险；例外的有五则，分别是：《震》之《乾》、《震》之《坎》、《坎》之《震》、《坎》之《艮》、《离》之

《巽》，其中后两则趋向于平和。从中不难看出，涉及二、五爻变动的多爻变卦象的林辞，一方面遵循的是阴爻变阳爻吉利，如，《坤》之《巽》曰："白驹生刍，猗猗盛姝。赫喧君子，乐以忘忧。"这首林辞四个爻变动，二、五爻位属于阴爻变阳爻，卦旨吉利。另一方面，遵循的是阳爻变阴爻凶险，如，《乾》之《震》卦："悬貆素餐，居非其官。失舆剥庐，休坐徙居。"《乾》卦二、三、五、六爻变动，二、五爻位阳爻变阴爻，卦旨不吉利。明显例外的仅有4则。综上所述，八纯卦中，涉及二、五爻变动的多爻变纯卦林辞，以阳为尊的理念是客观存在的，阴爻变爻阳吉利，阳爻变阴爻凶险，是卦象和卦旨之间关联的纽带，二者之间能够建立起比较稳定的对应关系。

其次，阴阳消长变化与吉凶的关联还体现在不涉及二、五爻变的纯卦中，《乾》卦、《坤》卦之外，卦体为阳者阴爻多，呈现出数量居少的阳爻不宜变动。《震》卦（☳），四个阴爻两个阳爻，阴爻多阳爻少，仅一、四爻属于阳爻，《震》之《坤》写道："旦生夕死，名曰婴鬼，不可得祀。"这是《震》卦一、四爻变动，从阳爻变而为阴爻，《震》卦卦体随之变为纯阴卦象，事象不吉利。《震》之《艮》曰："玄黄虺隤，行者劳疲。役夫憔悴，逾时不归。"这是《震》卦一、三、四、六爻变动，一、四阳爻变阴爻，事象同样不吉利。《艮》卦（☶），四个阴爻两个阳爻，阴爻多阳爻少，仅三、六爻属于阳爻。《艮》之《坤》写道："穿匏挹水，篝铁然火。劳疲力竭，饥渴为祸。"这是《艮》卦三、六爻变动的卦象，从阳爻变为阴爻，《艮》卦卦体变为纯阴的之卦《坤》，事象不吉利。《艮》之《震》标示为："求利难国，亡去我北。忧归其城，反为吾贼。"《艮》卦一、三、四、六爻变动，其中一、四爻由阳爻变而为阴爻，卦旨亦不吉利。总之，从上述变卦卦象与卦旨的关系可以看出，卦体为阳者，数量居少的阳爻同时变动则凶，无一例外，正是《易林》以阳为尊理念使然。这一编排义例和二、五爻变的《坎》卦可相互印证，《坎》卦（☵）四个阴爻两个阳爻，阴爻多阳爻少，阳爻出现在居中的二、五爻位，情况略有特殊，《坎》之《坤》曰："猿堕高木，不蹂手足。保我金玉，还归其室。"唯一的两个阳爻本不宜动，但因其居于中位，《易林》变动卦象有尚中理念，故此处林辞内容标示为先遭受困厄，却最终能获得吉祥。

卦体为阴者阳爻多，数量居于劣势的阴爻变为阳爻多吉祥或平和，卦旨不凶险。《巽》卦（☴），四个阳爻两个阴爻，《巽》之《乾》写道："采唐沬乡，要期桑中。失信不会，忧思约带。"居一、四爻位的两个阴爻变而为阳爻，林辞描写的是一对热恋的男女相期约会的场景，忧伤但并不悲哀。《巽》之《兑》曰："南山之阳，华叶将将。嘉乐君子，为国宠光。"这是《巽》卦一、三、四、六爻变动，《巽》卦唯一的两个阴爻变为阳爻，卦旨和《巽》之《乾》一样属于吉利。《兑》卦（☱），四个阳爻两个阴爻，居三、六爻位的是两个阴爻，《兑》之《乾》编撰为："践履危难，脱厄去患。入福喜门，见诲大君。"这是《兑》卦三、六阴爻变而为阳爻，林辞标示的卦旨吉利。总之，上述这种类型的林辞，当阴爻变而为阳爻时都指向吉利，八纯卦中唯一例外的是《兑》之《巽》卦："秋蛇向穴，不失其节。夫人姜氏，自齐复入。"在这里，描写的是文姜屡屡返回齐国的故实，以秋蛇起兴，带有讽刺意味，卦旨偏凶险。这一编撰义例在涉及二、五爻变的《离》卦中也能得到印证，《离》卦（☲），同样是四个阳爻两个阴爻，二、五爻是阴爻且居中，较为特殊，《离》之《乾》编写为："执辔四骊，王以为师。阴阳之明，载受东齐。"《离》之《乾》是居中的阴爻变而为阳爻，林辞标示的卦旨同样吉利。

由此可见，本卦为阳体的《震》《艮》《坎》卦象中，数量居少的阳爻同时变动则凶，无一例外，体现的是对阳的一种尊崇。本卦为阴体的《巽》《兑》《离》卦象中，数量居少的阴爻变为阳爻则吉，同样表达是对阳的一种崇尚。阴爻阳爻互变，阴爻变阳爻始终处于专尊的地位。

不涉及二、五爻变动的纯卦还有另外两种情形：第一，阳爻少阴爻多的阳卦卦体中，数量居多的阴爻发生变动。《艮》卦（☶）四个阴爻两个阳爻，《艮》之《离》写道："秦仪机言，解其国患。说燕下齐，作相以权。"这是《艮》卦居于一、四爻位的两个阴爻变阳爻，呈现出化险为夷的事象，属于吉利。《坎》卦（☵）四个阴爻两个阳爻，《坎》之《兑》曰："酒为欢伯，除忧来乐。福喜入门，与君相索，使我有得。"这是《坎》卦一、四爻位阴爻变阳爻，卦旨呈吉利指向。《坎》之《巽》曰："轻车酸祖，疾风暴起。促乱祭器，飞阳鼓舞。明神降佑，道无害寇。"这是《坎》卦三、六爻位阴爻变阳爻，卦旨同样吉利。《坎》之《乾》曰："太王为父，季历孝友。文武圣明，仁德兴起。孔张四国，载福绥厚。"在这里，《坎》卦一、三、四、六爻位四个阴爻变阳爻，卦旨也是吉利。由此可见，阴爻居多的卦体，阴爻变为阳爻多吉利，符合以阳为尊的理念，仅《震》之《离》例外，这首林辞是这样的："持心瞿目，善数摇动。自东徂西，不安其处。散涣府藏，无有利得。"标示的卦旨为"无有利得"，不吉利。

《乾》卦（☰）是较为特殊的卦体，卦体属阳，但是，不像卦体《震》《艮》《坎》那样，有较多的阴爻，而是由六个阳爻构成，其转换遵循的原则是"阳爻变为阴爻"多不吉利。相关林辞如下：

  黄鸟采菜，既嫁不答。念我父兄，思复邦国。（《乾》之《坎》）

  出门逢恶，为患为怨。更相击刺，伤我手端。（《乾》之《巽》）

  鹊飞中退，举事不遂，宋人乱溃。（《乾》之《兑》）

这是《乾》卦和另外三个纯卦《坎》《巽》《兑》之间的变动卦象，多爻变动且阳爻变而为阴爻，描写的事象均凶险，无一例外。

在八纯卦的阳卦卦体中，数量居多的阴爻变动为阳爻多吉利，体现的正是以阳为尊理念。第二，阳爻多阴爻少的阴性卦体中，数量居多的阳爻发生变动，最终的卦旨呈现出多样化特色，但总体上仍常和忧患相联。《巽》卦（☴），卦象中第二、三、五、六爻都是阳爻，《巽》之《坎》编撰为："时鹄抱子，见蛇何咎。室家俱在，不失其所。"《巽》之《坎》是诸多阳爻中的三、六爻变而为阴爻，卦旨较为平和。《兑》卦（☱），卦象第一、二、四、五属于阳爻，《兑》之《坎》写道："饥蚕作室，丝多乱绪，端不可得。"《兑》之《坎》是诸多阳爻中的一、四阳爻变而为阴爻，卦旨不吉利。《离》卦（☲），卦象是第一、三、四、六属于阳爻，《离》之《震》编写为"见蛇交悟，惜蚖畏恶，心乃无悔。"《离》之《震》是四个阳爻中的三、六爻变而为阴爻，卦旨比较平和。《离》之《艮》亦曰："河水孔穴，坏败我室。水深无涯，鱼鳖倾倒。"这是《离》卦四个阳爻中的一、四爻变而为阴爻，卦旨凶险。《离》之《坤》："春秋祷祝，解祸除忧，君子无咎。"这是《离》卦四个阳爻全部变为阴爻，卦旨描写的是经历过忧患之后趋向平稳无咎。由此可见，在阴性卦体中，当变动爻不在二、五爻位，且数量居多的阳爻发生无序变动时，卦旨多指向凶险。这在卦体较为特殊的《坤》卦中也是如此。

《坤》（☷）卦卦体属阴，不像其他阴性卦体，阳爻多阴爻少，而是六爻全是阴爻，在一、三、四、六这几个爻位的变动卦象上，《坤》卦和其他的阴性卦体是一致的，依旧是多以凶险事象相系。相关林辞如下：

齐鲁争言，战于龙门。搆怨连祸，三世不安。（《坤》之《离》）

三牛生狗，以戌为母。荆夷上侵，姬伯出走。（《坤》之《震》）

涂遏道塞，求事不得。（《坤》之《艮》）

上述是《坤》卦和三个纯卦《离》《震》《艮》的变动卦象与林辞，《坤》之《离》变动的是一、三、四、六爻，《坤》之《震》变动的是一、四爻，《坤》之《艮》变动的是三、六爻，编撰的林辞描写的都是不吉利事象。

综上所述，从八纯卦卦象与卦旨的对应关系来看，林辞的编排不是一盘散沙，而是有规律可循的。阴阳的转换关系正如《易林》变卦《屯》之《离》所写："阴变为阳，女化作男。治道得通，君臣相承。"在这里，女为阴，男为阳，阴变为阳对应的是"治道得通，君臣相承"，十分吉利，这一揭示无疑可以视为阴爻阳爻转换与卦旨吉凶指向的总纲。八纯卦卦象与卦旨的关系可以建立起比较稳固的对应关系，是以阳为尊理念的显现。八纯卦中卦象变动与卦旨的关系可以概括为：居中二、五爻变动时吉利，其他爻位多爻变动时，需和卦体属性相结合，总体呈现出阴爻变而为阳爻多吉利，反之阳爻变而为阴爻多凶险的面貌。

# 第二章

# 编撰与机理：《易林》的文脉渊薮

## 第一节 《易林》与《周易》古经

林辞的编撰和解占是一宗学术悬案，焦氏《易林》的解占方式，至清朝末年一直无人问津，在流传过程中，《四库全书》将其列为术数类，视之为巫术之流，《易林》被打入"冷宫"，研究长期处于停滞不前的状态。民国时期尚秉和先生首次从象数的角度对《易林》进行全面而细致的研究，其中以象解占的方式尤为人所称道。然而，以象解占也留有许多不足，若象的出现不具有规律性，始终处于一种不可预设的状态之下，那么以象解占的研究就会陷入一种尴尬境地，渐渐走向神秘化。《易林》作者谙熟历史典籍，照此推理，也必然了解史传典籍中涉及占筮例的故实，由此而来，比对《易林》和《周易》、先秦其他占筮案例，可以提供破解悬案的线索。

### 一 《易林》取象与《周易》的卦名及爻辞之象

《易林》一爻之变所涉及的384则林辞和《周易》对应紧密，探讨二者之间的关系是打开《易林》文本之谜的一把钥匙。首先来看《周易》卦名之象对林辞的影响，一爻变卦例中部分林辞的取象和相应的《周易》卦名相扣合，具体引譬连类的取象事物多种多样，依傍《周易》卦名，内容也丰富多彩。如，《周易》中的《归妹》卦，《象传》曰："天地不交而万物不兴，归妹，人之终始也。"《归妹》卦以男女嫁取为旨，卦辞、爻辞的编排选择的都是婚配、嫁女事象。《易林》中有这样的林辞："春桃生花，季女宜家。受福多年，男为邦君。"这则林辞见于《解》之《归妹》卦，编撰时所选用的题材与之卦《归妹》在《周易》中的嫁娶卦旨，卦名所示的嫁取之象紧密相联。《坎》卦的卦象，《说卦》曰："陷也。"《坎》有"坎陷、险阻"之象，《易林》的《节》之《坎》写道："群队虎狼，啮彼牛羊。道路不通，妨农害商。"在这里，以虎狼啮食牛羊起兴，标示的是一条"遇险受阻"之象，与《坎》卦卦名的"险阻"之义正相符合；另外一首一爻变动的林辞《涣》之《坎》亦曰："子畏于匡，困于陈蔡。"同样也取象于之卦卦名"坎为陷"之义。《睽》卦卦象，《象传》曰："火动而上，泽动而下，二女同居，其志不同行。"《睽》指的是"乖异、分离、分开"之象，相应的林辞《噬嗑》之《睽》写道："邻不我顾，而望玉女。身多疣癞，谁当媚者。"辞中的女主人公和邻家男子心意相左，女有心而男无意，结局只能是在反讽的口吻中以分离收场，和之卦《睽》所含的乖异之象相符合。总之，在这部分林辞中，卦名之象是《易林》作者编撰文本时的激发点，卦名所含的概括性的"象"在林辞中以具体的物象予以落实，可以是男女之间的情爱场景，也可以是商旅行贩中的个人困厄等，纷繁变幻的背后，可以说，取象归附于卦名。

《周易》爻辞之象的影响也同样如此，一爻变的384首林辞和384则《周易》爻辞大部分都可以形成对应关系，二者之间的取象呈现出或隐或显的关联，《周易》开创在前，《易林》赓续在后。《周易》中《归妹》卦上六爻辞写道："女承筐无实，男刲羊无血，无攸利"，这是一种"犯刚无柔之象"[①]，相应一爻变动的林辞《归妹》之《睽》直接化用为："刲羊不当，女执空筐。兔跛鹿踦，缘山坠堕，

---

① 李炳海：《周易释读》，海南出版社1989年版，第29页。

谗佞乱作。"二者在取象上一脉相承。《师》卦九二爻辞："在师中吉，无咎，王三赐命"，有"在师中吉之象"，对应的林辞《师》之《坤》写道："春桃生花，季女宜家，受福且多。在师中吉，男为封君。""在师中吉"成了沟通两者取象的桥梁。《巽》卦六四爻辞载"悔亡，田获三品"，六四爻变动的林辞《巽》之《姤》为："随风乘龙，与利相逢。田获三倍，商旅有功，憧憧之邑，长安无它。"在这里，"田获三品"与"田获三倍"仅一字之差，都有"多"的含义蕴含于其中。此外，《渐》卦九三爻辞有"鸿渐于陆"，《渐》之《观》则写道："春鸿飞东。"《明夷》卦上六爻辞有"不明，晦"，《明夷》之《贲》则用"阳明失道"来呼应。《离》卦初九爻辞有"敬之，无咎"，《离》之《渐》则曰"敬慎避患"，《离》卦上九爻辞有"有嘉折首，获匪其丑"，《离》之《丰》则以"黍稷盛茂，多获高积"来比附。《剥》卦六五爻辞有"宠，无不利"，《剥》之《观》则改写曰："居之宠光，君子有福。"

上述这些相同的取象，不仅有句子的参与，更有词语和短语的对应，如果说这种取象关系还很明显的话，那么另一类则显得相对隐晦。《屯》卦初九爻辞是这样的"盘桓，利居贞，利建侯"，说的是利于止居之象，相应的林辞《屯》之《比》为："獐鹿逐牧，饱归其居。反还次舍，无有疾故。"此卦中没有词语的重现，不易分晓，《屯》卦《震》下《坎》上，《比》卦《坤》下《坎》上，《说卦》称："坤为地。"引申为静，"震为动"，《屯》之《比》是以《坤》代《震》，《震》变而为《坤》是由动而静，故引申开去有獐鹿由逐牧而归饱其居，牧者由放牧返还次舍之象。其中"反还次舍，无有疾故"同样是"利于止居"之义。《同人》卦九三爻辞"伏戎于莽。升其高陵，三岁不兴"有"登高受阻之象"，相应的林辞《同人》之《无妄》卦为："负车上山，力劣行难。烈风雨雪，遮遏我前。中道复还，忧者得欢。"表达的意思是：负载重物的车辆上山前行，途中遇到风和雪的阻碍，亦有"登高受阻"之象。这类隐晦的取象是不明显的，有时甚至很难觉察，如，《节》

卦九五爻辞："甘节，吉，往有尚。"为"节俭致福之象"，相应的林辞《节》之《临》反其象而用之，曰："奢淫吝啬，神所不福。灵祇凭怒，鬼瞰其室。"从节俭的反面骄奢入手，表达出另一番劝诫景象。

此外，这种对应关系有时在组卦中体现得也很明显，试以《师》卦为例：

1. 师出以律，否臧凶。（《师》初六）
（不吉）玄黄虺隤，行者劳疲。役夫憔悴，逾时不归。（《师》之《临》）
2. 在师中吉，无咎，王三锡命。（《师》九二）
（吉）春桃生花，季女宜家，受福且多。在师中吉，男为邦君。（《师》之《坤》）
3. 师或舆尸，凶。（《师》六三）
（凶）耳目盲聋，所言不通。伫立以泣，事无成功。（《师》之《升》）
4. 师左次，无咎。（《师》六四）
（吉）三德五材，和合四时。阴阳顺序，国无咎灾。（《师》之《解》）
5. 田有禽，利执言，无咎。长子帅师，弟子舆师，贞凶。（《师》六五）
（凶）国乱不安，兵革为患。掠我妻子，家中饥寒。（《师》之《坎》）
6. 大君有命，开国承家，小人勿用。（《师》上六）
（平）折若蔽日，不见稚叔。三足孤乌，远其元夫。（《师》之《蒙》）

在这组语料中，《易林》与相应的《周易》爻辞吉凶一致，取象也基本契合。《师》卦初六爻辞有"外出之象"，这与初六爻位意义"履霜，坚冰至"所揭示的"不宜有所行动"之义相悖，故卦旨凶险，相对应的林辞"行者劳疲"亦是"外出之象"，卦旨也无异于《师》卦初六爻旨，均不吉利。其他的林辞和《周易》爻辞的对应情况也是如此。

通过以上的分析可以看出，部分一爻变的林辞和相应的《周易》爻辞在取象上是一致的，这种现象不是偶然的，而是客观的。按照这种对应思维去考察其他的某些林辞，能使一些费解的林辞从模糊走向清晰，使一些林辞的归属从不确定走向确定，具有一个可供比对的参照物。林辞《大壮》之《大有》卦，宋元本作："褒后生蛇，经老皆微。追跌衰光，酒灭黄离。"①《四库全书》本、《百子全书》本、《津逮秘书》本亦作"褒后生蛇，经孝曰微。追跌衰耄，复灭黄离"，文字有出入，但故实指向大抵相同，并引汲古本旧注云"一作《同人》卦"，且在《大壮》之《同人》卦下注云"一作《大有》卦"②。从后一个版本系统来看，它们虽然在这两处都予以出注，但是却并没有重视这两条注。当下所有通用的版本亦都采用"褒后生蛇"的这则林辞，其实是不确的。若我们比对这两则林辞，以相应的《周易》爻辞为参考，汲古本的这条古注无疑应该引起我们的重视。《大壮》之《同人》为："老弱无子，不能自理。郭氏虽忧，终不离咎。管子治国，侯伯来服。乘舆八百，尊祀祖德。"这则林辞明显过长，需要稍作处理，因其和整个《易林》多为四言、四句的体例不合，且前后在卦旨的吉凶上有明显差异，"显为两林，非尽焦氏"③。若将后面的四句删节，再比对《周易·大壮》卦上六爻辞："羝羊触藩，不能退，不能遂，无攸利，艰则吉。"无疑比现有的林辞"褒后生蛇"更吻合卦象。《大壮》上六爻辞中羝羊象征阳，被藩篱所限蕴含的是"不能退，不能遂，阳刚受挫之

---

① （汉）焦延寿：《焦氏易林》，台北：艺文印书馆2007年版，第225页。
② 尚秉和遗稿，张善文校理：《焦氏易林注》下，《尚氏易学存稿校理》第二卷，中国大百科全书出版社2005年版，第604页。
③ 同上。

象","老弱无子，不能自理。郭氏虽忧，终不离咎"同样是"不能自理，阳刚衰落之象"，且都以否定词"不"串联，卦旨"终不离咎"和"艰则吉"是一致的，不同于"褒后生蛇"的凶旨，因而其归属《大壮》之《大有》更显合理。

值得注意的是，这种相互比照的方法也是有限度的，《周易》爻辞与林辞的对应关系有时并不十分明晰。一小部分林辞，在取象上并不忠实于与之相应的爻辞，体现出一定的灵活性和变动性。《未济》卦九二爻辞"曳其轮，贞吉"，相应的林辞为"鸟鸥搏翼，以避阴贼。盗伺二女，赖厥生福。旱灾为疾，君无黍稷"（《未济》之《晋》）。两者一吉一凶，取象上，爻辞描写的是渡河时推引车轮的场景，而林辞描写的却是一连串的搏斗、盗取、灾害之象，二者之间没有丝毫联系。《晋》卦九四爻辞"晋如鼫鼠，贞厉"，象征的是当进取之时，畏首畏尾，那么占问是凶险之意。林辞却为"天命玄鸟，下生大商，造定四表，享国久长"（《晋》之《剥》），化用《诗经·商颂·玄鸟》篇内容，表现的是殷商古帝开国之故实，与相应的《周易》爻辞无涉。

《周易》的卦爻辞不能全部覆盖相应的林辞，旁逸斜出的情况时有发生。但《周易》爻辞与林辞的对应关系不是偶然的，零星的，而是客观存在的。《周易》爻辞就像一个标杆，其投影无不映射在与之对应的那部分林辞之中。

## 二 《易林》卦旨指向与《周易》的爻位意义

《易林》和《周易》都具有卜筮的功能，每则爻辞都有吉凶呈现，结撰在取象上依傍《周易》的卦名和爻辞，在卦旨的吉凶指向上又是如何呢？和《周易》是否也存在联系呢？回答是肯定的。以384则一爻变林辞卦旨为对象考察，相关数值见表2-1。

表 2 - 1

| 之卦中变动的八个经卦 | 之卦与本卦中发生变动的经卦 | 所涉爻位 | 林辞的吉凶指向 |
| --- | --- | --- | --- |
| 《乾》 | 以《乾》易《巽》 | 一 | 吉4，凶2，平2 |
| | | 四 | 吉3，凶4，平1 |
| | 以《乾》易《离》 | 二 | 吉4，凶3，平1 |
| | | 五 | 吉2，凶3，平3 |
| | 以《乾》易《兑》 | 三 | 吉4，凶3，平1 |
| | | 六 | 吉2，凶5，平1 |
| 《震》 | 以《震》易《坤》 | 一 | 吉1，凶5，平2 |
| | | 四 | 吉3，凶1，平4 |
| | 以《震》易《离》 | 三 | 吉4，凶2，平2 |
| | | 六 | 吉3，凶2，平3 |
| | 以《震》易《兑》 | 二 | 吉3，凶3，平2 |
| | | 五 | 吉4，凶4 |
| 《坎》 | 以《坎》易《坤》 | 二 | 吉4，凶4 |
| | | 五 | 吉3，凶2，平3 |
| | 以《坎》易《巽》 | 三 | 吉2，凶4，平2 |
| | | 六 | 吉4，凶2，平2 |
| | 以《坎》易《兑》 | 一 | 吉2，凶4，平2 |
| | | 四 | 吉4，凶4 |
| 《艮》 | 以《艮》易《坤》 | 三 | 吉4，凶4 |
| | | 六 | 吉3，凶4，平1 |
| | 以《艮》易《巽》 | 二 | 吉2，凶1，平5 |
| | | 五 | 吉5，凶3 |
| | 以《艮》易《离》 | 一 | 吉4，凶3，平1 |
| | | 四 | 吉2，凶4，平2 |
| 《坤》 | 以《坤》易《震》 | 一 | 吉5，凶1，平2 |
| | | 四 | 吉2，凶4，平2 |
| | 以《坤》易《坎》 | 二 | 吉4，凶3，平1 |
| | | 五 | 吉4，凶4 |
| | 以《坤》易《艮》 | 三 | 吉2，凶3，平3 |
| | | 六 | 吉4，凶3，平1 |

续表

| 之卦中变动的八个经卦 | 之卦与本卦中发生变动的经卦 | 所涉爻位 | 林辞的吉凶指向 |
|---|---|---|---|
| 《巽》 | 以《巽》易《乾》 | 一 | 吉4，凶3，平1 |
| | | 四 | 吉4，凶3，平1 |
| | 以《巽》易《坎》 | 三 | 吉3，凶3，平2 |
| | | 六 | 吉4，凶2，平2 |
| | 以《巽》易《艮》 | 二 | 吉5，凶1，平2 |
| | | 五 | 吉5，凶3 |
| 《离》 | 以《离》易《乾》 | 二 | 吉5，凶2，平1 |
| | | 五 | 吉5，凶2，平1 |
| | 以《离》易《震》 | 三 | 吉4，凶2，平2 |
| | | 六 | 吉2，凶4，平2 |
| | 以《离》易《艮》 | 一 | 吉2，凶3，平3 |
| | | 四 | 吉4，凶2，平2 |
| 《兑》 | 以《兑》易《乾》 | 三 | 吉2，凶1，平5 |
| | | 六 | 吉3，凶3，平2 |
| | 以《兑》易《震》 | 二 | 吉2，凶2，平4 |
| | | 五 | 吉5，凶1，平2 |
| | 以《兑》易《坎》 | 一 | 吉1，凶3，平4 |
| | | 四 | 吉4，凶4 |

注：表中吉凶的判断参考崔新《焦氏易林译注》和徐芹庭《焦氏易林新注》，崔本断为不吉者均视为平。

上表选取一爻变的384则林辞的吉凶为分析对象，数量上和《周易》的爻辞正好相应。384则林辞以相互转换的八个经卦来看，或以阴卦易阳卦，或以阳卦易阴卦，变动的经卦和爻位的变化对应整齐，每一组会涉及所有六个爻位，处于恒定的关系中。以《乾》易《离》、以《震》易《兑》、以《坎》易《坤》、以《艮》易《巽》、以《坤》易《坎》、以《巽》易《艮》、以《离》易《乾》、以《兑》易《震》属于第二或第五爻变动，其中第二爻变动时，吉卦共计29次，凶卦共计15次，卦旨为平者20次，第五爻变动时，吉卦共计33次，凶旨19次，平为12次。卦旨多呈现出吉利状态，仅

"以《乾》易《离》"在小范围上例外。以《乾》易《巽》、以《乾》易《兑》、以《震》易《坤》等其他的变卦卦例，变动的爻居于第三爻位或第四爻位时，当第三爻变动时，吉凶平卦旨约为：25∶22∶17，第四爻变动时，约为26∶26∶12，第一爻变动时，约为23∶24∶17，第六爻变动时，约为25∶25∶14。数值背后反映出，二、五爻变时吉利卦旨最多，第五爻变时尤其如此，余者爻变的林辞吉凶大体均等，数值背后反映出，居中爻变时吉利卦旨最多，第五爻变尤其如此，余者吉凶大体均等，总体上的这种吉凶取向缘何如此呢？通过比照《周易》爻辞在爻位上的编撰原理可以解开这一谜团，《系辞传》有这样的记载：

> 六爻相杂，唯其时物也。其初难知，其上易知，本末也。……二与四，同功而异位，其善不同，二多誉，四多惧，近也。柔之为道，不利远者，其要无咎，其用柔中也。三与五，同功而异位，三多凶，五多功。贵贱之等也，其柔危，其刚胜邪？

从这段话可知，《周易》编撰的爻辞居下卦和上卦之中的二、五两爻位者多吉利，处于第三爻位者多凶险，第四爻位者多恐惧，初爻表示事物的开始，不易知道发展的趋向，吉凶走向较难判断，上爻代表事物的终结，吉凶指向明确而清晰。这和表2-1中林辞的吉凶取向是吻合的，这种吻合落实到具体的编撰实例中能得到更进一步的印证。

（一）第二或第五爻变动时，所取事象多吉利，较少有大灾大患出现。"燕雀衔茅，以生孚乳。昆弟六人，姣好孝悌。各同心愿，和悦相乐"（《咸》之《小过》），这是《咸》卦第五爻变动，首句以燕雀起兴，描绘的是一幅人丁兴旺而和悦相处的画卷。"雎鸠淑女，贤圣配偶。宜家寿福，吉庆长久"（《履》之《无妄》）[①]，这是《履》卦第二爻变动，以雎鸠起兴，标示的是淑女佳美，带来吉庆长久之

---

① 该条林辞是否系于《履》之《无妄》，版本不同，归系也不同。

义。按所涉爻位及变动经卦划分，可归为此类的有：以《乾》易《离》、以《震》易《兑》、以《坎》易《坤》、以《艮》易《巽》、以《离》易《乾》、以《兑》易《震》、以《坤》易《坎》、以《巽》易《艮》8组128则。它们构成一个特征鲜明的群体，卦旨吉多而凶少，事象圆满而美好。以《坎》易《坤》是其中的典型代表，比对《周易》爻辞，相应的林辞是这样的：

1. 帝乙归妹，以祉元吉。（《泰》六五）

（吉）四足无角，君子所服。南征述职，与福相得。（《泰》之《需》）

2. 黄裳元吉。（《坤》六五）

（吉）孔德如玉，出于幽谷。飞上乔木，鼓其羽翼，辉光照国。（《坤》之《比》）

3. 敦复，无悔。（《复》六五）

（平）悬瓳素飡，食非其任。失舆剥庐，休坐徒居，室家何忧。（《复》之《屯》）

4. 贞吉，升阶。（《升》六五）

（吉）刻画为饰，媒母无盐。毛嫱西施，求事必得。（《升》之《井》）

5. 田有禽，利执言，无咎。长子帅师，弟子舆尸，贞凶。（《师》六五）

（凶）国乱不安，兵革为患。掠我妻子，家中饥寒。（《师》之《坎》）

6. 箕子之明夷，利贞。（《明夷》六五）

（平）涌泉涓涓，南流不绝。卒为江海，坏败邑里。家无所处，将师袭战，获其丑虏。（《明夷》之《既济》）

7. 不富以其邻，利用侵。伐，无不利。（《谦》六五）

（平）右目无瞳，偏视寡明。十步之外，不知何公。（《谦》之《蹇》）

8. 知临，大君之宜，吉。（《临》六五）

（平）阴淫不止，白马为海。皋泽之子，就高而处。（《临》之《节》）

上述八则以《坎》易《坤》的林辞，变动的《坤》卦与《坎》卦分别居于《乾》《坤》《震》《巽》《坎》《离》《艮》《兑》八个经卦之上，第五爻变动。五多功，对应的《周易》爻辞明确标示爻旨为吉的有5次，《易林》3吉2凶3平，也不例外。如，《泰》卦六五："帝乙归妹，以祉元吉。"帝乙，《周易集解》引虞翻曰："帝乙，纣父。"① 以，在这儿用的是特殊含义"获得"，以祉指获得福祉，帝乙归妹指殷高宗帝乙嫁女给周文王，"嫁女是双方的交往，合乎泰卦通达之旨"②，居于六五位，故元吉。林辞《泰》之《需》模仿道："四足无角，君子所服。南征述职，与福相得。"先天八卦乾为南，《说卦》称："乾为君。"故南在方位上属尊位，后天八卦《离》为南，《说卦》记载："离为火。"故南在意义上又象征光明，"南征述职"是趋向于尊位，奔向于光明，和《泰》卦六五爻辞一样都有"获得福祉之象"。又如，《升》卦六五："贞吉，升阶。"《象传》曰："贞吉升阶，大得志也。"六以阴爻居于上卦之中的尊位，为"大得其志之象"，林辞借助对越国美女毛嫱、西施故实的摄取，亦是"所求大得"之象。

位列第五爻变的爻辞也有少量没断语或卦旨为凶的情况，《周易》如此，林辞依傍《周易》也是如此。《师》卦六五："田有禽，利执言，无咎。长子帅师，弟子舆尸，贞凶。"上古的军队以家族为单位组成，"长子帅师"违背《师》卦卦辞所揭示的带兵原则"贞丈人，吉"。丈人指老人，《论语·微子》："子路从而后，遇丈人，以杖荷蓧。"皇侃疏解道："长人者，长宿之称也。"③ 长宿指上了年纪的人。

---

① （清）李道平撰，潘雨廷点校：《周易集解纂疏》，中华书局1994年版，第171页。
② 李炳海：《周易释读》，第10页。
③ 程树德：《论语集释》，新编诸子集成本，中华书局1990年版，第1273页。

"贞丈人，吉"标示的是由经验丰富、德高望重的家族长老率领部队出征才会获得吉利，六五爻辞改由孩子辈的长子帅师，因而占问结果凶险。林辞《师》之《坎》属于第五爻变动，"国乱不安，兵革为患"也是以战争为题材，接下来的两句"掠我妻子，家中饥寒"描写战争带来的深重灾乱，和《师》卦爻辞"长子帅师，弟子舆尸，贞凶"遥相呼应。

以《坎》易《坤》还有八则属于第二爻位变动，变动的《坤》卦与《坎》卦分别居于《乾》《坤》《震》《巽》《坎》《离》《艮》《兑》八个经卦下。《系辞》曰"二多誉"，意指第二爻位多美誉，以《坎》易《坤》的八则林辞4吉4凶，总体上与"二多誉"较相吻合。落实到具体的林辞中，比如，《比》卦六二爻辞是"比之自内"，断语为"贞吉"，相应的《比》之《坤》写道："麟子凤雏，生长嘉国。和气所居，康乐温仁，邦多圣人。"描绘的也是一幅亲比无间、和乐吉祥的场景。

（二）第三爻或第六爻变动时，卦旨多指向凶险，取象常有"超过、越过某种限度"之义。《巽》之《井》："山水暴怒，坏梁折柱。稽难行旅，留连愁苦。"这是第六爻发生变动，林辞描绘的是一幅洪水过度泛滥，肆意摧折房屋、阻碍行旅的景象，这则林辞还同时见于第三爻变动的《萃》之《咸》中。《豫》之《坤》："蔡侯朝楚，留连江滨。逾时历月，思其后君。"这是第三爻变动，"逾时历月"描绘的也是一幅超过某种限度之象。林林总总的例子很多，以所涉爻位及变动经卦的组别为单位划分，属于这一类的有：以《乾》易《兑》、以《震》易《离》、以《坎》易《巽》、以《艮》易《坤》、以《兑》易《乾》、以《离》易《震》、以《巽》易《坎》、以《坤》易《艮》8组128则。以《乾》易《兑》是这一类中的典型代表，比照《周易》爻辞，可作如下观：

1. 无号，终有凶。（《夬》上六）
（凶）狼戾美谋，无言不殊。允厌帝心，悦以获祐。（《夬》

之《乾》)

2. 赍咨涕洟，无咎。(《萃》上六)

(凶) 鹿畏人藏，俱入深谷。命短不长，为虎所得，死于牙腹。(《萃》之《否》)

3. 拘系之，乃从维之，王用亨于西山。(《随》上六)

(平) 茅茹本居，与类相投。愿慕群旅，不离其巢。(《随》之《无妄》)

4. 过涉灭顶，凶，无咎。(《大过》上六)

(凶) 东乡烦烦，相与笑言。子般鞭莘，围人作患。(《大过》之《姤》)

5. 困于葛藟，于臲卼，曰动悔有悔。征吉。(《困》上六)

(凶) 襄送季女，至于荡道。齐子旦夕，流连久处。(《困》之《讼》)

6. 君子豹变，小人革面。征凶，居贞吉。(《革》上六)

(吉) 疾贫望幸，贾贩市井。开牢择羊，多得大牂。(《革》之《同人》)

7. 咸其辅、颊、舌。(《咸》上六)

(平) 过时不归，雌雄苦悲。徘徊外国，与母分离。(《咸》之《遁》)

8. 引兑。(《兑》上六)

(凶) 下田陆黍，万华生齿。大雨霖集，波病溃腐。(《兑》之《履》)

上述8则以《乾》易《兑》林辞都属于第六爻变动，整体卦旨5凶2平1吉，和《周易》爻辞的编撰契合。"上易知"指的是最高位的《周易》爻辞常含有明显的"越过某种限定"之义，易作判断。这从代表《易》之门户的《乾》《坤》两卦可以看出，《乾》卦上九有这样的爻辞："亢龙有悔"，这是阳极而衰之象；《坤》卦上六爻辞"龙战于野，其血玄黄"，这是阴盛而衰之象，上九和上六爻辞同时揭示的都是因超过某种限度而招致不吉利。上述林辞依傍相关的爻辞，少有例外。如，《夬》卦上六爻辞："无号，终有凶。"无号指不做戒备，丧失警惕，这与《夬》卦九二爻辞强调适当警惕方可无忧患的原则相违背，丧失警惕是过于放松，故卦旨呈现凶险之象。对应的林辞作了这样的转化："狼戾美谋，无言不殊。允厌帝心，悦以获祐"，这是一幅贤圣隐而不见，逸佞恶人当道之象。如果说"无号，终有凶"是一种抽象的概念式表述，那么林辞是将抽象的概念式表述转化为对朝廷黑暗的特定描写，卦旨均凶险，都是越过限度趋于不正常状态，具有一致性。又，《大过》卦上六"过涉灭顶，凶，无咎"，水没过人的头顶，超过人所承受的范围，是阴盛之象，卦旨凶。林辞《大过》之《姤》作了这样的模仿："东乡烦烦，相与笑言。子般鞭荤，圉人作患。"前两句描写的是圉人荤与女公子戏，地位不相等的男女相感嬉戏是僭越之象，子般鞭打圉人，最终自己被弑杀则是僭越之象的悲惨结局，卦旨也是凶。类似带有超过某种限度之义的林辞还见于《萃》之《否》、《困》之《讼》、《咸》之《遁》、《兑》之《履》等。

以《乾》易《兑》的林辞还有8则属于第三爻变动，《周易》爻辞"三多凶"，林辞3凶4吉1平，略有背离，然取象仍是一致的。如，《履》卦六三："眇能视，跛能履，履虎尾，咥人凶。武人为于大君。"为，《说文》曰："𢏚，古文为，象两母猴相对形。"① 可引申为勾结，大君指女君、妇人，"武人为于大君"，有武人勾结大君作乱之象。林辞《履》之《乾》模仿写道："东向蕃垣，相与笑言。子般执鞭，圉人作患。"运用的素材与《大过》之《姤》同，讲述的也是"女子会带来祸患"的同一主题。又如，《睽》卦六三："见舆，曳其牛，掣其人，天且劓，无初有终。"牛向前行，曳指向后拽，方向相背；人向前走，掣指向后扯，方向相反，故有"天且劓"曳人掣人者遭受到刑罚之象，对应的林辞《睽》之《大有》曰："狐狸雉兔，畏人逃去。分首窜匿，不知所处。"狐狸、雉、兔的畏人逃窜、

---

① （汉）许慎：《说文解字》，中华书局1963年版，第63页。

分首窜匿，同样是相悖之象。

（三）第一爻或第四爻变动时，《易林》卦旨亦多指向凶险。以所涉爻位及变动经卦的组别划分，属于这一类的有：以《乾》易《巽》、以《震》易《坤》、以《坎》易《兑》、以《艮》易《离》、以《巽》易《乾》、以《坤》易《震》、以《兑》易《坎》、以《离》易《艮》8组128则。《周易》爻辞"初难知，四多惧"，林辞的编撰在指向上与这一条例遥相呼应。试取以《乾》易《巽》的部分林辞与《周易》爻辞比照如下：

1. 有孚，血去，惕出，无咎。（《小畜》六四）
（凶）东遇虎蛇，牛马惊奔。道绝不通，商困无功。（《小畜》之《乾》）

2. 观国之观，利用宾于王。（《观》六四）
（吉）青牛白咽，招我于田。历山之下，可以多耕。岁藏时节，人民安宁。（《观》之《否》）

3. 中行告公，从。利用为依迁国。（《益》六四）
（平）水流趋下，遂成东海。求我所有，买鳣与鲤。（《益》之《无妄》）

4. 悔亡，田获三品。（《巽》六四）
（吉）随风乘龙，与利相逢。田获三倍，商旅有功。憧憧之邑，长安无他。（《巽》之《姤》）

5. 涣其群，元吉。涣有丘，匪夷所思。（《涣》六四）
（凶）三牛生狗，以戌为母。荆夷上侵，姬伯出走。（《涣》之《讼》）

6. 富家，大吉。（《家人》六四）
（凶）击鼓合战，士怯叛亡。威令不行，败我成功。（《家人》之《同人》）

7. 鸿渐于木，或得其桷，无咎。（《渐》六四）
（凶）子长忠直，李陵为贼。祸及无嗣，司马失福。（《渐》

之《遁》）

　　8. 月几望，马匹亡，无咎。（《中孚》六四）

　　（吉）四目相视，稍近同轨。日映之后，见吾伯姊。（《中孚》之《履》）

这组以《乾》易《巽》的林辞分别居于《乾》《坤》《震》《巽》《坎》《离》《艮》《兑》8个经卦之上，属于第四爻变动。《周易》爻辞多没有明显的断语，处于同一位置爻位变动的林辞3吉4凶1平，与"四多惧"相应。《小畜》卦以抢劫蓄积类事象为主题，第四爻"有孚，血去，惕出，无咎"含有无灾患也没收获之象。林辞"道绝不通，商困无功"同样是没有收获之象，《巽》之《姤》、《益》之《无妄》的题材与《小畜》之《乾》相似，只是在吉凶的指向上略有差异。《巽》卦六四爻辞："悔亡，田获三品。"意指当处于六四爻位之时，困厄会消失，狩猎能获取多种野兽。林辞《巽》之《姤》的"田获三倍，商旅有功"标示的亦是获取之象。《益》卦六四："中行告公，从。利用为依迁国。"爻辞符合《益》卦的宗旨，但迁移国都属于外出之象，与六四爻位意义"括囊，无咎，无誉"的内敛之象相违背，故没下断语。林辞《益》之《无妄》仿此，"遂成东海"隐约表明结果吉利，但接下来的两句"求我所有，买鱣与鲤"仅仅是一种行为的描述，行为描述完之后戛然而止，买鱣与鲤的结果是福是祸却无法清晰判断。此外，《家人》之《同人》、《涣》之《讼》以悲壮惨烈的战争描写，延续着古人对于战争的"多惧"心理。《家人》卦六四："富家，大吉。"林辞在这里没遵循爻辞的卦旨和选材，受之卦《同人》在《周易》中描写战争事象的影响，呈现出一幅于血腥战场上因士兵胆怯而招致失败的场景。林辞《渐》之《遁》将战火的硝烟弥漫到朝廷之上，选择的是司马迁因同情兵败投降的李陵而获罪的故实编撰而成。

以《乾》易《巽》的另外一部分林辞分别居于8个经卦之下，第一爻位，《系辞》称："初难知。"初爻位列一卦的最下端，取象常有"不宜有所动"之义,违背这一原则多凶,如,《恒》卦初六爻辞:"浚恒,贞凶,无攸利。"浚指深挖,与爻位意义相违背,故而爻旨凶险。林辞也同样以凶险示之,"朽根枯株,不生肌肤。病在心腹,日以焦枯"(《恒》之《大壮》),在这里,疾病缠身,完全一幅憔悴焦损之象。

可见,无论是单则林辞还是以组别为单位的林辞,《易林》卦旨与《周易》爻位吉凶取向的一致性不是偶然的,而是客观存在的。林辞的吉凶在爻位上和《周易》的关系是明确的而不是模糊的,吉凶取向与《周易》爻位、爻辞呈一一对应的关系,只有部分背离,比如,《大有》卦六五:"厥孚交如威如,吉。"林辞《大有》之《乾》却是一幅受困空桑、牛马无食的悲惨之象,卦旨属凶。

综上,一方面,《周易》的卦名之象、爻辞之象、爻位意义都对《易林》有所影响,部分林辞是借用或化用相关卦、爻辞而成,象征含义完全一致;另一方面,《易林》的文本又受到具体占筮的左右,多结合卦象而成,与《周易》卦、爻辞无涉。由此不难想象,《易林》文本卦象和繇辞的关系依傍《周易》是客观存在的。林辞卦象与辞的关系不是随机的、任意的,而是依傍变动的爻位意义,取象归附于《周易》,有章法、有规律可循的,是汉代一部衍《易》而成的易学著作。

## 第二节 《易林》与《易传》

《易林》的解读,除了受到汉代灾异思想、阴阳五行思想等影响外,和《易传》的关联也是破解《易林》编撰之谜的一把钥匙。《易林》与《易传》的联系,顾颉刚先生指出:二者的接近远过于其和《易经》的接近[①]。由《易传》反观《易林》,有助于深入了解《易林》诸多林辞的生成,也有助于还原西汉末年易学发展特征。

---

[①] 顾颉刚编著:《古史辨》(第三册),海南出版社2005年版,第16页。

## 一 《易林》与《易传》据爻位、爻辞之象数解《易》的沟通

《易传》解经，爻象、爻数术语屡屡闪见，《乾·文言》："九三重刚而不中。"谓《乾》卦九三爻是阳位阳爻，属重刚，数在三，不居单卦中间。《坤·文言》："君子黄中通理，正位居体。"言说的是《坤》卦六五爻辞，六五居于上体之中，象人居于正位。《大壮·象》："九二贞吉，以中也。"《大壮》卦九二阳爻居于下体之中，因正而获得吉利。《遁·象》："刚当位而应，与时行也。"指《遁》卦第五爻阳爻谓刚，居于奇位五，故当位，下与六二阴爻呼应，故称应。经由爻象与爻数而剖析爻义，是《易传》常见的解经手法。

汉代《易林》诸多林辞的生成，也同样受到卦象的制约，其中爻象爻数在《易林》中有鲜明的体现。《萃》之《噬嗑》写道："六爻既立，神明喜告，文定吉祥，康叔受福。"爻谓卦画，六爻指《萃》卦变动而生成的六爻《噬嗑》卦。《易林》对具体爻位象数的运用可以从一爻变相似林辞的编撰中得到印证，相关林辞是这样的：

折若蔽日，不见稚叔，三足孤乌，远其元夫。（《师》之《蒙》）

水流趋下，远至东海。求我所有，买鲔与鲤。（《泰》之《大壮》）

七窍龙身，造易八元。法天则地，顺时施恩，富贵长存。（《谦》之《升》）

麟趾龙身，日驭三千。南上苍梧，与福为婚，道里夷易，安全无患。（《观》之《比》）

悬狟素飨，食非其任。失舆剥庐，休坐徙居，室家何忧。（《复》之《屯》）

宜行贾市，所聚必倍。载喜抱子，与利为友。（《大过》之《恒》）

忧惊以除，祸不成灾，安全以来。（《益》之《颐》）

戴盆望天，不见星辰。顾小失大，福逃墙外。（《益》之《中孚》）

蒙被恩德，长大成就。柔顺利贞，君臣合好。（《姤》之《乾》）

比目四翼，安我邦国。上下无患，为吾喜福。（《艮》之《渐》）

火虽炽，在吾后。寇虽多，在吾右。身安吉，不危殆。（《归妹》之《震》）

上述林辞共计11则，都有与之相似的一爻变林辞存在，试具体分析之。《师》之《蒙》："折若蔽日，不见稚叔，三足孤乌，远其元夫。"《师》卦上六爻变，上六爻位意义："龙战于野，其血玄黄。"是阴盛犯阳之义。《师》卦上六："大君有命，开国承家，小人勿用。"暗含居于卦体高位时需警戒阴盛犯乱。《师》之《蒙》若叶蔽日，不见稚叔正是阴盛犯阳之象，后两句是在前面基础上的同义引申。折若蔽日，取自《离骚》"折若木以拂日"的典故。按照《说卦》的划分，《巽》为木，属阴。折若蔽日，以阴蔽阳之象。后面三句，稚叔指年轻男性，三足孤乌指太阳，元夫指高大的男士，属性阳刚系列，是阳刚不利之象。三足孤乌事象，一爻变林辞《坎》之《涣》写道："三足孤乌，灵鸣督邮。司过罚恶，自贼其家，毁败为忧。"《坎》卦上六爻变，"系用徽纆，寘于丛棘，三岁不得，凶"。指的是法庭审理的场面，徽纆柔软，象征阴，被徽纆捆缚的罪犯与法官相对，是阴盛与阳刚相犯之象。《坎》之《涣》孤乌神鸟司过罚恶，场景也是阴盛与阳刚相犯之象。

次则林辞："水流趋下，远至东海。求我所有，买鲔与鲤。"《泰》卦六四爻动，"翩翩，不富以其邻，不戒以孚"。翩翩本指鸟的高飞轻举，林辞以水游流走当之。因诚实而不戒备，融通于《泰》之《大壮》的末两句内，诚实是买卖公平第一原则。几乎完全相同的林辞见于《益》之《无妄》"水流趋下，遂至东海。求我所有，买鱣与鲤"。《益》卦六四爻变,"中行告公,从,利用为依迁国"。六四爻辞承《益》卦六三爻辞而来,公接受贵族的建议,搬迁邦国,带来政治上的增益效应,是增益之象,林辞买鲔与鲤,属购进食物,也是增益之象。

"七窍龙身,造易八元。法天则地,顺时施恩,富贵长存。"《谦》卦的六二爻变动,《谦》六二爻辞:"鸣谦,贞吉。"指表现出谦让,占问吉利。七窍龙身指伏羲,相传伏羲人面蛇身。伏羲始作八卦,故称"造易八元",法天顺地施恩,正是"鸣谦"之义,是对谦和的正面选取。同一林辞见于《艮》之《蛊》,《艮》六二爻辞:"艮其腓,不拯其随。其心不快。"止住腿肚子,无法抬腿举足前行,心不会畅快。《艮》之《蛊》反向强调只有法天则地,处于运动的自然状态,才有可能获富贵长存。

"麟趾龙身,日驭三千。南上苍梧,与福为婚,道里夷易,安全无患。"《观》之《比》上九变动,《观》上九:"观其生,君子无咎。"观察他人的生活,君子无咎。《观》之《比》取驾马远行获利之象,卦旨指向亦是无咎无患。几乎完全相同的林辞复见于《恒》之《鼎》,林辞与《恒》卦上六爻辞"振恒,凶"略有偏离。

"悬貆素飧,食非其任。失舆剥庐,休坐徙居,室家何忧。"《复》卦六五爻变动,对应的六五爻辞是:"敦复,无悔。"在他人督促下复返,可以避免困厄。悬貆素飧,用的是《诗经·唐风·伐檀》的典故。因为尸位素餐,食非其任,故遭到失舆剥庐的惩罚。在这种情况下,停止坐享其成的生活方式,迁移到别处重新开始自食其力的生活,也就是返回正道,家庭就不会有困扰。"失舆剥庐"化用《剥》卦上九爻辞。林辞食非其任,需休坐徙居正是复返到正轨上之义。室家何忧指可以免去忧愁困厄。同一林辞见于《颐》之《益》,《颐》六五爻辞:"拂经,居贞吉,不可涉大川。"违背养正之道,居于家中尚可,不能渡涉艰险。《颐》之《益》警戒需返归正轨是对违背养正之道的反拨。

"宜行贾市,所聚必倍。载喜抱子,与利为友。"《大过》九五爻变动，对应的《大过》九五爻辞曰："枯杨生华，老妇得其士夫。无咎无誉。"老妇少夫，违背常理，因处于九五爻位，既中且正，大过之时，故无咎无誉。林辞"与利为友"暗含卦旨吉利，与之相合。相似的林辞见于《无妄》之《噬嗑》："戴喜抱子，与利为友。天之所命，不忧危殆。荀伯劳苦，西来王母。"荀伯劳苦，取《诗经·曹风·下泉》的典故："四国有王，郇伯劳之。"指晋国荀砾领兵平定周王室之乱，具体记载见于《左传》昭公二十二年。《无妄》九五爻变动，九五爻辞："无妄之疾，勿药有喜。"爻旨吉利，林辞亦以吉利当之。

"忧惊以除，祸不成灾，安全以来。"《益》卦九五爻变动，相应的《益》卦九五爻辞："有孚惠心，勿问元吉。有孚惠我德。"有诚信心怀柔德，吉利。林辞"祸不成灾"亦指向吉利。相似林辞见于《萃》之《豫》："穿鼻系株，为虎所拘。王母祝祷，祸不成灾，突然脱来。"《萃》卦九五爻变动，《萃》卦九五："萃有位，无咎。匪孚，元永贞，悔亡。"开始时未获信任，长久占问，困厄可消除。林辞亦取祈祷事象，最终获取吉祥。这两首林辞中"以来"、"脱来"，来，指的是返回。

"戴盆望天，不见星辰。顾小失大，福逃墙外。"《益》卦六二爻变动，卦旨偏向于不吉利。林辞复见于《巽》之《渐》，《巽》卦九二爻变动。林辞卦旨不吉利，与相应的爻辞之象数背离。

"蒙被恩德，长大成就。柔顺利贞，君臣合好。"《姤》卦初六爻变，"系于金柅，贞吉，有攸往，见凶。羸豕孚，蹢躅"。金柅是金属所制，象征阳刚，系于金柅是系于阳刚，处于静止柔顺状态占问吉利。林辞"柔顺利贞"截取这部分爻辞之象而得。柔顺利贞之语复见于《大畜》之《蛊》，属《大畜》初九爻变动，《大畜》卦初九："有厉，利已。"有危险，利于停止。暗含不宜采取行动，宜处于柔顺状态，林辞据此引申而得。

"比目四翼，安我邦国。上下无患，为吾喜福。"《艮》卦六五爻变动卦象，相应的《艮》卦六五爻辞："艮其辅，言有序，悔亡。"

爻旨吉利，林辞《艮》之《渐》指向的也是吉利。大体相同的林辞复见于《未济》之《讼》，《未济》卦六五爻变动，对应《未济》六五爻辞："贞吉，无悔。君子之光。有孚，吉。"爻旨吉利，林辞也是如此。

"火虽炽，在吾后。寇虽多，在吾右。身安吉，不危殆。"《归妹》九二爻变动，《归妹》九二爻辞："眇能视，利幽人之贞。"遭受目疾之患而能视看，妇人占问吉利。林辞描写的事象与之相应，虽遇火逢寇，然都不会致使患难，卦旨吉利。同一林辞复见于《震》之《归妹》，《震》卦六二爻变动，对应爻辞写道："震来厉，亿丧贝，跻于九陵。勿逐，七日得。"货物丢丧却能失而复得。与《震》之《归妹》遇患消除之象契合。

一爻变卦象中相同爻位上相似或重复林辞共计11则，林辞的生成和对应的《周易》变动爻位意义及爻位上的爻辞之象关系密切，往往综合变动爻义而得，少有例外。上揭的林辞出现于第二爻或第五爻变动时共计7次，卦旨指向是6次吉利1次凶险。之所以如此的原因，正在于林辞与爻位之间的关联，一爻变林辞依据爻位的象与数，可以借助爻位、爻辞和吉凶走势得到进一步确立，《周易》爻位二与五居于下体和上体之中，爻辞的编撰往往和吉利相伴，上述居中爻变动林辞也是如此，仅《益》之《中孚》卦例外，无疑表明林辞的生成和变动爻位的关联是客观存在的。

## 二 《易林》与《易传》据卦象、义理解《易》的渊源

《易传》据象而解经，进而由象引申发挥过渡到人事。《屯》卦下《震》上《坎》，《彖传》说："动乎险中，大亨贞。雷雨之动满盈。"《说卦》称："震为雷，坎为水。"末句"雷雨之动满盈"以象来解。观览《易传》不乏象解，关注的是经卦卦象，《易传》如此，《易林》也不例外。

《井》之《睽》写道："循理举手，举求取予。六体相摩，终无殃咎。"六体，尚秉和先生注："艮为体，坎数六，故曰六体。重坎，

故曰相摩。艮为终。左传闵元年，遇屯之比，曰六体不易。六体即谓坎也。"① 尚氏谓六体指《坎》，是可信的。摩，《系辞》"刚柔相摩"，韩康伯注："相切摩也，言阴阳之交感也。"② 六体相摩，谓《井》卦上《坎》，变而为《睽》卦上《离》，水火相交感。尚先生提及的《左传》闵公元年的占筮案例，相关文字是这样的：

初，毕万筮仕于晋，遇《屯》☷ 之《比》☷。辛廖占之，曰："吉。《屯》固、《比》入，吉孰大焉？其必蕃昌。《震》为土，车从马，足居之，兄长之，母覆之，众归之，六体不易，合而能固，安而能杀，公侯之卦也。公侯之子孙，必复其始。"③

六体，杨伯峻先生引《周易尚氏学》："《坎》数六，遇卦、之卦皆有《坎》，不易者，《坎》卦不变也。"④ 杨先生称引尚氏之学，谓六指《坎》卦，不易指《坎》卦卦体未动，是可取的。六体指代《坎》卦象，也可以对个别错乱的林辞予以修正。《遁》之《师》写道："坚固相亲，日笃无患。六体不易，执以安全。雨师驾西，濡我毂轮。张伯李季，各坐关门。"翟云升说："此非一卦之辞。"⑤ 翟氏的判断是对的，但遗憾的是，翟氏并没有指出哪一部分该系于《遁》之《师》卦下哪部分当剥离。其实，对照卦象可以找寻到答案，《遁》卦上《乾》下《艮》，《师》卦上《坤》下《坎》，《遁》卦并没有《坎》，六体不易没着落，据此可推断，该林辞前四句和卦象不吻合，当为后来窜入。

《易传》据象而解经，《易林》也存在这种情形，诸多林辞的生

---

① 尚秉和遗稿，张善文校理：《焦氏易林注》下，《尚氏易学存稿校理》第二卷，第855页。
② （魏）王弼撰，楼宇烈校释：《周易注》（附《周易略例》），第340页。
③ 杨伯峻：《春秋左传注》（修订本），第259—260页。
④ 同上。
⑤ （清）翟云升：《焦氏易林校略》，续修四库全书本，上海古籍出版社1998年版，第1055册，第247页。

成，其涉猎的既有卦名之象也有具体经卦之象，与《易传》的关联明显而突出，如：

　　坤厚地德，庶物蕃息。平康正直，以绥百福。（《泰》之《解》）
　　阳虎胁主，使德不通。炎离为殃，年谷病伤。（《剥》之《蹇》）
　　穴有孤乌，坎生虾蟆。象去万里，不可得捕。（《遁》之《屯》）

首则，《泰》卦上《坤》下《乾》，《说卦》称："坤为地。"《坤·象》："坤厚载物，德合无疆。含弘光大，品物咸亨。"首两句以"坤厚地德"当之，与《说卦》及《坤》卦的《象传》合，取《坤》为地之象。林辞又见于《渐》之《复》，《复》卦上《坤》下《震》，林辞也取《坤》为地之象。次则，《剥》之《蹇》，炎，一本写作火，《说卦》："离为火。"《尚书·洪范》："火曰炎上。"①炎是火的属性，"炎离"或"火离"连言，是取《离》为火之象。"火离"为殃指大旱为灾。最末一则，《遁》卦上《乾》下《艮》，《屯》卦上《坎》下《震》，《遁》之《屯》是《乾》变《坎》与《艮》变《震》的叠加，《说卦》称："坎为陷，为水，为沟渎。"坎中可生长虾和蛤蟆之类动物，与首句提及的岩穴相对，一个山上一个水中，故林辞说相去万里，不可得捕。"坎生虾蟆"，取《坎》为沟渎之象。《困》之《睽》写道："坎生虾蟆，乍盈乍虚。三夕二朝，形消无余。"《困》卦上《兑》下《坎》，《睽》卦上《离》下《兑》，《困》之《睽》是《兑》变《离》与《坎》变《兑》的叠加，乍盈乍虚指沟渎中之水的盈满虚损情形。"坎生虾蟆"也是取《坎》为沟渎之象。

---

① （清）孙星衍：《尚书今古文注疏》，中华书局1986年版，第296页。

《易林》上述称引《易传》之象的林辞，能找出卦象对应，明显而突出。另外的林辞则显得比较隐晦，一方面化用《易传》之辞，另一方面在卦象中找寻不到直接卦象，是借助象征含义引申联想而得，需要加以辨析。

《屯》之《咸》写道："炎绝续光，火灭复明。简易理得，以成乾功。"末两句依托《系辞》而得。《系辞上》："易简而天下之理得矣，天下之理得，而成位乎其中矣。"乾功指依托中正之道而成就伟业之举。《乾·文言》在赞美《乾》时说："大哉，乾乎！刚健中正，纯粹精也。"《屯》卦是除《乾》《坤》二卦之外的上经之始，《序卦传》称："屯者，物之始生也。"《咸》卦是下经之始，《序卦传》对其论述甚详：

> 有天地然后有万物，有万物然后有男女，有男女然后有夫妇，有夫妇然后有父子，有父子然后有君臣，有君臣然后有上下，有上下然后有所错。

《屯》卦变而为《咸》卦是从物之始生到人之始生的一个递进过程。《易林》系以《乾》卦《文言》之辞，是引申联想而得，含有对《屯》之《咸》这两个起始卦所含成就伟业义的赞美。这种赞美从首两句的比兴中也可以得到证实，炎火灭而复明体现出的正是"生生不息之为易"的内涵。

《小畜》之《家人》："两轮自转，南上大阪。四马共辕，无有屯难，与禹笑言。"《小畜》之《家人》是第二爻变动，《小畜》九二："牵复，吉。"指挽引有所装载的交通工具而归，吉利。林辞亦取驾御交通工具之象。卦名《屯》嵌入林辞，《杂卦》称："屯，难也。"林辞化用屯难之语是由出行联想引申而得。

林辞的取象与卦象相互贯通，有时林辞之象又具有灵活而多变的特性，并不寻求完全与卦象缝合，可由引申或变通而得。依据卦象解读《周易》爻辞是切实可行的方法，也是解读林辞的一把钥匙。其中，《易林》复见林辞出现的原因是一桩学术悬案。明人乔中和《大易通变》曾删减林辞之重复者,"以己意补其空者几千首有奇"①。复见林辞繁多及卦象与辞之间关联隐蔽,给研究带来了不小的困难。林辞的生成依托卦象则有助于破解这一谜团。如,《师》之《小畜》写道:"舜升大禹,石夷之野。征诣玉阙,拜治水土。"《师》卦上《坤》下《坎》,《说卦》称"坎为水",《师》卦有汇聚之象,故林辞以舜升大禹拜治水土故实当之。石夷,见于《山海经·大荒西经》:"有人名曰石夷,来风曰韦,处西北隅,以处日之短长。"② 石夷是传说中西方主管日月行次之神。大禹出自西部地区,故称其为石夷。《师》之《渐》和《师》之《小畜》本卦一致,有《坎》为水而汇聚之象,故林辞也相同。此外,《易林》大量复见林辞,变动经卦不同,但林辞受某一相似的象征义激发,往往会摄取相同的物象或事象。试以《易林》引《易传》文辞为例,如:"天之德室,温仁受福。衣裳所在,凶恶不起。"《坤》之《讼》提及衣裳,代指圣贤之君治理天下而井然有序之象。《系辞下》:"黄帝、尧、舜垂衣裳而天下治,盖取诸乾坤。"衣裳代指礼仪文明大治之义,林辞多次化用:

　　紫阁九重,尊严在中。黄帝尧舜,履行至公。冠带垂裳,天下康宁。(《讼》之《贲》)

　　天地九重,尧舜履中。正冠垂裳,宇宙平康。(《大有》之《坎》)

　　北辰紫宫,衣冠立中。含和建德,常受天福。(《坤》之《观》)

衣裳和衣冠近似。《坤》卦上《坤》下《坤》,《讼》卦上《乾》下《坎》,《九家易象》:"坤为裳,为帛。"③《说卦》称:"乾为君,为

---

① (明)乔中和:《大易通变》,影印四库存目丛书·子部,中国科学院图书馆藏清光绪五年刻西郭草堂合刊本,齐鲁书社1995年版,第66册,第694页。
② 袁珂:《山海经校注》,上海古籍出版社1980年版,第391页。
③ (清)惠栋:《周易述》(附《易汉学》《易例》),第626页。

王。"故取象于黄帝、尧舜垂衣裳而治天下之象。《讼》卦上《乾》下《坎》,《贲》卦上《艮》下《离》,《讼》之《贲》仅上爻不变,解占往往以不变动的上爻为主,上爻爻位意义多凶险,此处反向立意,《贲》指文饰,林辞以衣裳当之。《大有》卦上《离》下《乾》,《坎》卦上《坎》下《坎》,《大有》之《坎》仅第二爻不变,解占取居中不变爻为主,林辞以尧舜履中当之,衣裳是连带引申。《坤》之《观》、《坤》之《解》,两爻变卦象,《九家易象》:"坤为裳,为帛。"故林辞取象衣裳。

《易林》部分林辞直接引用、化用《易传》,既有表面的联系,也有内在借助卦象相通而建立起的深层关联。值得一提的是,有些林辞嵌入卦象之名或引《易传》文辞,并不与卦象相联,而是作为普通的词语运用,如,《需》之《升》:"凶子祸孙,仗剑出门,凶讼喧嚣,惊骇我家。"讼承前面辞义而得。《恒》之《睽》:"日暮闭目,随阳休息,箕子以之,乃受其福,举首多言,必为悔残。"化用《明夷·象传》:"利艰贞,晦其明也。内难而能正其志,箕子以之。"箕子以之是承前引申而得。

象数与义理,一纸两面,不可分割,《易传》解经于义理层面,可以归纳出多条易例。爻位之间的应、乘、比等易例于《易林》中已淡化,但《易传》解经的部分理念依旧在《易林》中得到了承继,是林辞编写的凭据。

《周易》六十四卦,一卦代表某一具体背景中事象的产生及变化规律,称之为"时"。六十四卦代表的是六十四种不同卦时,卦、爻辞分别喻示在不同卦时的主导下,如何趋吉避凶之法。《易林》衍《周易》而成,关乎卦"时"的理念,也是如此,4096卦可视为4096种时,具有更加广泛的称代性。如,《乾》卦下辖六十四卦,代指的是《乾》卦变动为另外六十四卦所构成的"乾之×"时,是一种更为细化的情景。《易林》的时较《周易》更为丰富,变化形态也更加多样化。如,《讼》之《蒙》提及:"奎轸汤汤,过角宿房。宜时布和,无所不通。"奎、轸、角、房,都是二十八宿的星名。《唐开元占经》称："角二星，天关也。其间，天门也。其内，天庭也。""房为天府"，"房为天子明堂"①。奎、轸二星过角宿房，是经过天门而入住于天府，属吉利之象。宜时，指在恰当的时间内行动能得到吉利，揭示的是在《讼》之《蒙》卦下，适宜行事。

《周易》六十四卦，《杂卦传》以对卦的形式揭示其中的奥秘。对称性的卦序结构，可以名之为对卦理念，一组对卦取象往往具有相似之处也有不同点，落实到具体林辞中也有显现。

《损》卦六五爻辞写道："或益之十朋之龟。弗克违，元吉。"《损》的对卦是《益》，卦形相覆，《损》六五对应《益》卦六二，爻辞是这样的："或益之十朋之龟，弗克违。永贞吉。王用享于帝，吉。"《损》《益》相对，爻辞选取的象也具有相似性。在林辞中对称性是否也存在呢？回答是肯定的。《损》卦六五爻动，变而为《中孚》，林辞写道："邻不我顾，而望玉女。身多疮癞，谁肯媚者。"叙述的是男子追求玉女未果、顾此失彼之象。相对的《益》之《中孚》称："戴盆望天，不见星辰，顾小失大，福逃墙外。"这是《益》卦六二爻变动，描写的也是福利逃走，顾此失彼之象。《周易》的对卦理念更多是以组卦的形式呈现，《易林》部分林辞也体现出这一点，六爻不变卦象林辞的生成既依傍卦象，也与卦的宗旨关联，试以如下两组卦为例：

　　櫜置山颠，销锋铸刃。示不复用，天下大欢。(《同人》之《同人》)
　　白虎张牙，征伐东莱。朱雀前驱，赞道说辞。敌人请服，衔璧而趋。(《大有》之《大有》)
　　玄兔指掌，与足相恃。证讯诘问，诬情自直。宛死谁告，口为身祸。(《既济》之《既济》)

---

① （唐）瞿昙悉达编：《唐开元占经》，中国书店1989年影印本，第420、422页。

志慢未习，单酒糗脯。数至神前，欲求所愿，反得大患。（《未济》之《未济》）

《周易》中的《同人》卦叙述的是战争事象，林辞也是对战争状态的一种刻画，取搁置刀兵停歇战争之象。《史记·周本纪》记载，周武王灭商之后，"纵马于华山之阳，放牛于桃林之虚，偃干戈，振兵释旅，示天下不复用也"。林辞取象于这个历史典故。叙述的是调遣灵瑞征伐东莱事象。白虎、朱雀，分别是五行说中西方和南方的神兽。"衔璧"，指表示服罪。《左传》僖公六年叙述许国君主向楚君请罪写道："许南面缚，衔璧。"《大有》和《同人》是对卦，《同人》卦趋向于外，兴师出征，《大有》由外趋向于内，包容外物。林辞均以征伐事象系之，《同人》之《同人》与《大有》之《大有》取象题材相似，示不复用是向外昭示，敌人请服是向己称臣。又《杂卦传》称："《同人》，亲也。《大有》，众也。"天下大欢，是亲民，白虎、朱雀前来助阵，是聚众，与之契合。

《既济》卦，《杂卦传》称："《既济》，定也。"取象于断狱裁定是非曲直。兔前腿短，后腿长。这里的指掌，指兔的前腿。前后相依赖而长短不一，引出后面的屈打成招，在逼供之下所说的话与实情相抵牾。《杂卦传》："《未济》，男之穷也。"单酒指薄酒，糗是干粮，脯是干肉，皆非祭祀所应当用的物品。未济是昧于成功之道，祭祀神灵讲求志诚之心，不谙习祭祀之道而迎来祸患，与《未济》卦旨吻合。

《易林》是汉代象数易学发展的标示，它的编撰据卦象而得，是衍《易》作品，其又名《六十四卦变者占》《大易通变》，命名依傍《周易》，和《周易》关系密切，大抵"焦赣所衍之数，《易》之所有也"①。二者的关系近人徐芹庭先生认为："夫《易经》与《易林》

---

① （清）魏荔彤：《大易通解》，文渊阁四库全书本，台北：台湾商务印书馆1986年版，第44册，第575页。

诚如左右手不可或缺，有《易林》更能显《易经》之变化。有《易经》方能寻《易林》之本体。"① 这种揭示是正确的，《易林》的生成机理赓续《易传》解《易》理路，并结合作者的引申发挥而得。《易传》解《易》所依据的有爻位意义、爻位所在的爻辞之象数、卦象，以及卦象背后义理等，某种意义上讲，都是林辞生成的文脉渊薮。

## 第三节 《易林》与先秦筮例

从《左传》等先秦筮例到《易林》，卜筮是一条横贯于二者之间的纽带。如，《左传》中用《周易》占筮的记载有12条，用《周易》卦辞或爻辞说明问题而不占筮的有6条，占筮不用《周易》的有3条，《左传》筮例在《易林》中都能找到对应的林辞。《左传》《国语》《孔子家语》记载的筮例在前，《易林》的生成在后，二者既有相通性存在也有许多相异之处，揭示它们的因革关系，也能见出《易林》林辞的生成机理。

### 一 《易林》与先秦《左传》解卦法及一爻变筮例渊源

"学易者宜先明筮法"②，筮指的是占筮之法，为《易》的根源。《左传》属于先秦时期的史学著作，记载了许多占筮用例，是后代易学发展的渊薮。《左传》涉《易》语料如果加以划分，可以分为两种。一类是，《左传》引《周易》所说的×之×，只起着标示爻位的作用，仅和爻辞关联，而和象无涉。昭公二十九年记载：

《周易》有之，在《乾》之《姤》，曰："潜龙勿用。"其《同人》曰："见龙在田。"其《大有》曰："飞龙在天。"其

---

① 徐芹庭：《焦氏易林新注》，中国书店2010年版，第2页。
② 尚秉和遗稿，张善文校理：《周易古筮考》，《尚氏易学存稿校理》第一卷，第1页。

《夬》曰："亢龙有悔。"其《坤》曰："见群龙无首，吉。"《坤》之《剥》曰："龙战于野。"若不朝夕见，谁能物之？①

从这段文字可以看出，《乾》之《姤》直接对应的是《乾》卦初九爻辞"潜龙勿用"，"其《同人》"指《乾》之《同人》，对应的是九二爻辞"见龙在田"，余者类此。对于爻位没有简明的标示，所以采用×之×的方法加以指明，不涉及具体的卦象，这种标示性的运用出现在引《周易》来说明某一问题的易例中，而不见于具体的卜筮活动。另一类×之×，则与变卦无异，对相关两卦均有解说，是后代变卦之法的雏形。僖公十五年记载：

初，晋献公筮嫁伯姬于秦，遇《归妹》☳☱之《睽》☲☱。史苏占之曰："不吉。其繇曰：'士刲羊，亦无衁也。女承筐，亦无贶也。西邻责言，不可偿也。《归妹》之《睽》，犹无相也。'《震》之《离》，亦《离》之《震》。为雷为火，为嬴败姬。车说其輹，火焚其旗，不利行师，败于宗丘。……"②

在这里，《归妹》是本卦，《睽》是之卦，史苏先引《归妹》上六爻辞，接着从《归妹》和《睽》的卦名含义论述其不吉，又因两卦的上卦分别是《震》和《离》，故又从变动的经卦《震》之《离》的角度加以解说，也是多荡不定之象。这里所记载的×之×，不再是单纯的指出某一独立的爻辞，而是和本卦、之卦的卦象相关联，不仅涉及本卦也涉及变卦，尤其是其中变动的经卦，已经和后代的变卦无异。类似的案例还见于《左传》哀公六年的《泰》之《需》、僖公二十五年的《大有》之《睽》、宣公十二年的《师》之《临》、闵公二年的《大有》之《乾》等，集中出现于占筮和部分引《易》来说明

---

① 杨伯峻：《春秋左传注》（修订本），第 1502—1503 页。
② 同上书，第 363—364 页。

问题的案例之中。

《左传》的这种卦变占卦法在《易林》中得到了很好的承继。林辞的编写不仅和《周易》爻辞关系密切，也涉及本卦和之卦的卦象。

《左传》僖公十五年出现的《归妹》之《睽》卦对应的林辞是这样的："刲羊不当，女执空筐。兔跛鹿踦，缘山坠堕，谗佞乱作。"林辞不仅和《归妹》上六爻辞"女承筐无实，士刲羊无血，无攸利"相似，可据此而断吉凶，也可以从《归妹》变为《睽》的角度进行解说。《归妹》的卦象是下《兑》上《震》，《睽》的卦象是下《兑》上《离》。依《说卦》所言，"兑为羊，为毁折，震为动，为雷。离为火，为电，为戈兵"，《归妹》之《睽》是以雷火戈兵刲羊之象，故《易林》称"刲羊不当"。《说卦》称"兑为少女"，故《易林》又称《归妹》之《睽》是"女执空筐"，后面的"兔跛鹿踦，缘山坠堕，谗佞乱作"则是在前面基础上的联想发挥。

《左传》哀公六年的《泰》之《需》卦对应的林辞写道："四足无角，君子所服。南征述职，与福相得。"《泰》卦六五爻辞："帝乙归妹，以祉元吉。"祉，《尔雅》曰："福也。"① 以祉指获得福祉，林辞与六五爻辞相契。《泰》卦上《坤》下《乾》，《需》卦上《坎》下《乾》，《泰》之《需》是变动经卦以《坎》易《坤》，《说卦》称："坤为大舆，坎为中男，为曳。"有君子驾车出行之象，故有与福相得的引申，卦旨吉利。

《左传》僖公二十五年出现的《大有》之《睽》卦，对应的林辞是："四乱不安，东西为患。身止无功，不出国城。乃得全完，赖其生福。"《大有》卦九三爻辞"公用亨于天子，小人弗克"，意指公奉命参加天子的宴会，小人不能前往。"用亨"有生福之义，"小人弗克"指平民不宜外出，林辞"身止"与之有相合的部分。《大有》卦上《离》下《乾》，《睽》卦上《离》下《兑》，《大有》之《睽》，以《兑》代《乾》，《兑》居于《离》下，《说卦》称："乾为君，为

---

① （晋）郭璞注：《尔雅》，浙江古籍出版社2011年版，第7页。

父，兑为少女"，以《兑》代《乾》是以弱代强，以柔代刚，《说卦》："离为甲胄，为戈兵。"《离》卦居上，四乱不安之象，故只能"身止无功，不出国城"，保得自身安全而已。

《左传》只起标示作用的×之×卦，如，昭公二十九年记载的《坤》之《剥》，×之×仅仅是指出相应的爻辞是"龙战于野，其血玄黄"，并没有涉及象。相应的林辞也是从变卦的角度展开，"南山大玁，盗我媚妾。怯不敢逐，退而独宿"，《说卦》："坤为母。"系女性。《坤》之《剥》，变动经卦以《艮》代《坤》，《坤》不见是失女之象。《说卦》称"艮为山，为黔喙之属"，故有"南山大玁"之象。"艮为止"，故有"怯而不敢逐，退而独宿"之象。

《易林》全书，4096 卦采用的"卦变占筮法"和《左传》部分筮例可以相互沟通，互相印证，有客观的联系存在。

《左传》筮例和《易林》卦旨的吉凶走势也具有一致性。《左传》庄公二十二年，一位周史为陈敬仲占，遇《观》之《否》卦，周史曰："是谓'观国之光，利用宾于王'。此其代陈有国乎？"① 这里的卦旨呈现吉利状，指能成君王的宾客，并在陈国灭亡后成为别国君主，指田氏代替姜姓而统治齐国。相应的林辞《观》之《否》写道："青牛白咽，招我于田。历山之下，可以多耕。岁藏时节，人民安宁。"历山是有名的神山，相传虞舜曾在此耕种，《灵棋经》记载："舜躬耕田，至于历山。土沃年丰，岁取十千。"② 以历山稼穑为编撰对象，描写的也是一幅顺时和乐的景象，卦旨同样吉利。《观》之《否》下卦为《坤》，《说卦》称"坤为地，为牛"，故有牛耕田之象。《左传》庄公二十二年的筮占对象是陈国公子敬仲，陈是虞舜的后裔，故林辞以舜耕于历山事象相解说。《左传》引《易》占筮的筮例和对应林辞卦旨吻合的情况不是偶然的，而是普遍的，另外的筮例对应情形如表2-2所示。

---

① 杨伯峻：《春秋左传注》（修订本），第 222—223 页。
② 四川大学古籍整理研究所、中华诸子宝藏编纂委员会编：《灵棋经》，诸子集成补编本，四川人民出版社 1997 年版，第 112 页。

表 2-2

| 卦名 | 左传筮例 | 卦旨 | 林辞 | 卦旨 |
|------|----------|------|------|------|
| 《明夷》之《谦》 | 卒以馁死（昭公五年） | 凶 | 狼虎所宅，不可以居，为我患忧 | 凶 |
| 《屯》之《比》 | 吉孰大焉？其必蕃昌（闵公元年） | 吉 | 麞鹿逐牧，饱归其居。反还次舍，无有疾故 | 吉 |
| 《屯》之《比》 | 元亨，又何疑焉（昭公七年） | 吉 | 麞鹿逐牧，饱归其居。反还次舍，无有疾故 | 吉 |
| 《坤》之《比》 | 黄裳元吉（昭公十二年） | 吉 | 孔德如玉，出于幽谷。飞上乔木，鼓其羽翼，辉光照国 | 吉 |
| 《泰》之《需》 | 若帝乙之元子归妹，而有吉禄（哀公九年） | 爻辞吉利① | 四足无角，君子所服。南征述职，与福相得 | 吉 |
| 《归妹》之《睽》 | 不吉。……犹无相也（僖公十五年） | 凶 | 刲羊不当，女执空筐。兔跛鹿踦，缘山坠堕，谗佞乱作 | 凶 |
| 《大有》之《睽》 | 吉。遇公用享于天子之卦也（僖公二十五年） | 吉 | 四乱不安，东西为患。身止无功，不出国城。乃得全完，赖其生福 | 吉 |
| 《艮》之《随》 | 必死于此，弗得出矣（襄公九年） | 凶 | 阴升阳伏，舜失其室。慈母赤子，相馁不食 | 凶 |
| 《困》之《大过》 | 凶，无所归也（襄公二十五年） | 凶 | 雷行相逐，无有休息。战于平陆，为夷所覆 | 凶 |
| 遇《蛊》（林辞《蛊》之《蛊》） | 乃大吉也，三败必获晋君（僖公十五年） | 吉 | 鲂生江淮，一转为百。周流四海，无有难恶 | 吉 |
| 《大有》之《乾》 | 同复于父，敬如君所（闵公二年） | 吉 | 南山太行，因于空桑。老沙为石，牛马无食 | 不吉 |
| 遇《屯》（《屯》之《屯》） | 元尚享卫国，主其社稷（昭公七年） | 吉 | 兵征大宛，北出玉关。与胡寇战，平城道西，七日绝粮，身几不全 | 不吉 |

上述 12 则是《左传》用《周易》卜筮的筮例，诸侯、卿大夫、诸侯夫人对于卦旨的判断较为一致，卦旨吉凶的走势从与之相关的历史故实中也可以得到证实。《左传》筮例对应的林辞的卦旨较为明显，二者指向多数吻合，仅有两则例外，见于闵公二年的《大有》之《乾》和昭公七年的《屯》之《屯》卦。由此可见，《左传》用

---

① 按，占筮者认为卦象本身是吉利的。

《周易》卜筮的筮例卦旨和《易林》是有明显联系的，尤其第6则，不仅卦旨指向一致，而且使用的文辞也大体相同，为什么会呈现出这样的情形呢？历代先贤对此并没有作出明确地解释，要回答这个问题，还得从二者的解占方式入手。

《左传》12则占筮案例一爻变居多，此处以一爻变为例来考察。僖公二十五年，卜偃为晋侯筮得《大有》之《睽》，曰："吉，遇'公用享于天子'之卦。战克而王飨，吉孰大焉。"① 在这里，卜偃先引用《大有》卦九三爻辞，断卦旨为吉利。引完《周易》爻辞之后，紧接着说道："且是卦也，天为泽以当日，天子降心以逆公，不亦可乎？"② 杨伯峻先生注：

> 天为泽者，《大有》之下卦为《乾》，《乾》为天；变而为《兑》，《兑》为泽也。以当日者，《离》为日，《离》卦未变，在《大有》，居《乾》之上，在《睽》，居《兑》之上，故云当日也。③

杨先生的解释是正确的，卜偃解卦时顺承爻辞之意，选取从象上对卦旨的吉利特性再次予以验证，整个过程采用的是以爻辞与卦象两相配合的解占方式。《左传》先引用本卦相应变动的爻辞，随后再予以象证，这是一爻变解卦较为通行的做法，10则有5则如此。另外5则的情况分别是：闵公元年的《屯》之《比》卦解占时采用卦义与象证结合，闵公二年的《大有》之《乾》、昭公七年的《屯》之《比》、昭公十二年的《坤》之《比》、哀公九年的《泰》之《需》采用的是占变动爻辞的方式。由此可见，《左传》一爻变解占，非常重视爻辞，10则有9则如此；同时也重视象的使用，10则有6则如此。

---

① 杨伯峻：《春秋左传注》（修订本），第431页。
② 同上书，第431—432页。
③ 同上。

这种解占方式在《易林》中同样体现明显，二者在这方面一脉相承。林辞一爻变解占韵语和《周易》爻辞关系密切，这从一爻变林辞的吉凶分布可以得到印证，一爻变林辞吉凶分布以《周易》编撰原则为依傍，和《周易》爻辞吉凶指向大体一致，明显而清晰。《易林》解占也注重对象的采用，如，《坤》之《比》，属于《坤》卦六五爻变动，爻辞为"黄裳元吉"，林辞写道："孔德如玉，出于幽谷。飞上乔木，鼓其羽翼，辉光照国。"卦旨吉利。林辞取象于《小雅·伐木》，以"出于幽谷，迁于乔木"的鸟之鸣叫，引出家族聚会事象。《比》卦的宗旨是群体融洽相处，与《伐木》诗相契。具体用象上，《坤》之《比》是以《坎》易《坤》，《说卦》称："坎为沟渎，其于木也，为坚多心。"林辞以幽谷与沟渎相应，《坎》居《坤》上，犹如出幽谷，飞上乔木，提升之象。林辞和象证融为一体，吉凶与《周易》爻辞相扣合，可见，这种解占方法《易林》和《左传》是相似的，《左传》开创在前，《易林》赓续在后，具有明显的承继性。

综上，解占方式上，尽管《左传》一爻变高度依赖《周易》爻辞的解占情形在林辞中不尽然，解占方式也未能与《易林》完全吻合，有差异存在，但二者之间的联系不是疏离，而是紧密，卦旨契合透露出解占方式的相通是客观存在的。

《左传》与《易林》解占离不开象，二者在具体象的使用上是否有联系呢？回答是肯定的。林辞《归妹》之《睽》和《左传》中所引的《归妹》之《睽》繇辞大体相当，两处原文对照如下：

　　史苏占之曰："不吉，其繇曰：'士刲羊，亦无衁也。女承筐，亦无贶也。西邻责言，不可偿也，《归妹》之《睽》，犹无相也。'"（《左传》僖公十五年）

　　刲羊不当，女执空筐，兔跛鹿踦，缘山坠堕，谗佞乱作。（《归妹》之《睽》）

在《左传》僖公十五年的这则引《易》语料下面，尚秉和先生解释道："震，筐之象，除《易林》外，独虞翻知之，杜征南不知也。"①尚先生所揭示的象是很正确的，《震》为筐，是从《震》的卦形引申而来，《震》卦卦形（☳）二阴爻居一阳爻之上，呈现出四方高而中低的形状，确实与物象筐相似。《易林》和《左传》筮例在特殊的取象上具有一致性，辞相同的背后是二书引《易》取象上的相同。

《左传》襄公二十五年记载：

> 武子筮之，遇《困》䷮之《大过》䷛。史皆曰"吉"。示陈文子，文子曰："夫从风，风陨，妻不可娶也。且其繇曰：'困于石，据于蒺藜，入于其宫，不见其妻，凶。'"②

《困》之《大过》的卦象和六三爻辞相联，《困》卦上《兑》下《坎》，尚秉和先生注："坎为蒺藜，三前临巽，故困于石。下据坎，故据于蒺藜。"③ 在这段话中，揭示出了《坎》为蒺藜之象。林辞《需》之《剥》如下："孤竹之虚，老妇亡夫。伤于蒺藜，不见少齐。东郭棠姜，武子以亡。"《需》卦上《坎》下《乾》，钱世明先生注："坎为伤，为蒺藜。"④《坎》确实有蒺藜之象，《说卦》称"坎，其于木也为坚多心"，闻一多先生写道："心从▽，会意。故物之纤锐者，得冒心名。枣棘之芒刺谓之心。"⑤《坎》卦所辖的物象木是坚硬而有芒刺，这与蒺藜正相一致，属于类比思维的运用。这一取象在部分象数著作中能得到印证，荀爽《九家逸象》写道："坎为蒺藜。"可见，《左传》和《易林》的两处引《易》，《坎》为蒺藜是两者共同的取象。

---

① 尚秉和：《周易尚氏学》，中华书局1980年版，第347页。
② 杨伯峻：《春秋左传注》（修订本），第1096页。
③ 尚秉和：《周易尚氏学》，第217页。
④ 钱世明：《易林通说》，华夏出版社1990年版，第223页。
⑤ 闻一多：《闻一多全集》（10），湖北人民出版社1993年版，第518页。

上述取象是《说卦》所无，但又本之《说卦》。另外，二书的部分用象如《离》为日等，能对照《说卦》得到确证，进而搭建起沟通《左传》筮例和《易林》之间的桥梁，承继关系明显。除此之外，有些由卦象的变动附带而产生的象义却长期处于遮蔽状态，需要加以仔细辨析。《左传》昭公五年，庄叔筮得《明夷》之《谦》卦，卜楚丘解卦为：

  《离》，火也；《艮》，山也。《离》为火，火焚山，山败。于人为言。败言为谗，故曰"有攸往，主人有言"。言必谗也。①

《明夷》卦上《坤》下《离》，《谦》卦上《坤》下《艮》，《明夷》之《谦》是下卦《离》变而为《艮》，《说卦》称："离为火，艮为山。"故曰火焚山，解卦以变动经卦为准绳，没有言及不变经卦《坤》，火焚山，得出的结论不吉利。对应的林辞《明夷》之《谦》为"狼虎所宅，不可以居，为我患忧"，卦旨亦不吉利，摄取的象与"火焚山"的象义理念是相通的，《艮》为山，古人多依山而居止。《说卦》称"艮为黔喙之属"，黑口兽，狼虎之属，猛兽居山必然无法再安稳居住，故以虎狼为喻，极言居住环境的险恶。类似的联想取象在《革》之《咸》中能得到验证，林辞曰："无足断跟，居处不安，凶恶为残。"《革》之《咸》下卦《离》变而为《艮》，凶恶为残也是极言居住环境的险恶。

  《左传》宣公十二年记载的引《易》语料涉及象义转化的文字如下：

  《周易》有之，在《师》☷☵之《临》☷☱，曰师出以律，否臧，凶。执事顺成为臧，逆为否。众散为弱，川壅为泽。②

---

① 杨伯峻：《春秋左传注》（修订本），第1265页。
② 同上书，第726—727页。

《师》之《临》，变动经卦以《兑》易《坎》，《说卦》称"坎为水"，有众义，"兑为少女"，有弱义，《坎》变而为《兑》，所以说"众散为弱"，又《坎》为水，引申为川，《兑》为泽，《坎》变《兑》，有川壅为泽致使河水不得流通之象。以《兑》易《坎》所包含的强变而为弱与川壅而不通的象义理念在《易林》中是否有体现呢？这从相对应的林辞中能得到确切的答案，林辞《师》之《临》写道："玄黄瘣隤，行者劳罢。役夫憔悴，逾时不归。"玄黄瘣隤是马的力量由强转弱，役夫憔悴是人的精力由充沛转入疲惫状态，都暗含强变而为弱之象。

《左传》象义带有理念性的案例十分少见，没有更多可供参照的语料，二者是否真有象义理念的沟通还有待进一步证实。退一步讲，如果上述象义理念并不广泛存在于林辞之中，但从客观上看，《左传》变动经卦所附带的象义在林辞中是有投影的，就上述两组变卦而言，二者无论在卦旨上还是象的使用上无疑都有趋同性的一面。

## 二 《易林》与先秦多爻变及六爻不变筮例的渊源

上揭《易林》与《左传》的解占存在着千丝万缕的渊源关系，其中一爻变筮例是如此的紧密，那么，多爻变以及六爻不变卦象又是如何呢？这可以从《易林》与相关占筮案例的对读中找到破解的线索，《国语·晋语四》中记载了多则三爻变筮例，其中一处文字是这样的：

> 公子亲筮之，曰："尚有晋国。"得贞《屯》悔《豫》，皆八也。筮史占之，皆曰："不吉。闭而不通，爻无为也。"司空季子曰："吉，是在《周易》，皆利建侯，得国之务也，吉孰大焉！《震》，车也。《坎》，水也。《坤》，土也。《屯》，厚也。《豫》，乐也。车班外内，顺以训之，泉原以资之，土厚而乐其实，不有晋国，何以当之？《震》，雷也，车也；《坎》，劳也，水也，众也。主雷与车，而尚水与众。车有震，武也。众而顺，文也。文

武具，厚之至也，故曰《屯》。其繇曰：'元亨利贞，勿用，有攸往，利建侯。'主震雷，长也，故曰元。众而顺，嘉也，故曰亨。内有震雷，故曰利贞。车上水下，必伯，小事不济，壅也。故曰'勿用，有攸往'。一夫之行也，众顺而有武威，故曰'利建侯'。《坤》，母也；《震》，长男也，母老子强，故曰《豫》。其繇曰：'利建侯行师。'居乐出威之谓也。是二者，得国之卦也。"①

这是晋公子重耳筮返晋国的语料，在这里，司空季子运用《周易》解《屯》之《豫》时，先是引本卦和之卦的卦辞"利建侯"明确卦旨，随后是以经卦为单位，分别指出各自的象征物，从本卦《震》《坎》到之卦的《坤》，最后在象的基础上对复合卦予以总结：《屯》，厚也，《豫》，乐也。运用的解占手段涉及本卦和之卦的卦辞、卦象，卦辞与卦象互为表里，相互印证。《易林》的《屯》之《豫》卦解占和《国语》筮例有相似之处，《屯》卦第一、四、五爻动，变而为《豫》，林辞是这样的："重茵厚席，循皋采藿。虽蹶不惧，复反其宅。"首句"重茵厚席"化用重耳返国渡河前的举措，咎犯因此想离开，《说苑·复恩》记载道：

  晋文公入国，至于河，令弃笾豆茵席，颜色黧黑，手足胼胝者在后。咎犯闻之，中夜而哭。②

茵席，《韩非子》记作"席蓐"，《淮南子》记作"衽席"。笾豆和饮食相关，席子和寝卧相关，"循皋采藿"是在此基础上的引申，《韩非子》曰："笾豆所以食也，席蓐所以卧也。"从象上考察，"重茵厚席"化用《国语》中《屯》"厚"之象，"《屯》，厚也"是对《屯》

---

① 徐元诰：《国语集解》（修订本），中华书局2002年版，第340—342页。
② （汉）刘向撰，向宗鲁校证：《说苑校证》，中华书局1987年版，第119页。

卦象的概括。《易林》引用写入林辞，是结合历史故实与卦象予以解占。后两句"虽踬不惧，复反其宅"，似指重耳滞留他国最终返晋为君的故实。退一步讲，如果说此处的联系还比较隐晦，那么，《易林》解占和《国语》筮例的关系在另外的案例中体现的则更加明显而突出，其中一处仍然和重耳有关：

  秦伯纳公子……董因迎公于河。公问焉，曰："吾其济乎？"对曰："岁在大梁，将集天行。……臣筮之，得《泰》之八，曰：'是谓天地配亨，小往大来。'今及之矣，何不济之有？且以辰出，而以参入，皆晋祥也，而天之大纪也。济且秉成，必伯诸侯。子孙赖之，君无惧矣。"公子济河，召令狐、白衰、桑泉，皆降。①

《泰》之八指的是《泰》之《坤》，董因解占曰"亨，小往大来"，引用的是《泰》卦卦辞，解占结果指向吉利。解占选取的是从卦辞角度入手，对应《易林》的解占又是如何呢？《泰》之《坤》整则林辞是这样的："济深难渡，濡我衣袴。五子善棹，脱无他故。"首句"济深难渡"描写的事象和重耳渡水过河故实一致，"脱无他故"标示的卦旨也吉利。其中，"五子善棹"所指是谁？是否和重耳有关联呢？这在《左传》中也能找到答案，僖公二十三年记载：

  晋公子重耳之及于乱也，晋人伐诸蒲城。蒲城人欲战，重耳不可，曰："保君父之命而享其生禄，于是乎得人，有人而校，罪莫大焉。吾其奔也。"遂奔狄。从者狐偃、赵衰、颠颉、魏武子、司空季子。②

---

① 徐元诰：《国语集解》（修订本），第342—345页。
② 杨伯峻：《春秋左传注》（修订本），第404页。

跟随重耳出亡者正是五位贤人。活动在重耳周围的名士以五为单位出现者，还见于《史记·晋世家》，相关记载是这样的："晋文公重耳，晋献公之子也。自少好士，年十七，有贤士五人：曰赵衰、狐偃咎犯、贾佗、先轸、魏武子。"①虽然两书记载不尽相同，但数值是一致的，五子指活动在重耳周围为之出谋划策的五位贤臣。可见，无论从卦旨还是取象上，《易林》的《泰》之《坤》和《国语》筮例都联系紧密，卦旨和叙述的事象具有一致性，《易林》对于《泰》之《坤》卦的解占在《周易》卦辞的基础上融入了后代相关故实，是对历史的再演绎。《易林》和《国语》筮例卦旨和事象的一致，揭示出《易林》对于《泰》之《否》解占使用《泰》卦卦辞占验是认可的。解占方式依傍本卦或之卦卦辞而定，这种以卦辞为主解占的方式也是朱熹的论断所本。

《国语》另外一处记载如下：

> 晋孙谈之子周适周，事单襄公。立无跛，视无还，听无声，言无远……襄公有疾，召顷公而告之，曰："必善晋周，周将得晋国，其行也文，能文则得天地……成公之归也，吾闻晋之筮之也，遇《乾》之《否》，曰：'配而不终，君三出焉。'一既往矣，后之不知，其次必此。且吾闻成公之生也，其母梦神规其臀以墨，曰：'使有晋国，三而畀驩之孙。'故名之曰'黑臀'，于今再矣。襄公曰驩，此其孙也。而令德孝恭，非此其谁？且其梦曰：'必驩之孙，实有晋国。'其卦曰：'必三取君于周。'其德又可以君国，三袭焉。吾闻之《大誓故》曰：'朕梦协朕卜，袭于休祥，戎商必克。'以三袭也。晋仍无道而鲜胄，其将失之矣。必早善晋子，其当之也。"顷公许诺。及厉公之乱，召周子而立之，是为悼公。②

---

① （汉）司马迁：《史记》，上海古籍出版社1997年版，第1317页。
② 徐元诰：《国语集解》（修订本），第88—92页。

襄公提及的筮例主要从象上进行解说，《乾》卦上《乾》下《乾》，《否》卦上《乾》下《坤》，《乾》之《否》是《乾》变而为《坤》，《说卦》称："乾为君。"《乾》之《坤》从变动卦象的角度看是地位的下降，有不得再为君之象，对此，韦昭注解甚详：

> 《乾》，天也，君也，故曰配，配先君也。不终，子孙不终为君也。《乾》下变为《坤》，地也，臣也。天地不交曰《否》，变有臣象。三爻，故三世而终。上有《乾》，《乾》，天子也。五亦天子，五体不变，周天子国也。三爻有三变，故君三出于周也。①

韦氏注从象上入手，是可信的，"配而不终，君三出者"，指的是晋国自黑臀成公开始，其子孙可以三代为君，三代之后，则不可以继。《乾》之《否》变动经卦是《乾》变而为《坤》，三阳爻变三阴爻，三变对应三出，清人张丙哲写道："内《乾》为主，三爻皆变，一变君一出，再变君再出，三变君三出。"②历史故实也确实如此，自成公及景公、厉公三代为君，而后便发生厉公之乱，晋成公的子孙从此失去晋国君位。《乾》之《否》同时也预示了晋悼公的称君之象，《乾》卦变《否》卦，外《乾》未发生变动，九五爻位依旧，《说卦》称"乾为君"，外《乾》象征君对应的是外于晋国的周天子，九五君位未动，象征的是外于晋的周天子在这个变化过程中始终居于王位，晋悼公亦名"周"，韦昭注："周者，谈之子，晋悼公之名也。"周（晋悼公）为君，与周朝之周同，是上应周天子为君之象。《国语》占筮最终应验，周成为历史上的晋悼公。

《易林》中对应的相关林辞《乾》之《否》是这样的："载日精光，骖驾六龙。禄命彻天，封为燕王。"燕王，历史上有多位，西汉初年，封为燕王的有卢绾、韩广、臧荼等，此处的燕王当是泛指，燕

---

① 徐元诰：《国语集解》（修订本），第90页。
② （清）张丙哲：《占易秘解》，海南出版社1995年版，第61页。

通宴，取其安闲、舒适之义。"封为燕王"描写的也是获取君位之象。从象上考察，《乾》卦上《乾》下《乾》，《否》卦上《乾》下《坤》，《乾》之《否》是《乾》变而为《坤》，《说卦》称："乾为日，为君，为王，为天，坤为地，为土。"《易林逸象》："坤为国。"林辞《乾》之《否》的编撰依傍卦象，也有称王得国之象。

《易林》对应的三处解占及林辞编撰和《国语》筮例明显相通，卦旨和事象吻合。三爻变卦象的解释有多种手段，《国语》筮例一处运用卦象，一处涉及卦辞，一处是两种解占手段的融汇，同时涉及卦辞与卦象。《国语》筮例在前，《易林》衍《易》在后，《易林》三爻变卦与《国语》筮例解占方法的吻合不是偶然的，而是客观存在的，是一脉相承的关系。

《易林》五爻变动卦象所系林辞的编撰及吉凶的判定，在《左传》筮例中也有相关记载，二者可以对读，《左传》襄公九年：

> 穆姜薨于东宫。始往而筮之，遇《艮》之八䷳。史曰："是谓《艮》之《随》䷐，《随》，其出也。君必速出。"姜曰："亡！是于《周易》曰：'《随》，元亨利贞，无咎。'元，体之长也；亨，嘉之会也；利，义之和也；贞，事之干也。体仁足以长人，嘉德足以合礼，利物足以和义，贞固足以干事。然，故不可诬也，是以虽《随》无咎。今我妇人，而与于乱。固在下位，而有不仁，不可谓元。不靖国家，不可谓亨。作而害身，不可谓利。弃位而姣，不可谓贞。有四德者，《随》而无咎。我皆无之，岂《随》也哉？我则取恶，能无咎乎？必死于此，弗得出矣。"①

《艮》之八指《艮》之《随》，《艮》卦上《艮》下《艮》，《随》卦上《兑》下《震》，《艮》之《随》是《艮》卦初六、九三、六四、六五、

---

① 杨伯峻：《春秋左传注》（修订本），第 964—966 页。

上九变动，属于五爻变卦，史官解占曰"是谓《艮》之《随》，《随》，其出也"，这是占《艮》卦六二爻辞"艮其腓，不拯其随。其心不快"，意谓"限止腿肚子，不举足前行，结果不吉利"。故史官劝诫穆姜要赶快走，在这里，根据的是《艮》卦六二爻辞解占，虽然这则多爻变卦例包含的解占方式不只史官所运用的一种，但无疑表明，五爻变解占对于不变动爻是重视的，可以成为解占的手段之一。

相应的五爻变林辞解占也重视不变动爻位，但不同的是，关注的具体爻辞又有所差别，《易林》对应的林辞《艮》之《随》写道："阴升阳伏，舜失其室。慈母赤子，相馁不食。"虞舜离家，母子相失之象和本卦《艮》卦六二爻辞联系不大，倒是和《随》卦六二爻辞扣合紧密，《随》卦六二爻辞"系小子，失丈夫"，指把未成年人捆缚起来，失去成年男子，丈夫，属于阳刚之象，结局是失丈夫，失阳的象征语。虞舜出走正是失阳之象，"慈母赤子，相馁不食"是据此而进行的引申发挥。

《易林》五爻变解卦重视对应不动爻位意义以及爻位之象，这不是个案，而是较为普遍的情形，如，《周易》爻辞"禴祭"对应赐福之象，《既济》九五爻辞："东邻杀牛，不如西邻之禴祭，实受其福。"《讼》之《既济》仅九五爻不变动，曰："白雉群雏，慕德朝贡。湛露之恩，使我得欢。"在这里，《周易》爻辞出现的是禴祭而实受其福，《易林》描写的同样也是赐福之象。白雉是吉祥的象征，它的出现表明天下大治，周边部落前往中央王朝拜谒，对此，《竹书纪年》有具体记载。《湛露》是《诗经·小雅》篇名，反映的天子举行宴会款待来朝诸侯的盛况。

《易林》六爻不变的卦象，林辞编撰往往围绕卦形所示之象展开，这种依傍象数机理的编撰方式，从《易林》与先秦筮例的关系中也能得到很好地印证，《左传》僖公十五年记载：

秦伯伐晋。卜徒父筮之，吉："涉河，侯车败。"诘之。对曰："乃大吉也。三败，必获晋君。其卦遇《蛊》䷑，曰：'千乘三去，三去之余，获其雄狐。'夫狐《蛊》，必其君也。《蛊》之贞，风也；其悔，山也。岁云秋矣，我落其实，而取其材，所以克也。实落、材亡，不败，何待？"三败及韩。①

这里的"千乘三去，三去之余，获其雄狐"不见于今本《周易》，杨伯峻先生推测为"繇辞"，已无可考。随后，是联系卦象进行的解占，狐取象于艮，《九家逸象》曰"艮为狐"，"古人喜以雄狐喻君，《诗·齐风·南山》亦以狐喻齐襄公"②。可见，对于六爻不变卦，从象上进行解占也是一种重要手段。

据象而解的方法在《易林》六爻不变卦象中也不例外，《蛊》之《蛊》曰："鲂生江淮，一转为百。周流四海，无有难恶。"卦旨吉利，与《蛊》卦继往开来的宗旨吻合，《蛊》卦上《艮》下《巽》，鲂是鱼的一种，鱼生活于水中，是阴的象征物，尚秉和先生注"巽为鱼，为鲂"③是可信的，这从《周易》中能找到印证，《中孚》卦《兑》下《巽》上，卦辞称"豚、鱼吉"，《巽》与鱼相关，《蛊》卦下为《巽》，故以鲂当之。《说卦》也称："艮为止，巽，入也。"鲂生江淮，是鱼入于水中而栖止之象。"巽为长，为高，为近利市三倍"，故林辞为"鲂生江淮，一转为百"。《说卦》称"兑为泽"，有水之象，"震为东"，"万物出乎震"，有生机勃勃之象，林辞后两句是承接前两句的引申发挥。

不变动的占筮例，还见于昭公七年的"遇《屯》"卦，由于筮者孔成子仅仅指明卦旨吉利，没有任何解占的文字留下，故已无从考究。《左传》成公十六年记载：

> 楚子登巢车，以望晋军。子重使大宰伯州犁侍于王后……曰："听誓也。""战乎？"曰："未可知也。""乘而左右皆下

---

① 杨伯峻：《春秋左传注》（修订本），第352—354页。
② 同上书，第353—354页。
③ 尚秉和遗稿，张善文校理：《焦氏易林注》上，《尚氏易学存稿校理》第二卷，第314页。

矣。"曰："战祷也。"伯州犁以公卒告王。苗贲皇在晋侯之侧，亦以王卒告。皆曰："国士在，且厚，不可当也。"苗贲皇言于晋侯曰："楚之良，在其中军王族而已。请分良以击其左右，而三军萃于王卒，必大败之。"公筮之。史曰："吉。其卦遇《复》䷗，曰：'南国蹙，射其元王，中厥目。'国蹙、王伤，不败，何待？"公从之。有淖于前，乃皆左右相违于淖。步毅御晋厉公，栾鍼为右。彭名御楚共王，潘党为右。石首御郑成公，唐苟为右。栾、范以其族夹公行，陷于淖。栾书将载晋侯。鍼曰："书退！国有大任，焉得专之？且侵官，冒也；失官，慢也；离局，奸也。有三罪焉，不可犯也。"乃掀公以出于淖。癸巳，潘尫之党与养由基蹲甲而射之，彻七札焉。以示王，曰："君有二臣如此，何忧于战？"王怒曰："大辱国！诘朝尔射，死艺。"吕锜梦射月，中之，退入于泥。占之，曰："姬姓，日也。异姓，月也，必楚王也。射而中之，退入于泥，亦必死矣。"及战，射共王中目。王召养由基，与之两矢，使射吕锜，中项，伏弢。以一矢复命。①

"南国蹙，射其元王，中厥目。"杨伯峻先生写道："杜注谓'此卜者辞'，但从蹙、目押韵（古音同在觉部）与下文联系，当是繇辞，与僖公十五年传'千乘三去'等句相同，互详彼注。"杨先生的推断是对的，占筮辞往往用韵语写成。占得《复》卦，繇辞曰："南国蹙，射其元王，中厥目。"杜预作了如下注解：

　　《复》阳长之卦，阳气起子，南行推阴，故曰南国蹙也。南国势蹙，离受其咎，离为诸侯，又为目，阳气激南，飞矢之象。故曰射其元王中厥目。②

---

① 杨伯峻：《春秋左传注》（修订本），第884—886页。
② （唐）孔颖达疏：《春秋左传正义》，阮元校刻《十三经注疏》，中华书局1980年版，第1918页。

杜预是晋人，注解运用的是当时的易学方法，《复》卦仅一阳爻居下，象征一阳初生，阳气升于南。《离》卦是飞伏之象。杜预的具体解释不一定合乎历史实际，但从卦象上推断则是可取的。

相应的林辞《复》之《复》写道："周师伐纣，克于牧野。甲子平旦，天下悦喜。"史实是西周伐纣取胜事象，见于《史记·周本纪》。《复》卦上《坤》下《震》，《说卦》称"震为动，坤为众"，引申为国。《复》卦卦辞："亨。出入无疾，朋来无咎，反复其道，七日来复，利有攸往。"利有攸往，指利于有所前往。林辞西周征伐灭商合乎《复》卦卦象和卦的宗旨。卦旨吉利，与《左传》筮例征伐能"射其元王，中厥目"一致。

《孔子家语·好生》记载：

> 孔子尝自筮其卦，得《贲》焉，愀然有不平之状。子张进曰："师闻，卜者得《贲》卦，吉也，而夫子之色有不平，何也？"孔子对曰："以其离耶！在《周易》，山下有火谓之《贲》，非正色之卦也。夫质也，白宜正白，黑宜正黑，今得《贲》，非吾吉也。吾闻丹漆不文，白玉不雕，何也？质有余不受饰故也。"①

孔子占筮得《贲》卦的故实，还见于《说苑·反质》《吕氏春秋·慎行论·壹行》，《孔子家语·好生》的记载最详细。孔子筮得《贲》卦，面露不平之色，原因在于《贲》卦下含经卦《离》，《说卦》称"离为火"，具有照亮别物的作用。《贲》指的是修饰、纹饰之义，和孔子追求的质朴正色相悖。孔子是从象上对占筮所得的六爻不变卦作出的解释。

相应的林辞《贲》之《贲》写道："仁政不暴，凤凰来舍。四时顺节，民安其居。"《贲》卦是文饰之义，凤凰来仪，凤，《说文解

---

① 王国轩、王秀梅译注：《孔子家语》，中华书局2011年版，第111页。

字》:"神鸟也。天老曰:凤之象也,鸿前麐后,蛇颈鱼尾,鹳颡鸳思,龙文虎背,燕颔鸡喙,五色备举。"① 凤是色彩最鲜艳的神鸟,和《贲》卦的文饰义合。由此不难想象,林辞《贲》之《贲》正是从卦象上入手而得。

总起来看,《左传》《孔子家语》六爻不变筮例解占主要依傍卦象,有时依傍卦的宗旨或卦辞,这在《易林》中也可作相类似的考察。如《乾》之《乾》:"道陟石阪,胡言连謇。译瘖且聋,莫使道通。请谒不行,求事无功。"描写的是出行遇到重重险阻之象,道路艰难,所遇胡人的言语无法翻译过来,因为担当此项工作的人员耳聋,是个哑巴,最终结果是无法与对方沟通。《乾》卦六个阳爻,尚秉和先生写道:"《易林》开章明义……言孤阳不通也,阳遇阳也。"② 尚先生的解释是可信的,《乾》之《乾》所有卦爻都是阳爻,阳爻中间未断开,有阻塞之象,这从《泰》卦和《否》卦的构形可以看出,《泰》卦上《坤》下《乾》,《坤》卦三阴爻,中间断开,有通畅之象,《序卦传》曰:"泰者,通也。"故描写的多是吉利事象。相反,《否》卦上《乾》下《坤》,阳爻居上,有阻塞之象,故描写的多是不吉利事象。与《乾》之《乾》卦象相反的是《坤》之《坤》,相关林辞是这样的:"不风不雨,白日皎皎。宜出驱驰,通利大道。"描写的也是出行之象,在这里,驾驶车马出行时一片坦途,对应的《坤》卦六个阴爻,都是断开状,因而是通畅之象,《坤》之《坤》描写的事象和卦象吻合。

《易林》象数易学的文脉渊薮可追溯至先秦,《易林》一爻变相关林辞的吉凶指向与《左传》对应筮例呈现出一致性,筮法、解占方式、用象、象义具有承继性。《易林》三爻变卦、五爻变卦、六爻不变卦的林辞生成和《左传》《国语》《孔子家语》相应"筮例"等亦存在客观的贯通性,涉猎的史实、卦的宗旨指向也具有一致性。鉴

---

① (汉)许慎:《说文解字》,第79页。
② 尚秉和:《焦氏易诂》,中华书局1991年版,第58页。

于此，可以下这样的结论：汉代《易林》象数易学的兴起不是突兀的，而是有文脉承传的，是对先秦易学的发展和演进。《左传》《国语》《孔子家语》占筮案例和《易林》在象数层面有不少相通之处，相通之处是它们前后赓续的表现，是象数易学渐进式发展的外显。

## 三 《易林》解占的稳定性与先秦筮例的预设性：以《左传》为例

《左传》筮例和《易林》有不少相通之处，同时也存在着许多不同之点。相通之处是它们前后赓续的表现，是巫术的实际功用之所在。《左传》筮例和《易林》的差异，则是叙事文学与巫术、哲学的区别。厘清这种区别，也有利于认知《易林》这一文本，这些不同主要体现在引《易》语料上。

《左传》以记载历史事件为主，采用叙议结合的方式呈现出历史的本来面目，编撰者对于涉《易》材料的征引，往往使用于叙事文中，作为事件发展的一个环节，使故事情节按照既定的方向推进，带有很强的预设性，引《易》材料与叙事的主题相扣合，呈现出一一对应的关系。按照卜筮的内容，可以分为三类来看。

占卜人生命运、仕途类，以《左传》庄公二十二年、《左传》昭公五年等记载的筮例为代表。《左传》庄公二十二年写道："陈侯使筮之，遇《观》䷓之《否》䷋，曰：'是谓"观国之光，利用宾于王"。'"① 陈侯让周史卜筮，占断敬仲的前途命运，得到的卦爻辞为观仰王朝的光辉盛治，有利于成为君王的贵宾。卦辞的内容正好与占问的主题对应，鲜明地昭示出人生前途。《左传》昭公五年，庄叔用《周易》占筮叔孙穆子的命运，得到的卦象是《明夷》之《谦》，占断爻辞以本卦《明夷》初六为据，这则《周易》爻辞揭示的象征含义和叔孙穆子的生平相吻合，爻辞"明夷于飞"对应"是将行，而归为子祀"，"三日不食"对应"馁"，"有攸往，主人有言"对应"受谗言而死"。从生到

---

① 杨伯峻：《春秋左传注》（修订本），第 222 页。

死,叔孙穆子所经历的事情,可谓尽在爻辞之中。

占卜婚嫁类,以《左传》僖公十五年、《左传》襄公二十五年记载的筮例为代表,两处筮例的卦爻辞分别为"士刲羊,亦无衁也。女承筐,亦无贶也。西邻责言,不可偿也"和"困于石,据于蒺藜,入于其宫,不见其妻,凶",两则爻辞本身均出现女性意象,和婚嫁主题扣合,卦爻辞象征着"阴阳相离,男女相失"则和《左传》中两位女性的婚嫁命运息息相关。

占卜立君、战争、叛乱类,以《左传》僖公十五年、《左传》僖公二十五年、《左传》宣公十二年等记载的筮例为代表。《左传》僖公十五年写道:"其卦遇《蛊》䷑,曰:'千乘三去,三去之余,获其雄狐。'夫狐《蛊》,必其君也。"① 这则筮例中,繇辞"千乘"对应"诸侯","雄狐"对应"君王","获"对应"克",整个繇辞与战争主题相扣合,繇辞的内容引领着后面叙事的发展,战争局势的变化可以通过繇辞预先获知,两者之间的配合天衣无缝。

《周易》描写的内容丰富多彩,可供选择的爻辞甚多,但《左传》占筮所得爻辞和所占内容扣合的程度却呈现出完全一致的对应性,占婚嫁,所得爻辞直接出现女性意象并和婚嫁事象相关,占征伐,所遇卦象也是征伐,不偏不倚,明显而突出,这种卦爻辞与叙事主题的一一对应关系不是个别的,偶然的,而是普遍的存在于《左传》引《易》语料中,不是一种巧合,而是《左传》编者在引《易》时的有意选择。《左传》所载的占筮之例,事后基本上全部都应验,从侧面印证着《左传》引《易》的预设性特征。

相比之下,《易林》是静态的繇辞,不是具体的占筮活动,但《易林》也有几处引用《周易》爻辞,从引《易》来看,二者的区别是明显的,《易林》引《易》显得宽泛许多,同一则引《易》语料,可以在不同的卦象中出现,没有严格的限制。其例如,《左传》僖公十五年所引《归妹》之《睽》的爻辞,林辞稍加改易,出现在《归

---

① 杨伯峻:《春秋左传注》(修订本),第353页。

妹》之《睽》、《随》之《艮》、《丰》之《大壮》中，三则林辞只在具体的字句组合上略有差异。为何林辞能如此灵活呢？要回答这个问题，还得从《易林》的巫术属性入手。巫术的思维是象征性的，象征义相同，其所对应的具体象征物可不同也可相同。如，阳刚的象征有《乾》卦，具体象征物可为龙，《九家逸象》"乾为龙"①，阴柔的象征有《坤》卦，具体象征物可为水。与此同时，《震》卦也是阳刚的象征，其象征物也可为龙，《说卦》称"震为龙"，《兑》卦是阴柔的象征，具体象征物也可为水，《说卦》称"兑为泽"。由此可见，尽管卦形不同，但只要卦体象征性一致，那么具体象征物是可以相同的，这也是打开林辞为何反复重现之谜的一把钥匙。

《随》卦上《兑》下《震》，《艮》卦上《艮》下《艮》，《随》之《艮》是《震》变而为《艮》和《兑》变为《艮》的叠加，《说卦》称："震为动，艮为止，兑为羊。"《震》居于《兑》下是自下而上刲羊，《震》变而为《艮》，是从动态趋向于静止，故刲羊不得成功。《丰》卦上《震》下《离》，《大壮》卦上《震》下《乾》，《丰》之《大壮》是《离》变而为《乾》，《说卦》称"震为雷，为动，离为火，乾为金"。在动荡的情况下，火变而为金，实际是以火提炼矿石，不会成功。同样是喻指刲羊不当，这三则林辞属于同类意象，故林辞基本相同。

《左传》筮例与叙事主题一一对应，引《易》语料的选择带有很强的预设性，《易林》引《易》则相对显得宽泛。引《易》语料的选择在《易林》中，以象征性为主，辞处于从属地位，对于辞的使用具有较大的伸缩性和灵活性。前者是根植于历史，着眼于故事的记载，卦爻辞的运用是辅助性的，每一则引《易》材料都穿插于叙事文中，预言故事的走向，不具有独立性；后者则是回归到巫术本身，巫术言象，具体的卦象对应相关的词或短语，代表具体物象的词或短句连缀成一个链环，绘制成一簇无生命的花卉。处于链条中相同象征

---

① （清）惠栋：《周易述》（附《易汉学》《易例》），第 626 页。

语境下的词或短句可不同，也可相同，具有灵活性。

与此紧密相联，《左传》筮例和《易林》还存在另一个重要的差异：《左传》筮例在解读上受到叙事主题的限制，对待占筮结果重人事而轻天命，思想上透露出儒家化的端倪，解《易》者与听者都是社会的高层，深知卜筮不过是"以神道设教"的一种形式，面对同一则爻辞可以有不同的阐释，在是否遵循卦爻辞的劝告上，有不同的选择性取舍，虽仍以《周易》为本，却呈现出稳定性和变动性相结合的特色。而在《易林》中，引《易》繇辞的象征义是稳定的，不变的，具有工具性、普遍性的特色。

《左传》所引的涉《易》语料，个人的品性、德行决定着事态的具体走向，解占没有严格统一标准。昭公十二年的筮例是其中的典型代表：

> （南蒯将叛）枚筮之，遇《坤》䷁之《比》䷇，曰黄裳元吉，以为大吉也，示子服惠伯，曰："即欲有事，何如？"惠伯曰："吾尝学此矣，忠信之事则可，不然，必败。外强内温，忠也。和以率贞，信也。故曰'黄裳元吉'。黄，中之色也；裳，下之饰也；元，善之长也。中不忠，不得其色；下不共，不得其饰；事不善，不得其极。外内倡和为忠，率事以信为共，供养三德为善，非此三者弗当。且夫《易》，不可以占险，将何事也？且可饰乎？中美能黄，上美为元，下美则裳，参成可筮。犹有阙也，筮虽吉，未也。"①

在这则记载中，《左传》引的是《坤》卦六五爻辞，南蒯认为爻辞吉利，惠伯也同意占筮的结果吉利，但尽管如此，惠伯仍然拿出了另外一套标准，将儒家的忠、信观念熔铸于其中，解《易》呈现出重人事的特色。并且进一步指出"《易》不占险"，揭露出南蒯的阴谋，

---

① 杨伯峻：《春秋左传注》（修订本），第1337—1338页。

据此而认为，即使占筮结果是吉利的，事实也并不会如此。占筮本身属于充满神秘性的行为，占筮的结果传达的是某种神谕，在这里，通过惠伯的言论，可以看出左右事态发展的关键原因已经不再是神的旨意，而是人的修养，不再是筮数，而是道德。从崇尚神灵向强调人事转化，卜筮的功用在这里受到挑战，神秘性呈现出削弱的趋势，具体解读则有变动性的一面。

《易林》则不同，"焦氏言《易》，仍着眼于筮书功能"[1]，和《周易》一样，《易林》本身是带有巫术性质的工具书，标准化的解读是工具书至关重要的一环，因而《易林》引《易》语料的象征义是固定的，不是变动的。《易》以道阴阳，《易林》在解读上也多本于此。仍以"刲羊不当，女执空筐"为例，这两句虽在林辞中出现多次，但含义始终都象征着阴阳相离。《随》之《艮》卦："刲羊不当，血少无羹。女执空筐，不得采桑。"化用《归妹》上六爻辞："女承筐无实，男刲羊无血。"血象征阴，林辞指的是"男子宰羊不出血，犯刚无柔之象"[2]。与空相对的是实，实喻阳，空筐象征无阳，这是以阴阳相离的象征语暗指现实生活中处事不得法之义。《丰》之《大壮》卦："刲羊不当，女执空筐。兔跛鹿踦，缘山坠堕。"前两句引《易》的句子同样象征阴阳相离，第三句中，兔是阴柔之物，鹿是阳刚之物，一跛一踦，都属于阴阳受损之象，整则林辞以阴阳相离的象征为主，缘山坠堕的危险是这一象征义的引申。

《左传》筮例是动态的，镶嵌在《左传》的叙事文中，是史书所载故实的一个关键情节，带有预设性。有时为了适用于叙述的需要，可对相应爻辞作不同的处理。相比之下，《易林》引《易》语料熔铸在林辞韵语里，是卜筮象征的代言，属于占筮断辞的一部分，是静态的，林辞无论出现在哪儿，无论象征隐晦与否，相配的象征义都具有稳定性，可一以贯之，带有向巫术神圣性回归的性质。

---

[1] 董治安：《两汉文献与两汉文学》，上海古籍出版社 2005 年版，第 57 页。
[2] 李炳海：《周易释读》，第 29 页。

# 第三章

# 诗学与经学：《易林》的诗性特征

## 第一节 汉代经学的演变与四言诗的走势

四言诗是产生于先秦且繁盛于那个阶段的诗体样式，《诗经》是这种诗体的代表，在两汉四百余年的时段中，四言诗履经了一条看似风光无限而实则险象环生的尴尬历程。究其原因，除了五言诗的产生和赋体文学的强势兴起外，经学与文学的互动是另一个不可忽视的原因。从这一点切入，既能发现汉代四言诗附庸于经学后的高雅形态，又能看到汉代四言诗因患"文学贫血症"而引发的"边缘化"现象。

### 一 经学初创期的主流层面四言诗

从高祖到景帝年间，思想相对比较活跃，以"黄老"为主，以儒家为辅，处于一个兼收并蓄的开明期，儒家经学尚在发轫阶段。《史记·儒林列传》记载："汉兴，然后诸儒始得修其经艺……然尚有干戈，平定四海，亦未暇遑庠序之事也。……孝文时颇征用，然孝文帝本好刑名之言。及至孝景，不任儒者，而窦太后又好黄、老之术，故诸博士具官待问，未有进者。"[①] 这段话表明，在汉承秦祚的最初六

---

① （汉）司马迁：《史记》，第2353页。

七十年间，经学在孝文帝时虽得到一定程度的认可，但总体上还处于初创期。对此，皮锡瑞在《经学历史》中将"经学流传时代"的下限划定在汉武帝之前，是比较合理的。言外之意，这个时期的经学和昌盛期的经学有显著区别，远未在政治文化上确立起它的话语权威。

与之相应，两汉经学处于初创期阶段，文学创作活动也呈现出相对自由的局面，汉初主流层面的四言诗，在赓续《诗经》的四言诗传统的同时，亦兼有对楚地歌谣等艺术形式的吸收和借鉴。且看表3-1。

表3-1

| 作者 | 四言诗作数量 | 篇名 |
| --- | --- | --- |
| 刘邦 | 1 | 《鸿鹄》 |
| 高祖唐山夫人 | 13 | 《安世房中歌》（共有17章，13章用四言诗体） |
| 城阳王刘章 | 1 | 《耕田歌》 |
| 韦孟 | 2 | 《讽谏诗》《在邹诗》 |

从表3-1可以看出，上到九五之尊的皇帝及其宠姬，下到刘氏宗氏成员及担任官职的文人，都直接参与了汉初四言诗歌的创作，创作主体的多样性与创作题材和形式的多样性相伴随。汉初主流层面的四言诗大致可分为如下三种：一种是用于宗庙祭祀，如《安世房中歌》；一种是表达个体情感的，如刘邦、刘章的诗；一种是反映传统的儒家价值观念，如韦孟的诗。

首先看《安世房中歌》，其中的13首四言祭祀诗歌，继承了《诗经》中《雅》和《颂》的传统。如曰："大孝备矣，休德昭清。"[①] 让人直接联想到《诗经·大雅·卷阿》中的诗句："有冯有翼，有孝有德，以引以翼。岂弟君子，四方为则。"值得注意的是，即便是如此高规格的庙堂之乐，也并非一味的模仿《诗经》之《雅》

---

① 逯钦立：《先秦汉魏晋南北朝诗》，中华书局1983年版，第145页。

《颂》。《汉书·礼乐志》曰:"高祖乐楚声,故《房中乐》楚声也。"① 从这段话可看出,署名为高祖唐山夫人的《安世房中歌》,有新的艺术元素融入于其中,如"都荔遂芳,窅窊桂华。孝奏天仪,若日月光。乘玄四龙,回驰北行。羽旄殷盛,芬哉芒芒。孝道随世,我署文章"②。在这首诗里,有都荔、桂花、日月、羽旄诸多物象,宛若《楚辞·九歌·东皇太一》中所描绘的那个缤纷多彩的世界。

其次,表达个体情感的诗作,如刘邦的《鸿鹄》,抒发的是开国天子的无可奈何之情,是失望心态的真实呈现。刘邦在文学史上一共只流传下两首诗作,除了这首外,另一首是《大风歌》,采用的是楚辞体。史书记载刘邦喜好楚声,那么为什么如此青睐楚声的一位君王会选择用四言诗来写《鸿鹄》呢?对此,有人不顾《史记》等文献以四言体形式记载这一诗歌的事实,认为这首诗本身就是含有兮字的楚声,这是不确的,要回答这个问题,还得从这首诗的内容上找答案。其诗曰:"鸿鹄高飞,一举千里。羽翮已就,横绝四海。横绝四海,当可奈何!虽有矰缴,尚安所施。"③ 在这首诗里,刘邦一方面想表达自己的无奈之情,这种情感的表达,楚声和四言诗体在功能上都具备。但更重要的是刘邦又需借此来表达自己不能更立太子的意志,劝诫戚夫人不宜纠缠于此事,可以说温情之余是一种残酷的命令。这是以抒情见长的楚声所不具备的,因而必须借助于典重庄严的四言诗体来表达。这种内容对形式的选择范式在此处仅是初露端倪,在经学昌盛期有更进一步的体现。

最后,反映传统儒家价值观念的四言诗,如韦孟的《讽谏诗》《在邹诗》,其四言诗作在思想方面承继了《诗经》的讽谏传统,被刘勰的《文心雕龙·明诗》篇评为:"汉初四言,韦孟首唱,匡谏之

---

① (汉)班固:《汉书》,中华书局1962年版,第1043页。
② 逯钦立:《先秦汉魏晋南北朝诗》,第146页。
③ (汉)司马迁:《史记》,第1593页。

义,继轨周人。"① 韦孟的诗作也表现出了一些新的因子,如在篇章结构上,诗作明显变长,且摒弃了《诗经》回环复沓的表现手法。明代徐师曾评价云:"是诗以四言为主也。然分章复句,易字互文,以致反覆嗟叹咏歌之趣者居多。迨汉韦孟始制长篇,而古诗之体稍变矣。"②

从总体上看汉初主流四言诗,一方面在思想内容上赓续《雅》《颂》的传统,如有 13 首之多的《安世房中歌》,胡应麟评论为"《安世》,《雅》之缵也"③;另一方面也间杂有不同元素的渗入,受经学的影响相对来说比较小。四言诗歌既有用于歌功颂德的庙堂之乐,也有言志抒情的个人诗作,题材比较广泛。

## 二 经学昌盛期四言诗文人的双重身份和地理分布

从汉武帝到东汉明、章帝期间,一般认为是两汉经学的昌盛期。皮锡瑞在《经学历史》中写道:"经学至汉武始昌明,而汉武时之经学为最纯正。"④ 经学的话语效力开始迎来它如日中天的鼎盛期。对此,侯外庐先生指出:"学术既然定于一尊,经学遂成了利禄的捷径,学术的正宗与政权的正统互相利用,搅在一起了。"⑤ 当治经学成为人们步入仕途和攫取利禄的手段和工具时,它的影响就会蔓延到社会文化的各个方面。与之相应,文学创作活动也表现出"世道既变,文必因之"的发展规律。具体到这一时期的四言诗上,呈现出经学化程度高,抒情成分严重缺失的特征。那么,这种特征是如何形成和体现的呢?举其要可以从如下两端来考察。

首先,这种作品特征的成型导源于经学文化氛围影响下的作家群

---

① (南朝梁)刘勰著,詹锳义证:《文心雕龙义证》,上海古籍出版社 1989 年版,第 182 页。
② (明)徐师曾:《文体明辨序说》,人民文学出版社 1962 年版,第 99 页。
③ (明)胡应麟:《诗薮》,上海古籍出版社 1958 年版,第 3 页。
④ (清)皮锡瑞:《经学历史》,中华书局 2004 年版,第 41 页。
⑤ 侯外庐、赵纪彬、杜国庠、邱汉生:《中国思想通史》(第二卷),人民出版社 1957 年版,第 313 页。

体。在宗经文化氛围下成长起来的作家群体，是这一时期主流四言诗的创作者与影响源。创作群体多为社会中上层的经师，具有浓厚的经学化色彩。兼有文人和经师双重身份的四言诗作者见表3-2。

表3-2

| 四言诗作者 | 与经学的关系（以《两汉三国学案》为据） |
| --- | --- |
| 韦玄成 | 鲁诗派 |
| 焦延寿 | 易学中的京氏派 |
| 刘向 | 春秋穀梁派以及公羊颜氏派，同时和《书》《易》有渊源 |
| 扬雄 | 和《易》有渊源 |
| 班固 | 齐诗派，同时和《易》《书》《春秋》有渊源 |

从表3-2可以看出，韦玄成、刘向、扬雄、班固等多位著名的汉代四言诗作家都和经学有着密切的关联，他们一方面是声名卓著的文学家，另一方面又是出类拔萃的经学家。如韦玄成，属于《诗经》中的"鲁诗派"①，有着厚重的家学渊源。其先祖为治《鲁诗》的韦孟，是楚元王傅，其父韦贤亦因治《鲁诗》闻名而被昭帝任命为博士。像这样世代奉守经学，且获高官厚禄的家族，在两汉全盛时期成为了一种思想和价值的风向标，邹鲁之地的后人就为之谚云："遗子黄金满籯，不如教子一经。"②

其次，从地理分布上看，这一时期主流四言诗的创作者大多都是出自经学昌明之地。两汉经学昌明的地域大致分布在今天的陕西、河南、河北、山东等省，古多属中原、燕赵之地。在兼有经师和文人双重角色的作者中，韦玄成是邹人（今属山东），焦延寿是梁人（今属河南），刘向、班固生于西汉都城长安，都是出自经学昌明之地。只有扬雄出自蜀地。关于这个时期其他主流四言诗作者的地望，见表3-3。

---

① （清）唐晏：《两汉三国学案》，中华书局1986年版，第212页。
② 逯钦立：《先秦汉魏晋南北朝诗》，第138页。

表 3-3

| 四言诗作者 | 地域 |
|---|---|
| 杨恽 | 华阴（今属陕西） |
| 刘苍 | 汉光武帝刘秀之子，后出任东平王（今属山东） |
| 崔骃 | 涿郡安平（今河北省安平） |
| 傅毅 | 扶风茂陵（今陕西兴平东北） |
| 魏伯阳 | 不详 |
| 史孝山 | 《后汉书》载为沛国，至《文选》载其文时已不明爵里 |
| 胡广 | 南郡华容县（今属湖北） |

以上作者除了据逯钦立先生《先秦汉魏晋南北朝诗》统计外，还增加了魏伯阳、史孝山、胡广三人。通过表 3-3 可以看出，这类主流四言诗作者大都是出自经学发达的地域。就经学昌盛期的作者地望而言，可以说浸染上了浓厚的经学色彩。

### 三 经学昌盛期主流层面四言诗和特征

从文学创作活动的另一端，即作品的内容与风格来看，这个时期的主流四言诗歌整体上与经学紧密相联，抒情作品极少，风格典雅，继承了雅颂的传统，门类繁多而取向归附于经学。以其和经学关系的紧密程度进行权衡，依次分述如下。

1. 与弘扬经学相关联的四言诗作，以汉武帝时期祭祀型四言诗歌和班固的《明堂》《辟雍》《灵堂》等为代表。在经学至上氛围的笼罩下，这类诗作一个重要的特征是突出四言诗体的权威性，四言诗形式和内容上的典雅厚重同时得到彰显。通过对比同类题材的诗体选择可以很好地印证这一点，试以汉武帝时的 19 首《郊祀歌》为例，其中 6 首为三言，依次是：《练时日》《华烨烨》《五神》《朝陇首》《象载瑜》《赤蛟》；5 首为杂言，依次是：《天地》《日出入》《天马》《天门》《宝鼎歌》；8 首为四言，依次是：《帝临》《青阳》《朱明》《西颢》《玄冥》《惟泰元》《芝房歌》《后皇》。相较之下，于诗体的选择上，在庄重典雅的祭祀场合，四言诗较之其他诗体明显居于优势。从内容上看，8首四言诗的祭祀对象分别为《帝临》中的黄帝；《青阳》中的青帝，配春天；《朱明》中的赤帝，配夏天；《西颢》中的白帝，配秋天；《玄冥》中的玄帝，配冬天；以及《惟泰元》中的太一神，《后皇》中的社神。只有一首例外，即《芝房歌》，为祭祀祥瑞之物灵芝而作。而三言与杂言的祭祀对象，《赤蛟》中的龙、《宝鼎歌》中的宝鼎等，相对来说缺乏神圣性。可见，当祭祀至尊的帝王和拥有至高无上权威的天神时，运用的都是四言诗体，既弘扬了汉代经学的阴阳五行观，又彰显了四言诗体的权威性。

2. 思想内容方面与经学相契合的四言诗，以韦玄成的《自劾诗》和《戒子孙诗》为代表。作品多秉承《诗经》"二雅"的诗教宗旨：维护封建等级制度，将希望寄托于明王贤君等。如在《戒子孙诗》中直接呼吁："嗟我后人，命其靡常。靖享尔位，瞻仰靡荒。慎尔会同，戒尔车服。无惰尔仪，以保尔域。尔无我视，不慎不整。我之此复，惟禄之幸。於戏后人，惟肃惟栗。无忝显祖，以蕃汉室。"① 这种呼吁的背后是对敦厚的诗教传统的一种虔诚式承继，对此，明人许学夷一针见血地指出："《雅》流而为汉韦孟、韦玄成。"② 又说："韦孟四言《讽谏》，韦玄成《自劾》等诗，其体全出《大雅》。"③ 与此一脉相承的还有傅毅的《迪志诗》，其以"惧我世烈，自兹以坠"为己任，想着奋发成才。这跟韦玄成的《戒子孙诗》有异曲同工之妙，不失真诚恳切，虽没有韦诗那么庄重，但总体上仍不失为表达经学思想的典范。诚如胡应麟所评："唐山后东平《武德歌》，韦孟后傅毅《励志诗》，皆典实不浮，差可绍响。然高古浑噩，大弗如也。"④

经学昌盛期还出现一大批无诗之名而实为四言诗的作品，主要有以下几类。

1. 以"颂"名称出现的四言诗，颂在《毛诗序》中表述为："颂

---

① 逯钦立：《先秦汉魏晋南北朝诗》，第114—115页。
② （明）许学夷：《诗源辩体》，人民文学出版社1987年版，第44页。
③ 同上书，第55页。
④ （明）胡应麟：《诗薮》，第8页。

者，美盛德之形容，以其成功告于神明者也。"① 刘勰在《文心雕龙·颂赞》篇亦曰："颂者，容也，所以美盛德而述形容也。"② 两者都阐明"颂"具有美盛德的功能。这类作品有扬雄的《赵充国颂》、史孝山的《出师颂》，《列女传》中的四言颂诗等，均和颂扬有密切的联系。如《有虞二妃》之颂："元始二妃，帝尧之女。嫔列有虞，承舜于下。以尊事卑，终能劳苦。瞽叟和宁，卒享福祜。"③ 极力称赞两位传主的美好品德。四言颂诗，庄重典雅，韵律和谐，和《雅》《颂》的歌功颂德传统联系紧密，刘勰的《文心雕龙·宗经》篇总结道："赋颂歌赞，则《诗》立其本。"④ 另外，刘勰在《文心雕龙·颂赞》篇中亦指出汉代的其他"颂"在创作上也大都借鉴《诗经》："若夫子云之表充国，孟坚之序戴侯，武仲之美显宗，史岑之述熹后，或拟《清庙》，或范《駉》《那》，虽浅深不同，详略各异，其褒德显容，典章一也。"⑤ 刘勰提到的这些以颂命名的作品不全是四言诗，但从这段文字可以看出，汉代颂诗的经学化特征都是非常明显的。

2. 以"铭"形式出现的四言诗：刘勰在《文心雕龙·铭箴》篇中曰："铭者，名也，观器必也正名，审用贵乎盛德。"⑥ 铭的用途或在于给人以警戒，或是宣扬美好的德行，四言诗的体制往往以其雅正典重与铭的思想内容相契合。如班固的《高祖泗水亭碑铭》，崔骃的《车右铭》《车左铭》《车后铭》等。

3. 以"箴"名称出现的四言诗：刘勰在《文心雕龙·铭箴》篇中写道："箴者，针也，所以攻疾防患，喻针石也。"⑦ 这类四言诗和上面的铭类诗作虽在名称上有区别，但在实际功用层面是一致的。如

---

① （唐）孔颖达疏：《毛诗正义》，阮元校刻《十三经注疏》，中华书局1980年版，第272页。
② （南朝梁）刘勰著，詹锳义证：《文心雕龙义证》，第313页。
③ （清）王照圆撰，虞思徵点校：《列女传补注》，华东师范大学出版社2012年版，第2页。
④ （南朝梁）刘勰著，詹锳义证：《文心雕龙义证》，第78页。
⑤ 同上书，第324页。
⑥ 同上书，第394页。
⑦ 同上书，第409页。

扬雄的《十二州箴》《百官箴》，崔骃、胡广的《百官箴》等，都以四言的形式对担当相应职务的官员加以警戒，勉励他们恪尽职守。

4. 作为文章总结、断语出现的赞类四言诗：刘勰在《文心雕龙·颂赞》篇曰："赞者，明也，助也。昔虞舜之祀，乐正重赞，盖唱发之辞也。……及迁史固书，托赞褒贬，约文以总录。"①这表明赞本是一种祭祀时的赞誉之歌。发展到汉代，这类赞词往往不是独立的四言诗，而是依附于其他文体而存在，并且多出现在文章或著作的最后。于史传文学作品中比较常见。代表作如班固的《叙传》篇，相当于《后汉书》中的赞，其中为每篇的写作意图作总结时，都采用了四言韵语的形式，如《叙传下》云："孝平不造，新都作宰，不周不伊，丧我四海。"②四言结构简短而精要，起到总结和评价的功能，彰显了四言诗体的权威性。所以刘勰总结这一文体为："然本其为义，事生奖叹，所以古来篇体，促而不广，必结言于四字之句。"③

要之，除去以上这六类四言诗歌外，另还有一些四言诗错杂在辞赋体和碑、诔等应用型作品中，种类繁多，此不赘述。就上述几种而言，在内容和形式上都和经学保持了一致性，刘勰《文心雕龙·宗经》篇称"赋颂歌赞，则《诗》立其本；铭诔箴祝，则《礼》总其端"④，这些名称各异的四言诗都具有浓厚的经学化趋向。另外，就数量和质量上看，经学昌盛期的文人四言诗创作，虽在数量上取得了一定的突破，各种各样的四言诗加起来，多达四千余首，但是在质量上能被后人所认可的却寥寥无几。问题的症结在于：受经学氛围的影响，这个时期的四言诗走上了一条内容选择形式、形式完全归附于内容的僵化道路。四言诗体仿佛是一个坚硬的外壳，只能把经学作为内核。而经学对于诗体的选择，则是非四言莫属。思想内容上的经学化，使得四言诗体俨然成了一具生硬的木偶，偏离了"诗缘情"的轨道，从而导致抒情

---

① （南朝梁）刘勰著，詹锳义证：《文心雕龙义证》，第338—342页。
② （汉）班固：《汉书》，第4240页。
③ （南朝梁）刘勰著，詹锳义证：《文心雕龙义证》，第348页。
④ 同上书，第78页。

言志方面的整体匮乏,语言文字古奥,因此文学性大为减弱。仍以汉武帝时的《郊祀歌》为例来看,其由于雅颂化、经学化程度加强,变得"多侈陈乐舞声歌之盛,文字亦多古奥难通"①。如《朱明》篇:"朱明盛长,旉与万物。桐生茂豫,靡有所诎。敷华就实,既阜既昌。登成甫田,百鬼迪尝。广大建祀,肃雍不忘。神若宥之,传世无疆。"②这些文字多的是典奥,少的是生气。萧涤非先生评价云:"《郊祀歌》大部皆无文学价值,其对于后世之影响,亦只限于贵族乐章。"③这种文学观赏性的降低,最终使得四言诗遭遇到了文体边缘化的尴尬。

### 四 四言诗的特例——《易林》

直接为解经而作的《易林》,该书四千多则林辞几乎全部由四言构成。对于《易林》的归属问题,在学术界有两派不同的观点。一派以宋人黄伯思,明人杨慎、钟惺、谭元春,清人王士禛,近人钱锺书先生、陈良运先生等为代表,认为其是优秀的四言诗篇。如钱锺书先生在《管锥编》中写道:"盖《易林》几与《三百篇》并为四言诗矩矱焉。"④一派以清人冯班、章学诚,近人逯钦立先生等为代表,拒绝将这类作品视为四言诗作。如章学诚在《文史通义·诗教下》中曰:"焦贡之《易林》,史游之《急就》,经部韵言之不涉于诗也。"⑤时至今日,这种争论还远未停止。相较之下,占主流意见的是持反对观点的后者,这就使得《易林》常常脱离出四言诗研究者的视野,遭遇到归属难定的尴尬:一方面沦为经学的附属品,成为解经之作,实现了意义上的经学化;另一方面,又因其具有占卜的属性,从诗的领域中被剥离开去,排除在汉代的四言诗之外。

《易林》林辞以诗歌的形式呈现,这在汉代是一个较为特殊的文

---

① 萧涤非:《汉魏六朝乐府文学史》,人民文学出版社1984年版,第46页。
② 逯钦立:《先秦汉魏晋南北朝诗》,第148—149页。
③ 萧涤非:《汉魏六朝乐府文学史》,第47页。
④ 钱锺书:《管锥编》,生活·读书·新知三联书店2001年版,第813页。
⑤ (清)章学诚著,叶瑛校注:《文史通义校注》,中华书局1985年版,第79页。

本，是沟通易学与诗学的载体。林辞内容和诗歌的关联，学人已经有不少关注，形式上，学人给予的关注比较集中在押韵上，林辞用韵确实普遍，如《乾》之《大过》曰："桀跖并处，人民劳苦。拥兵荷粮，战于齐鲁。"除第三句外，每一句都押韵。《乾》之《无妄》曰："传言相误，非干径路。鸣鼓逐狐，不知迹处。"这是每一句末尾都押韵。诗歌形式离不开押韵，林辞在押韵方面十分讲究，对此，刘黎明先生将每首林辞的韵部都作了标示，乔家骏先生将林辞的用韵情况分为首句偶句韵式、偶句韵式、奇句韵式、全诗一韵式、密韵式、交韵式、首末句同韵式、每两句换韵式，论述详细①。除此之外，林辞的句式特点则少有人提及。

林辞句式具有诗歌的因素，同时句式的长短受到卦象影响，具有双重属性。林辞有四言形式和三言形式两种类型，三言形式的林辞，共计35首，比例很小，仅占百分之一。四言和三言是《诗经》、汉代宗庙郊祀之歌的主要形态。林辞与之近似，采用的正是诗歌的形式。

林辞的句式长短不一，共计有四言两句、四言三句、四言四句、四言五句、四言六句、四言七句、四言八句、三言六句等形式，错综分布在不同卦象之下。例《乾》卦四言四句共计45则，四言三句4则，四言六句10则，四言五句4则，三言六句1则。如果把数量居于绝对优势的四言四句称为常式句的话，那么另外句式可以称为变式句。变式句在林辞中的出现情况如表3-4所示。

表3-4 (单位：则)

| 本卦卦名 | 用变式句林辞 | 本卦卦名 | 用变式句林辞 | 本卦卦名 | 用变式句林辞 | 本卦卦名 | 用变式句林辞 |
| --- | --- | --- | --- | --- | --- | --- | --- |
| 乾 | 19 | 随 | 8 | 遁 | 28 | 革 | 26 |
| 坤 | 15 | 蛊 | 14 | 大壮 | 16 | 鼎 | 18 |
| 屯 | 13 | 临 | 17 | 晋 | 17 | 震 | 17 |

---

① 乔家骏：《〈焦氏易林〉易学研究》，台北：花木兰文化出版社2008年版，第63—69页。

续表

| 本卦卦名 | 用变式句林辞 | 本卦卦名 | 用变式句林辞 | 本卦卦名 | 用变式句林辞 | 本卦卦名 | 用变式句林辞 |
|---|---|---|---|---|---|---|---|
| 蒙 | 9 | 观 | 13 | 明夷 | 28 | 艮 | 19 |
| 需 | 16 | 噬嗑 | 12 | 家人 | 17 | 渐 | 22 |
| 讼 | 12 | 贲 | 14 | 睽 | 21 | 归妹 | 25 |
| 师 | 13 | 剥 | 19 | 蹇 | 16 | 丰 | 17 |
| 比 | 17 | 复 | 12 | 解 | 13 | 旅 | 25 |
| 小畜 | 17 | 无妄 | 28 | 损 | 20 | 巽 | 14 |
| 履 | 13 | 大畜 | 33 | 益 | 21 | 兑 | 18 |
| 泰 | 11 | 颐 | 17 | 夬 | 14 | 涣 | 16 |
| 否 | 9 | 大过 | 23 | 姤 | 15 | 节 | 15 |
| 同人 | 21 | 坎 | 21 | 萃 | 7 | 中孚 | 23 |
| 大有 | 21 | 离 | 23 | 升 | 5 | 小过 | 20 |
| 谦 | 14 | 咸 | 18 | 困 | 15 | 既济 | 19 |
| 豫 | 15 | 恒 | 23 | 井 | 13 | 未济 | 24 |

从表 3-4 可以看出，每一卦象林辞都不同程度使用到变式句，变式句的出现具有明显的规律性，总体上平均保持在 20 则左右，具有明显的编排印迹。《大畜》卦变动句式 33 则，一枝独秀，几乎完全打破了编排的平衡性，之所以如此，还在于卦象的象征含义，《大畜》指蓄积之义，对应的变动句式四言三句 2 则，四言五句 7 则，四言六句 16 则，四言七句 8 则，选择集中于偏长的句式，物象超越其他一般卦象，十分丰富，和《大畜》卦大势蓄积之义遥相呼应。句式的长短和卦象联系，还能找到另外的案例，《明夷》卦的变式句有 28 则，《明夷》指的是减损之义，相应的变式句：四言二句 2 则，四言三句 12 则，四言五句 7 则，四言六句 6 则，四言七句 1 则。句式选择的是简短的四言三句句型。《明夷》的减损义和《大畜》的蓄积义相对，变式句的使用正好相反，《明夷》卦变式句简短，《大畜》卦变式句冗长。

从变式句数量上看，《萃》卦和《升》卦使用的变式句最少，《萃》卦变式句 7 则，《升》卦变式句 5 则，之所以如此的原因，也和卦象的象征含义密不可分。《萃》指聚集之义，《升》指升腾之义，这两卦，作者有意识地使用更多的 4×4 常式句，体现的是在聚集上升状态中，以常规句式予以彰显的观念。

尽管《易林》保存至今，其林辞必然会存在讹误，甚至有残缺情形，但总体上《易林》文本是可信的，林辞无论从内容上还是从句式形态上，既是自由表达思想内容的诗，又是表达易学象征义的占辞，具有诗学和经学的双重性。

**五 经学衰落期主流层面的四言诗**

从东汉安帝到灵帝末年，汉代社会由盛转衰，经学也进入衰落期。正如皮锡瑞所论："至安帝以后，博士倚席不讲。……是汉儒风之衰，由于经术不重。"① 与经学的由盛入衰密切相关，各种文学都有了不同程度的新变。文人四言诗开始褪去经学的外衣，出现了带有向西汉初期回归性质的新气象。以逯钦立先生的《先秦汉魏晋南北朝诗》为据进行统计，这个阶段所作、流传下来的文人四言诗有 22 首，具体情况如表 3-5 所示。

表 3-5

| 四言诗作者 | 数量 | 篇名 | 作者身份及说明 |
| --- | --- | --- | --- |
| 张衡 | 4 | 《歌》两首、《怨诗》一首、《诗》一首 | 尚书等 |
| 赵岐 | 1 | 《歌》 | 太仆等，为周官礼派（据《两汉三国学案》） |
| 刘珍 | 1 | 《赞贾逵诗》 | 卫尉等 |
| 李尤 | 1 | 《井铭》 | 兰台令史、谏议大夫、乐安相等 |
| 朱穆 | 1 | 《与刘伯宗绝交书》 | 刺史等 |
| 崔琦 | 1 | 《外戚箴》 | 临济长等 |
| 桓麟 | 2 | 《答客诗》《答客示麟诗》 | 许令等 |
| 应季先 | 1 | 《美严王思诗》 | 太守等 |

---

① （清）皮锡瑞：《经学历史》，第 74 页。

续表

| 四言诗作者 | 数量 | 篇名 | 作者身份及说明 |
|---|---|---|---|
| 秦嘉 | 2 | 《述婚诗》《赠妇诗》 | 黄门郎等 |
| 蔡邕 | 3 | 《酸枣令刘熊碑诗》《答对元式诗》《答卜元嗣诗》 | 议郎、中郎将等，鲁诗派，大小戴学派，同时和《书经》有渊源（据《两汉三国学案》） |
| 孔融 | 1 | 《离合作郡姓名字诗》 | 太中大夫等 |
| 仲长统 | 3 | 《见志诗》两首、《诗》 | 尚书郎、参丞相军事等 |
| 赵壹 | 1 | 《穷鸟赋》 | 仕不过郡吏，常恃才傲物，不肯为仕 |

由表3-5可见，这个阶段各种主题的四言诗蜂拥而出，为魏晋四言诗的再度繁荣开启了方便之门。一方面继续有与经学紧密联系的四言诗作出现，如李尤的《井铭》等；另一方面，言志抒情的诗歌呈现出激增的状况。这个阶段的诗歌总体上出现了如下一些值得注意的新气象。

1. 抒写个人情怀的四言诗涌现，以张衡、朱穆、秦嘉等为代表。这类诗作大都能一反经学昌盛期四言诗的僵硬面容，写得清丽婉转、轻快活泼。如张衡的诗《歌》之一："天地烟煴，百卉含花。鸣鹤交颈，雎鸠相和。处子怀春，精魂回移。如何淑明，忘我实多。"① 全诗有比、有兴，有花、鹤、有雎鸠等意象，抒发的是缠绵的情思。另一首《怨诗》，同样写得清丽纯真、脉脉情深，完全摆脱了经学昌盛期那种古板生硬的程式。刘勰在《文心雕龙》中赞叹道："张衡《怨》篇，清典可味。"② 秦嘉的《述婚诗》与《赠妇诗》，则在诗歌题材上脱离了经学的樊篱，以四言诗抒写婚姻爱情，为四言诗开创出了一种新局面。

2. 品评个人才华德行之作的兴起，以桓麟、应季先、蔡邕、刘珍等为代表。这种四言诗歌题材的出现和经学的衰落以及"经学家法的废弛"③ 密不可分。人们重视人物品评，赞扬人的个性才华，或以此来为自己延誉，或以此来获取仕途晋升。这类诗作有时以赠答等形

---

① 逯钦立：《先秦汉魏晋南北朝诗》，第177页。
② （南朝梁）刘勰著，詹锳义证：《文心雕龙义证》，第195页。
③ 程彦霞：《四言诗在两汉的发展变化》，《船山学刊》2008年第4期。

式出现，如桓麟的《答客诗》："邈矣甘罗，超等绝伦。伊彼杨乌，命世称贤。嗟予蠢弱，殊才伟年。仰惭二子，俯愧过言。"① 有时以碑文的形式出现，如蔡邕的《酸枣令刘熊碑诗》："清和穆铄，实惟乾巛。惟岳降灵，笃生我君。服骨睿圣，允钟厥醇。诞生歧嶷，言协典坟。懿德震耀，孝行通神。……"② 这类品评人物题材的作品开启了魏晋以诗品人的先风。

从总体上看，这个时期的文人四言诗歌选材开始与经学相疏离，迎来了一个短暂的繁荣期。这种情况和西汉早期的情况有形似之处，带有某种历史回归的性质。

### 六　两汉民间层面的四言诗

民间四言诗是下层人民智慧的结晶，以汉末最多，具体情况如表3-6。

表3-6

| 阶段 | 数量 | 作品名称* |
| --- | --- | --- |
| 经学的初创期 | 4 | 民间歌谣：《画一歌》和《郑白渠歌》；另有隐者"商山四皓"两首诗作：《歌》《采芝操》 |
| 经学昌盛期 | 5 | 民间歌谣：《渔阳民为张堪歌》《临淮吏人为宋晖歌》《凉州民为樊晔歌》《牢石歌》《长安百姓为王氏武侯歌》 |
| 经学衰落期 | 11 | 8首民间歌谣：《顺阳吏民为刘陶歌》《汉末江淮间童谣》《蒋横遘祸时童谣》《交阯兵民为贾琮歌》《洛阳人为祝良歌》《六县吏人为爱珍歌》《恒农童谣》《阎君谣》等；1首琴曲歌词：《怨旷思惟歌》；2首古诗：《伤三贞诗》《刺巴郡太守诗》 |

\*　一些无法确定年代或只有一两句者，以及谚语等，不作统计。

由表3-6可以看出，民间四言诗歌与经学的关系比较疏远。从数量上看，在经学昌盛期，民间四言诗歌并未昌盛，远没取得量上的突

---

① 逯钦立：《先秦汉魏晋南北朝诗》，第184页。
② 同上书，第194页。

破，而经学衰落期民间的四言诗却较多。从内容上看，民间歌谣很少和经学发生直接的联系，他们多是直接对下层社会生活的反映，保持了民间歌谣直指坊间的传统。从整体上看，在经学衰落期，创作上出现了一拨小高潮，有对忠贞贤良的歌颂，如《顺阳吏民为刘陶歌》；有对社会黑暗的直接控诉，如《汉末江淮间童谣》："大兵如市，人死如林。持金易粟，粟贵于金"①；亦有对朝廷迫害忠良的谴责，如《蒋横遭祸时童谣》："君用谗慝，忠烈是殛。鬼怨神怒，妖气充塞"②。这类作品总体上虽然文学成就不高，语言接近于直白，但体现了"诗缘情"的本质，在经学日益衰落时期，丰富了汉代四言诗歌的内容。

两汉时期的四言诗歌演变和经学的发展是紧密相联的。经学的起伏盛衰，都在四言诗中有着明显的体现。但就四言诗本身的走势而言，则与经学的发展呈现反比例关系。经学越是昌明，四言诗就越是僵化；经学越是衰落，四言诗则越是清新活泼。四言诗与经学的联系越是紧密，四言诗就越缺少自由和生机。相反，四言诗与经学的疏离，反倒是这种诗体得以健康发展的契机。四言诗与经学的结缘，在意识形态层面使这种诗体成为主流话语的组成部分，在文学层面则使得四言诗边缘化。四言诗与经学脱钩，它不再是主流话语的表达工具，在文学上却是向自身回归。

## 第二节　《易林》与上博简《孔子诗论》

《易林》说《诗》折射的是西汉末年《诗》学发展的面貌，学者多视其隶属于《齐诗》。上博简《孔子诗论》是新出土的解《诗》文献，《孔子诗论》的授《诗》者，学术界有不同观点③，笔者持孔子说。争议的背后基本认定其是先秦时期儒家的《诗》学文献，并且

---

① 逯钦立：《先秦汉魏晋南北朝诗》，第226—227页。
② 同上书，第229页。
③ 授《诗》者有多种观点，如孔子说、子夏说、子羔说、子上说、不知名说。参见陈桐生《〈孔子诗论〉研究》，中华书局2004年版，第36—88页。

在西汉时期或还有版本流传于世。将《易林》说《诗》与《孔子诗论》解《诗》予以比较，揭示出它们之间的同异关系，有利于厘清先秦两汉时期《诗》学发展的流变走势。

### 一 《易林》说《诗》与《孔子诗论》解《诗》的会通

《易林》说《诗》语料丰富，和《孔子诗论》解《诗》篇目重合者甚夥。《易林》说《诗》是建立在用《诗》基础上的，是《诗》的繇辞化，这个庞大的涉《诗》语料库既有对《诗经》原诗的征引，也有对《诗经》诗歌主旨的蕴藉，落实到具体案例，有的指向和《孔子诗论》解《诗》具有一致性，存在着会通之处。

《诗经》描写的爱情婚嫁类诗歌常常引人神往，也是后人论说的重点。《邶风·燕燕》是其中的典型代表，诗曰：

> 燕燕于飞，差池其羽。之子于归，远送于野。瞻望弗及，泣涕如雨。
> 
> 燕燕于飞，颉之颃之。之子于归，远于将之。瞻望弗及，伫立以泣。
> 
> 燕燕于飞，下上其音。之子于归，远送于南。瞻望弗及，实劳我心。
> 
> 仲氏任只，其心塞渊。终温且惠，淑慎其身。先君之思，以勖寡人。

整首诗生动刻画的是送别场面，以燕燕起兴，点明送别主题，瞻望、泣涕是状写情貌，劳心和勖寡人是内心思绪的流露。该诗的写作缘由，《毛诗序》记载："卫庄姜送归妾也。"郑玄笺："庄姜无子，陈女戴妫生子，名完，庄姜以为己子。庄公薨，完立，而州吁杀之，戴妫于是大归，庄姜远送之于野，作诗见己志。"① 《毛诗》认为是卫庄

---

① （唐）孔颖达疏：《毛诗正义》，阮元校刻《十三经注疏》，第 298 页。

姜送归妾时所作的诗篇。关于《燕燕》，《韩诗》未详，今存《鲁诗》见于刘向《列女传·母仪》，曰："卫姑定姜者，卫定公之夫人，公子之母也。公子既娶而死，其妇无子，毕三年之丧，定姜归其妇，自送之，至于野，恩爱哀思，悲以感恸，立而望之，挥泣垂涕，乃赋诗曰：'燕燕于飞……'"① 《鲁诗》也认为是定姜送媳归之作。《毛诗》《鲁诗》的说解虽已揭示出作诗见志的原委，但并没有指明"己志"为何。对此，《易林》说《诗》提供了线索：

　　泣涕长诀，我心不悦。远送卫野，归宁无咎。（《萃》之《贲》）
　　燕雀衰老，悲鸣入海。忧在不饰，差池其羽，颉颃上下，寡位独处。（《恒》之《坤》）

焦赣是与刘向同时代人，所撰林辞对《燕燕》的说解，彰显的是西汉末期《诗》学观点，《萃》之《贲》末两句提及卫野，揭示的是庄姜送别陈女的地点。《恒》之《坤》末句"寡位独处"，抒发的是孤零零的悲苦情境，既指陈女，也暗指庄姜自己，正是"己志"之所指。

《易林》说《诗》对女主人翁因悲苦心境而作《燕燕》的见解，在《孔子诗论》中能找寻到渊源和契合点。

　　第十简：《燕燕》之情，曷？②
　　第十六简：《燕燕》之情，以其蜀也。

孔子认为《燕燕》一诗言情，蜀，马承源云："下句读为'以其独

---

① （清）王照圆撰，虞思徵点校：《列女传补注》，第 18 页。
② 马承源主编：《上海博物馆藏战国楚竹书》（一），上海古籍出版社 2011 年版，第 139 页。本书引文以之为主，部分文字有改动。

也','蜀'在此不能解释为字的本义,当读作'独'。"① 马先生的释读是可信的,《燕燕》之情缘于"以其独",独,指孤独、独处之义,和《易林》说《诗》可以相互印证,《恒》之《坤》末句"寡位独处",正是此义,《易林》说《诗》和《孔子诗论》具有一致性。

《易林》说《诗》和《孔子诗论》解《诗》在政论美刺类诗中也存在会通之处,二者的相互印证,有利于正确地对《诗经》予以释读和还原。

《诗经·召南·甘棠》,林辞写道:

精洁渊塞,为馋所言。证讯诘问,系于枳温。甘棠听断,怡然蒙恩。(《师》之《蛊》)

闭塞复通,与善相逢。甘棠之人,解我忧凶。(《复》之《巽》)

谨慎重言,不幸遭患。周召述职,脱免牢门。(《小过》之《坤》)

结衿流粥,遭馋桎梏。周召述职,身受大福。(《既济》之《观》)

林辞前两则提及甘棠,化用《甘棠》诗题而得,后两则中的周召述职,指周公旦和召公奭,是辅助周成王治理国政的两位大臣。召公,《甘棠》原诗中称作召伯,如"召伯所茇"、"召伯所憩"、"召伯所说"。《甘棠》诗位列《召南》第五首,召,朱熹注:"地名,召公奭之采邑也。"② 召伯当指成王时期的召公奭,而非周宣王时期的召虎。《召南·甘棠》诗是召公奭采邑之地的民众创作,本事记载见于《史记·燕召公世家》:"召公之治西方,甚得兆民和。召公巡行乡

---

① 马承源主编:《上海博物馆藏战国楚竹书》(一),第145页。
② (宋)朱熹:《诗集传》,中华书局2011年版,第10页。

邑……歌咏之,作《甘棠》之诗。"① 《易林》说《诗》既是对《甘棠》歌咏召公奭的认同,也是对其故实的化用,甘棠之人解我忧凶,使我脱免于牢关、桎梏之患是引申发挥而得。《毛诗序》:"《甘棠》,美召伯也。召伯之教,明于南国。"② 《鲁诗》文献《说苑·贵德篇》曰:"《传》曰:'自陕以东者,周公主之,自陕以西者,召公主之。'召公述职,当桑蚕之时,不欲变民事,故不入邑中,舍于甘棠之下,而听断焉。陕间之人,皆得其所。是故后世思而歌咏之。"③ 类似的记载也见于《韩诗外传》卷一第二十八章。诸家诗说认为《甘棠》一诗歌咏的是召公奭,而非召虎,和林辞具有一致性。

《孔子诗论》解《甘棠》诗又是怎样的呢?相关简文如下:

第十简:《甘棠》之报……曷?
第十五简:(思)及其人,敬爱其树,其报厚矣,《甘棠》之爱,以邵公……
第十六简:(《甘棠》之报,思)邵公也。
第二十四简:吾以《甘棠》得宗庙之敬,民性固然,甚贵其人,必敬其位。悦其人,必好其所为。恶其人者亦然。

孔子解《甘棠》诗,分别见于四支简。报谓报恩,交代的是该诗的写作意图。敬爱其树的本事,《史记·燕召公世家》记载:"召公巡行乡邑,有棠树,决狱政事其下。"④ 又《韩诗外传》:"诗人见邵伯之所休息树,美而歌之。"⑤ 百姓爱其树是对召公爱之深切的显现。第十五简、第十六简中的"邵公"称之谓公即指召公奭,第二十四简是孔子据诗意而作的阐发。孔子认为《甘棠》是民众赞美、报答

---

① (汉) 司马迁:《史记》,第 1246 页。
② (唐) 孔颖达疏:《毛诗正义》,阮元校刻《十三经注疏》,第 287 页。
③ (汉) 刘向撰,向宗鲁校证:《说苑校证》,第 94 页。
④ (汉) 司马迁:《史记》,第 1246 页。
⑤ (汉) 韩婴撰,许维遹集释:《韩诗外传集释》,中华书局 1980 年版,第 30 页。

召公奭的诗篇，这和《易林》说《诗》于歌咏对象和主旨上是吻合的。从先秦至西汉末年《易林》说《诗》，对于《甘棠》一诗的歌咏对象，各家诗说是没有分歧的。

《小雅·鹿鸣》，林辞有这样的文字：

> 鹿得美草，鸣呼其友。九族和睦，不忧饥乏。（《益》之《恒》）

> 白鹿鸣呦，呼其老小。喜彼茂草，乐我君子。（《升》之《乾》）

林辞化用鹿鸣意象，配以君子当之，是对君子乐享嘉朋的赞美，也是对《鹿鸣》主旨的揭示。《小雅·鹿鸣》原诗叙写的正是一位君子与嘉宾宴饮欢庆的场景，如诗句曰："我有嘉宾，鼓瑟鼓琴。"针对《小雅·鹿鸣》主旨，今存的《鲁诗》主讽刺说，王先谦《诗三家义集疏》载："《鲁》说曰：仁义陵迟，鹿鸣刺焉。"①《鲁》说之语出自《史记·十二诸侯年表》②。《毛诗序》曰："燕群臣嘉宾也。既饮食之，又实币帛筐篚，以将其厚意，然后忠臣嘉宾得尽其心矣。"③《鹿鸣》借写宴享欢庆，歌咏君臣之间的和谐之美。类似的说法，还见于《韩诗》，如《后汉书·明帝纪》："召校官弟子作雅乐，奏《鹿鸣》，帝自御埙篪和之，以娱嘉宾。"④明帝习《韩诗》⑤，是知《韩诗》与《毛诗序》义合。《毛诗》《韩诗》的说法大体是可信的，但仅和君臣这一政治背景相系，于义理层面则略显模糊，对此，《孔子诗论》有更为详细的论断，说道："《鹿鸣》以乐词而会，以道交，见善而效，终乎不厌人。"首句突出主人与宾客宴饮在于乐，后几句

---

① （清）王先谦：《诗三家义集疏》，中华书局1987年版，第551页。
② （汉）司马迁：《史记》，第357页。
③ （唐）孔颖达疏：《毛诗正义》，阮元校刻《十三经注疏》，第405页。
④ （南朝宋）范晔：《后汉书》，中华书局2007年版，第29页。
⑤ （清）王先谦：《诗三家义集疏》，第551页。

交代乐之实质在于以道义相交，向善者学习，不厌人而与人同乐的美德。《易林》说《诗》不如《孔子诗论》解《诗》之深刻，但均着眼于对君子乐宴宾客的赞美则是一致的。

《周南·葛覃》：

> 葛之覃兮，施于中谷，维叶萋萋。黄鸟于飞，集于灌木，其鸣喈喈。
>
> 葛之覃兮，施于中谷，维叶莫莫。是刈是濩，为絺为绤，服之无斁。
>
> 言告师氏，言告言归。薄污我私，薄浣我衣。害浣害否，归宁父母。

谷中葛覃、灌木黄鸟是比兴手法的运用，诗歌末句点题，标示的是一位女子欲返回娘家探望父母之事象。对此，林辞化用该诗是这样的，《兑》之《谦》曰："葛生衍曼，絺绤为愿。家道笃厚，父兄悦喜。"尚秉和先生注："诗周南葛覃篇，为絺为绤，服之无斁。"① 无斁指不厌，林辞首两句以葛生曼衍起兴，末两句设想的是女子归娘家后的快乐场景，合乎原诗主旨。《毛诗序》："后妃之本也。后妃在父母家，则志在于女功之事，躬俭节用，服澣濯之衣，尊敬师傅，则可以归安父母，化天下以妇道也。"②《毛诗》附会为后妃之说，显然是对原诗主旨的偏离。《韩诗》于此《诗》的解释未详，《鲁诗》遗说为"葛覃恐失其时"，见于《古文苑·蔡邕·协和婚赋》，甚是简略。《孔子诗论》曰：

> 吾以《葛覃》得氏初之诗，民性固然。见其美必欲反其本。

---

① 尚秉和遗稿，张善文校理：《焦氏易林注》下，《尚氏易学存稿校理》第二卷，第1022页。
② （唐）孔颖达疏：《毛诗正义》，阮元校刻《十三经注疏》，第276页。

夫葛之见歌也，则……①

氏，廖名春先生释为"祗"②，指敬。首句黄怀信先生注："祗初之志，当直释为敬本的思想。"③ 黄先生的见解是可信的，人之本在于父母，敬本、反本正是《葛覃》女主人翁回归娘家最贴切的说解，和《易林》说《诗》契合。

《诗经》中诗篇并非都是赞美歌颂，还有大量篇目是对世事、权贵的讽刺和揭露，《易林》说《诗》和《孔子诗论》解《诗》于此端也有不少会通。

《邶风·柏舟》，林辞《屯》之《乾》曰："泛泛柏舟，流行不休。耿耿寤寐，心怀大忧。仁不逢时，退隐穷居。"抒发的是生不逢时的感叹。针对《柏舟》的写作缘由，《韩诗》未详，《鲁诗》为"卫宣夫人明志之作"，见于《列女传·贞顺篇》，与《易林》说《诗》不合。《毛诗序》曰："言仁而不遇也。卫顷公之时，仁人不遇，小人在侧。"④《毛诗序》标示的主旨可供参考，以卫顷公时期的故实将诗歌予以坐实则略显背离，《柏舟》诗旨，《孔子诗论》写道："《邶·柏舟》，闷。"《邶风·柏舟》也确实表达的是一种怨懑之情，如首章是这样的："汎彼柏舟，亦汎其流。耿耿不寐，如有隐忧。微我无酒，以敖以遊。"主人公怀才而不得遇，故生发出多重感伤。这和《易林》说《诗》于情感指向是契合的。

《周南·卷耳》，林辞多次称引，如次：

> 玄黄虺隤，行者劳疲。役夫憔悴，逾时不归。（《乾》之《革》）

---

① 马承源主编：《上海博物馆藏战国楚竹书》（一），第145页。
② 廖名春：《上海博物馆藏〈诗论〉简校释札记》，见《上博馆藏战国楚竹书研究》，上海书店出版社2002年版，第264页。
③ 黄怀信：《上海博物馆战国楚竹书〈诗论〉解义》，社会科学文献出版社2004年版，第54页。
④ （唐）孔颖达疏：《毛诗正义》，阮元校刻《十三经注疏》，第296页。

玄黄虺隤，行者劳疲。役夫憔悴，处子畏哀。(《贲》之《小过》)

　　倾筐卷耳，忧不能伤。心思古人，悲慕失母。(《鼎》之《乾》)

《易林》说《诗》之义，首则叙写役夫在外劳苦奔波的窘境；次则处子畏哀指未婚妻子会心情悲伤；第三则称忧愁而不能悲伤，古人指故人，末两句谓长思亲人，悲恋慈母。针对这首诗歌的主旨，《韩诗》未详，《毛诗序》："后妃之志也。"①　今存《鲁诗》遗说见于《淮南子·俶真训》高诱注"《诗·周南·卷耳》篇也……言我思古君子官贤人，置之列位也"②，均与《易林》说《诗》不合。《孔子诗论》写道："《卷耳》不知人。"不知人，谓不知道心中怀念的那个人现在情况怎么样。林辞征引该诗，指的亦是役夫不知亲人和未婚妻子的生活情况。

《小雅·祈父》，林辞《谦》之《归妹》写道："爪牙之士，怨毒祈父。转忧于己，伤不及母。"首两句中爪牙指一般的卫士，祈父指司马，职掌兵甲，语出《祈父》前两章。林辞"伤不及母"句出自《祈父》末章。整则林辞再现的是对祈父的尖锐讽刺。与之相应，《孔子诗论》说道："《祈父》之责，亦有以也。"孔子认为责备祈父是理所应当、有根有据的，这和《易林》说《诗》具有相似性。

《小雅·小弁》同样是一首讽刺诗，第七章有这样的诗句：

　　君子信谗，如或酬之。君子不惠，不舒究之。伐木掎矣，析薪扡矣。

针对这首诗歌，林辞《讼》之《大有》写道："尹氏伯奇，父子生

---

① (唐)孔颖达疏：《毛诗正义》，阮元校刻《十三经注疏》，第277页。
② 刘文典：《淮南鸿烈集解》，第75页。

离。无罪被辜,长舌所为。"相似的称引还见于《丰》之《鼎》:"谗言乱国,覆是为非。伯奇乖离,恭子哀悲。"乖离,翟校本作流离,是可信的,伯奇流离,指伯奇被逐而遭受流放。《诗经》中和《小弁》可相提并论的是《巧言》,诗句中也包含类似的言辞:"乱之初生,僭始既涵。乱之又生,君子信谗。"《毛诗序》:"《巧言》刺幽王也。大夫伤于谗,故作是诗也。"① 两首诗,《毛诗》均主讽刺幽王说。林辞《随》之《夬》化用《巧言》曰:"辩变白黑,巧言乱国。大人失福,君子迷惑。"《孔子诗论》也是同时提及两首诗篇,曰:"《小弁》《巧言》,则言谗人之害也。"孔子的论断简单而明确,《易林》说《诗》具体而生动,二者具有一致性,与《毛诗》略异。

总之,《易林》说《诗》情感指向分明,说《诗》建立在用《诗》基础上,对《诗》具体而细腻的理解和《孔子诗论》解《诗》存在相同或相似之处,对此,刘银昌先生指出:"焦赣之接受《孔子诗论》极有可能……《易林》这种对情感的重视,和《孔子诗论》所谓的'诗亡隐志,乐亡隐情,文亡隐言'是否有关,是值得思考的问题。"② 刘先生的推测是有道理的。《易林》说《诗》往往具体入微,《孔子诗论》解《诗》则以概括的准确到位与之相得益彰,如《邶风·北风》诗,《毛诗序》称刺虐也,《易林》和《孔子诗论》观点一致,与《毛诗》均不同,《孔子诗论》曰:"《北风》不绝人之怨。"周凤五先生论述道:

所谓"不绝人之怨",无论其直在我,其曲在彼,此言皆嫌倨傲无礼。至于"不继人之怨",则虽朋友一时交恶,然而彼此无怨,终能言归于好也。……《易林·晋之否》"北风寒凉,雨雪益冰。忧思不乐,哀思伤心",写二人交恶;《易林·否之损》(《易林·噬嗑之乾》同)"北风牵手,相从笑语。伯歌仲舞,燕

---

① (唐)孔颖达疏:《毛诗正义》,阮元校刻《十三经注疏》,第453页。
② 刘银昌:《焦氏易林之诗学探微》,《陕西师范大学学报》(哲学社会科学版)2014年第4期。

乐以喜",则写二人言归于好,与简文"不继人之怨"相应,而与毛传"刺虐也。卫国并为威虐,百姓不亲,莫不相携持而去焉",立论迥异。《易林》在三家《诗》为齐《诗》,其说同于简文,盖前有所承者也。①

在这里,周先生倾向于将简文释读为"不继人之怨",所作的论述,具有参考价值,"盖前有所承者",是对《易林》说《诗》和《孔子诗论》可能存在渊源关系的推测。陈桐生先生也说:"从以上材料可知,《齐诗》之说在不少地方接近《孔子诗论》。"②陈先生的看法是可信的,他罗列的具体的《齐诗》语料大抵都采自《易林》。"《孔子诗论》在汉代或有传本",陈先生以之为章节标题进行了详细的论述③。《易林》说《诗》和《孔子诗论》在一定程度上可以对读,有时已几无区别,如林辞说"湛露之欢,三诀毕恩",《孔子诗论》则曰:"《湛露》之嗌,其犹酡与。"林辞说"墙茨之言,三世不安",《孔子诗论》则曰:"慎密而不知言。"在比较的视域中,可以下这样的结论:《易林》说《诗》与《孔子诗论》的会通不是偶然的,而是客观存在。《易林》说《诗》来源广泛,与《孔子诗论》解《诗》的相似度有的明显高于其他诗说,具有承继渊源是极有可能的。

## 二 《易林》说《诗》与《孔子诗论》解《诗》的分际

《易林》说《诗》和《孔子诗论》解《诗》存在相通性的同时,也存在着差异,二者的差异是《诗》学流变过程中的变化与发展。风格上,《孔子诗论》解《诗》平允公正,《易林》说《诗》则显得相对灵活,不束限于对一首诗歌的准确揭示。目的上,《孔子诗论》解《诗》是孔子儒家学说的有机构成部分,而《易林》说《诗》,

---

① 周凤五:《孔子诗论新释文及注解》,《上博馆藏战国楚竹书研究》,第163—164页。
② 陈桐生:《〈孔子诗论〉研究》,中华书局2004年版,第238页。
③ 同上书,第218—223页。

《诗》是一种附带的工具，仅是占筮繇辞的取用对象。

《关雎》是一首耳熟能详的诗篇，《韩诗》称"说淑女正容仪以刺时"，见于《韩诗外传》，《韩诗》以之为刺诗，《毛诗》《易林》说《诗》与之不同，《毛诗序》曰："后妃之德也。"① 《毛诗序》注重淑女之德，然以后妃之德坐实，则有欠妥之处，《易林》说《诗》亦重淑女之德，并且对这种德有形象化的发挥，林辞写道：

  关雎淑女，配我君子。少姜在门，君子嘉喜。(《小畜》之《小过》)

  雎鸠淑女，贤圣配偶。宜家受福，吉庆长久。(《履》之《颐》)

  贞鸟雎鸠，执一无尤。寝门治理，君子悦喜。(《晋》之《同人》)

  关雎淑女，贤妃圣耦。宜家寿母，福禄长久。(《姤》之《无妄》)

林辞用《关雎》之诗，每则林辞均以雎鸠起兴，雎鸠在爱情上专一不二，喻指淑女之贞节贤美，吉善长久等语皆盛赞贞淑之女是贤圣君子的佳偶，占筮时取其阴阳和谐的吉利象征义。着眼于雌雄阴阳和合的这种解读在其他典籍中也能找到，陆贾《新语·道基篇》："关雎以义鸣其雄。"② 又《淮南子·泰族训》："《关雎》兴于鸟，而君子美之，为其雌雄之不乖居也。"③ 对此，《孔子诗论》解《诗》是怎样的呢？相关上博简有这样的文字：

  第十简，《关雎》之改……曷？曰：终而皆贤于其初者也。《关雎》以色喻于礼。

---

① （唐）孔颖达疏：《毛诗正义》，阮元校刻《十三经注疏》，第269页。
② 王利器：《新语校注》，中华书局1986年版，第30页。
③ 刘文典：《淮南鸿烈集解》，第693页。

第十一简：情爱也。《关雎》之改，则其思益矣。
第十二简：好，反纳于礼，不亦能改乎？
第十四简：其四章则愉矣。以琴瑟之悦，嬉好色之愿。以钟鼓之乐。

在这里，《孔子诗论》对《关雎》一诗的解读重点在于以色喻礼，强调一个"改"字，改而合乎礼，注重的是男主人公的表现，称赞男子的举动契合孔子对于君子的界定和要求，是儒家一以贯之礼学思想的外显。由此不难看出，针对这首诗歌，《易林》说《诗》和《孔子诗论》解《诗》在解读取向上依据不同的目的而不同，林辞引《关雎》，重点在于淑女，占筮取其阴阳和谐的象征义；《孔子诗论》重点在于君子，取其改而知礼之义。《易林》说《关雎》诗，"既不同于《毛诗》，又不同于三家诗"①，而是一种较为独特的说解。

《鸤鸠》，林辞写道：

鹊鹡鸤鸠，专一无尤。君子是则，长受嘉福。（《乾》之《蒙》）

慈乌鸤鸠，执一无尤。寝门内治，君子悦喜。（《随》之《小过》）

鸤鸠七子，均而不殆。长大成就，弃而合好。（《夬》之《家人》）

针对这首诗歌，《易林》说《诗》是着眼于鸤鸠鸟的均衡专一品德，并且将其和君子、贤妃进行比拟，是从正面进行讴歌，占筮时取其阴阳和合的象征义。同样是这首《鸤鸠》，《孔子诗论》第二十一简曰："《鸤鸠》吾信之。"第二十二简写道："《鸤鸠》曰：其义一兮，心如结兮。吾信之。"孔子说"吾信之"是针对原诗歌咏的鸤鸠鸟品德而言，如

---

① 张启成：《诗经研究史论稿》，贵州人民出版社2003年版，第59页。

《曹风·鸤鸠》原诗首章写道："鸤鸠在桑，其子七兮。淑人君子，其仪一兮。其仪一兮，心如结兮。"涵泳该诗篇，确系是对鸤鸠鸟以及类似具有鸤鸠鸟般品格的君子的歌颂，赞其是国家之栋梁。孔子所说"吾信之"即指信从《鸤鸠》所赞美的品格和思想，在这里，孔子并未对《鸤鸠》的主旨作出明确论析，采用的是独特的"吾"对作品发表看法的形式，相似者还有如《文王》，吾美之；《猗嗟》，吾喜之；《宛丘》，吾善之等，和《易林》说《诗》于方法形式上具有较大差异。

《小雅·黄鸟》一诗，林辞《乾》之《坎》有这样的文字："黄鸟采粟，既嫁不答。念我父母，思复邦国。"采粟，学津本作来集。在这里，焦赣对于《黄鸟》一诗予以引申，叙写成一位女子出嫁后思念故国父母诗作，此种说《诗》已经和原来的诗歌主旨有所背离，占筮时则取其阴阳隔塞的象征义。针对《黄鸟》的主旨，《毛诗序》写道："刺宣王也。"① 郑玄笺："刺其以阴礼教亲而不至，联兄弟之不固。"② 《毛诗》和郑玄笺着眼于诗歌的现实讽刺意义，坐实性解读也未必合乎诗歌原意，相比之下，《孔子诗论》有这样的论断："《黄鸟》则困而欲反其故也，多耻者其病之乎？"针对孔子的言辞，徐正英先生有这样的辨析：

> 所谓"欲返其故"，自然是指身处困境中的作者渴望返回故国故乡。所以，孔子对《黄鸟》诗旨的概括，大意是说：《黄鸟》一诗抒发了作者困厄异国而渴望返回故乡的思想感情。值得重视的是，孔子对《黄鸟》一诗的解读至此并未结束。其又云："多耻者其病之乎？"……细玩孔子论《黄鸟》全部言论，他确实是前句概括诗旨，后句则由诗旨诱发联想，发表了自己对社会现象的看法。③

---

① （唐）孔颖达疏：《毛诗正义》，阮元校刻《十三经注疏》，第 434 页。
② 同上。
③ 徐正英：《上博简〈孔子诗论〉研究》，中山大学博士后出站报告，2006 年，第 80—81 页。

徐先生的辨析是可信的,《黄鸟》的作者遭受困厄渴望返回故国故乡,如《小雅·黄鸟》原诗首章写道:"黄鸟黄鸟,无集于穀,无啄我粟。此邦之人,不我肯穀。言旋言归,复我邦族。"诗歌以黄鸟起兴,喻指作者在外遭受困厄而思念归邦返家心绪。诗歌没有指明讽刺对象是宣王,对此朱熹在《诗集传》中有这样的判断:"今按诗文,未见其为宣王之世。"① 也没交代作者的女性身份,《毛诗》《易林》说《诗》都是对其的发挥,《孔子诗论》则较为公允。

和《黄鸟》具有相似情形的还有《鹊巢》一诗。《毛诗序》以为"刺宣王"系不确之论。《鹊巢》出自《召南》,是一首述写女子出嫁的诗作,林辞《节》之《贲》曰:"喜乐踊跃,来迎名家。鹊巢百两,以成嘉福。"鹊巢点名篇题,以成嘉福是对这段婚姻的美好期待和评价,百两出自《鹊巢》诗每章的最末一句,整首原诗是这样的:

> 维鹊有巢,维鸠居之。之子于归,百两御之。
> 维鹊有巢,维鸠方之。之子于归,百两将之。
> 维鹊有巢,维鸠盈之。之子于归,百两成之。

百两形容出嫁时的队伍之浩大,末句孔颖达疏:"笺以迓为迎夫人,将之谓送夫人,成之谓成夫人,故易以百两之礼送迎成之。"② 百两之礼,暗含出嫁女孩的身份和家世之高贵。针对这首诗的主旨,《易林》说《诗》是从正面予以赞扬的,这从林辞对《召南》的讴歌中也可以得到印证,《大过》之《颐》写道:"三奇六偶,各有所主。周南召南,圣人所在。德义流行,民悦以喜。"在这里,颂扬的是《周南》《召南》的美好,《鹊巢》位列《召南》之首,被比拟为《关雎》,对此,朱熹《诗集传》有这样的文字:

---

① (宋)朱熹:《诗集传》,第163页。
② (唐)孔颖达疏:《毛诗正义》,阮元校刻《十三经注疏》,第284页。

南国诸侯被文王之化，能正心修身以齐其家；其女子亦被后妃之化，而有专静纯一之德。故嫁于诸侯，而其家人美之曰：维鹊有巢，则鸠来居之，是以之子于归，而百两迎之也。此诗之意，犹《周南》之有《关雎》也。①

在这里，朱熹将其和《关雎》进行比对，《周南》《召南》并提，而首篇《关雎》和《鹊巢》在题材上的一致性也是事实，彰显的是编排上的有意而为之，自然也是受到肯定的对象。林辞占筮化用该《诗》，取其阴阳和合的象征义。

《鹊巢》诗歌主旨，在后代的流传中却生发出多种不同的解读取向，郭晋稀先生认为是抢婚诗，黄怀信先生认为这是一首诸侯废掉原配夫人，另娶新欢的诗，诗意充满怨恨。两位先生皆依据的是《召南·鹊巢》首两句："维鹊有巢，维鸠居之。"鹊巢鸠占，这现象自是受到谴责的，《易林》说《诗》对此已经有了关注，《节》之《需》写道："鹊巢鸠成，上下不亲。外内乖畔，子走失愿。"尚秉和先生注："鹊巢鸠成者，言鹊营巢成，为鸠居也。"② 鹊巢为鸠所侵占，卦旨凶险，后面的繇辞是在此基础上的引申发挥。针对这首诗，《孔子诗论》有这样的解读：

　　第十简：《鹊巢》之归……曷？
　　第十一简：《鹊巢》之归，则离者……
　　第十三简：《鹊巢》出以百两，不亦又离乎？

在这三支简中，前两支简标示的一个重要字眼是归，归指的是女子出嫁，卦名《归妹》正是取归为女子出嫁之义。第十三简中的"不亦又离乎"，离指离开父母家而嫁入夫家之义。《孔子诗论》的记载均

---

① （宋）朱熹：《诗集传》，第 10 页。
② 尚秉和遗稿，张善文校理：《焦氏易林注》下，《尚氏易学存稿校理》第二卷，第 1052 页。

很简约，没有明显的情感标示，较为平正、公允，林辞对鹊巢鸠占现象的揭示和批判，则是《孔子诗论》未曾提及的。

《易林》说《诗》建立在用《诗》基础上，《诗经》篇目以动物物象起兴者如《关雎》《鸤鸠》《黄鸟》《鹊巢》等往往受到林辞编撰的青睐，林辞化用的目的是将《诗》繇辞化，借用《诗》之物象和事象，取其象征义而便于占筮；《孔子诗论》是专门的解《诗》之作，是孔子向弟子传授的诗学理念，承载的是孔子之儒家思想，二者在侧重点上有所区别。值得一提的是，除了上述以动物名篇的篇目外，《易林》说《诗》和《孔子诗论》解《诗》的分际在其他篇目中也是同样存在的。

《齐风·东方未明》诗曰：

> 东方未明，颠倒衣裳。颠之倒之，自公召之。
> 东方未晞，颠倒裳衣。倒之颠之，自公令之。
> 折柳樊圃，狂夫瞿瞿。不能辰夜，不夙则莫。

诗歌的主旨，《毛诗序》写道："刺无节也。朝廷兴居无节，号令不时，挈壶氏不能掌其职焉。"①《毛诗序》是从讽刺角度对诗歌予以的阐发。今存《鲁诗》遗说见于《说苑·奉使篇》："文侯于是遣仓唐赐太子衣一袭，敕仓唐以鸡鸣时至。太子迎拜受赐。发篚，视之，尽颠倒……《诗》曰：'东方未明……'遂西至谒文侯。大喜，乃置酒而称曰：'夫远贤而近所爱，非社稷之长策也。'"②《鲁诗》提及该诗时属于称引，未对诗旨予以揭示，但态度是正面肯定的。《易林》说《诗》与《毛诗》异，态度上与《鲁诗》同，然具体所指较之有很大差异，更显详尽，《同人》之《中孚》曰："衣裳颠倒，为王来呼。成就东周，邦国大休。"林辞以颠倒衣裳起兴发端，标示的是吉利之象。《升》之《鼎》也写道："衣裳颠倒，为王来呼。成就东周，封

---

① （唐）孔颖达疏：《毛诗正义》，阮元校刻《十三经注疏》，第350页。
② （汉）刘向撰，向宗鲁校证：《说苑校证》，第297—298页。

受大侯。"末两句揭示的亦是吉利之象。尚秉和先生于《同人》之《中孚》下注曰:"毛诗叙谓朝廷兴居无节。焦意似指太公佐周,与毛异。"① 尚先生的判断是从林辞提及的"成就东周"而得,颇有参考价值。《东方未明》的主旨,历来有不同的见解,《孔子诗论》曰:"《东方未明》,有利词。"利词指的是"锋利尖锐的批判性言辞"②。如此一来,《易林》说《诗》和《孔子诗论》就存在很大差异,林辞化用《东方未明》始终以吉利示之,然而《孔子诗论》却是持否定态度,这也是后代解释该诗的主流意见。

《周南·汉广》,林辞有这样的文字:

乔木无息,汉女难得。橘柚请佩,反手难悔。(《萃》之《渐》)

汉有游女,人不可得。③(《颐》之《既济》)

二女宝珠,误郑大夫。交父无礼,自为作笑。(《噬嗑》之《困》)

难悔,汲古阁本作离汝。林辞中的汉女、游女代指一位难以接近的姑娘,交父无礼等句是对追求者的漫画式讽刺。林辞中的游女本事,见于《韩诗》。郭璞《江赋》曰"感交甫之丧佩",李善注引《韩诗内传》写道:"交甫……遇二女,与言曰:'愿请子之佩。'二女与交甫。交甫受而怀之,超然而去十余步,循探之,即亡矣。回顾二女,亦即亡矣。"④《易林》化用入占辞,叙写的是男子追求汉水游女,并

---

① 尚秉和遗稿,张善文校理:《焦氏易林注》上,《尚氏易学存稿校理》第二卷,第247页。
② 徐正英:《上博简〈孔子诗论〉研究》,中山大学博士后出站报告,2006年,第51页。
③ 本则林辞的这两句《易林汇校集注》本未见,据《四部丛刊》本、《士礼居》本谓:"黄昏白日,照我四国,元首昭明,民赖恩福。汉有游女,人不可得。"本书只取后两句系于《颐》之《既济》卦下。
④ (南朝梁)萧统编,(唐)李善注:《文选》,中华书局1977年版,第189—190页。

乞请游女之珮，却终究求而不得之情景。《孔子诗论》对《汉广》一诗的评析是这样的：

> 第十简：《汉广》之智……曷？
> 第十一简：《汉广》之智，则智（知）不可得也。
> 第十三简：（不）可得，不攻不可能，不亦智恒乎？

在这里，《汉广》，孔子评析为"不可得"的用语也见于林辞《颐》之《既济》，不同的是孔子认为知道不可得，不攻不可能是一种智慧，而《易林》说《诗》却借用《韩诗内传》的记载，将其和郑大夫与汉水神女相系，是漫画式讽刺。

《易林》说《诗》和《孔子诗论》出发点不在同一个层面上，《易林》说《诗》往往关注诗句中物象或事象，取其象征义予以编撰，而《孔子诗论》的重点则往往在于对诗歌的评介论析；林辞用《诗》暗含对诗歌的理解和态度，情感与吉凶相系，指向性明显，客观平正而公允，《孔子诗论》则是真正的解《诗》。如《十月之交》，林辞《萃》之《蒙》曰："家伯为政，病我下土。"《渐》之《井》曰："家伯妄施，乱其五官。"引《诗》取阴盛犯阳的象征义；相比之下，《孔子诗论》曰："《十月》，善諀言。"諀，《广雅》"訾也"，指善于揭露和批判的特征，是对诗歌整体风格的说解。《孔子诗论》解《诗》是简约的，情感指向偏于中性，《易林》说《诗》则丰富多彩，显得更为明晰，如《孔子诗论》"《北风》，不绝人之怨"，林辞则分见于《晋》之《否》、《否》之《损》，前者"北风寒凉，忧思不乐"言哀悲伤心，后者"北风牵手，相从笑语"言燕乐以喜，合观之是林辞对《北风》的完整解读。

《易林》是西汉末年的易学类占筮文献，它的说《诗》和用《诗》捆绑在一起。《易林》说《诗》是《诗》的繇辞化，《诗》是一门被借用入繇辞的工具。《孔子诗论》是先秦时期孔门诗教的教学文本，具有完整的《诗》学体系和特征，如《孔子诗论》在第一简最后写道："诗亡隐志,乐亡隐情,文亡隐言。"诗以言志,这一主张正是华夏诗学发展的主脉。落实到具体篇目,《易林》说《诗》和《孔子诗论》既有相通之处,也有相异点存在,从上博简《孔子诗论》解《诗》到《易林》说《诗》,彰显的是先秦至西汉末期《诗》学发展的演变走势。

## 第三节 《易林》与《韩诗外传》引《诗》比较

西汉《诗》学流传至今的著作不多,《韩诗外传》和《易林》是迄今为止保存比较完好的两部,《韩诗外传》属于《韩诗》派,《易林》属于《齐诗》派,亦杂取诸家之说。《韩诗外传》成书在西汉初年,《易林》成书于西汉末年,二者时间相距上百年。通过涉《诗》语料的比较,有助于了解《易林》引《诗》的特征,以及西汉《诗》学发展的基本走势。

### 一 涉《诗》篇目重心从《雅》《颂》到《风》《小雅》的转变

《韩诗外传》和《易林》都涉及众多《诗经》篇目,或引用诗题,或化用诗句原文,一首诗可以反复重现,也可以几首诗杂糅于一体,方式多种多样,内容丰富而多彩。《韩诗外传》和《易林》都是解经之作,所引诗句完全重合的篇目有6首,但由于产生的时代不一样,相同的背后也有许多不同的地方。

汉初《韩诗外传》解《诗》,从所涉的篇目上看,据笔者统计,《风》为21首,《雅》为41首,其中《小雅》22首、《大雅》19首,《颂》为8首。《易林》引《诗》的情形与之有较大差异,引《诗》涉及篇目广泛,《风》为68首,远远超过《韩诗外传》的引《诗》篇目数量。《易林》在《雅》的征引上,与《韩诗外传》的数量相差无几,为48首,其中《小雅》35首、《大雅》13首。援引《小雅》的数量明显高于《韩诗外传》。《颂》的比重却较之《韩诗外传》还要少,仅5首。总体上呈现出《韩诗外传》重《雅》《颂》,而《易林》重《风》

《小雅》的特征。为什么会出现这种局面呢？其中的原因是多种多样的，除了各自产生的诗学背景外，二者的编撰义例无疑是重要的影响因素。

《韩诗外传》编撰以阐发诗旨为中心，《史记·儒林列传》记载："韩生推《诗》之意，而为内外《传》数万言。"一首诗歌，《韩诗外传》反复从不同角度予以解说，升华，其中，《雅》《颂》，涉及国家事理，往往从正面肯定歌颂，因此受到《韩诗外传》的青睐。重《雅》《颂》也是汉初经师解《诗》的共同取向，这从《毛诗序》关于《雅》《颂》的定义中可以看出，"雅者，正也，言王政之所由废兴也"①。"颂者，美盛德之形容，以其成功告于神明者也。"②《毛诗序》的界定以诗的政治功能为立足点，充分肯定《雅》《颂》的社会作用。《诗经》中《雅》《颂》类诗的政治功用也确实如此，远比《风》类诗鲜明，《毛诗序》对《风》的定义是："风，风也，教也。"③ 从教化入手，虽仍不失政治功能，但肯定程度已经大打折扣。《毛诗序》对《雅》《颂》的推崇和《韩诗外传》解《诗》重《雅》《颂》的文本实践可以相互贯通，体现的都是汉初经师推重《雅》《颂》的传统。这种传统在东汉末年依旧存在，如，郑玄注："雅，正也，言今之正者以为后世法；颂之言诵也，容也，诵今之德广以美之。"④

《易林》衍《易》而作，林辞编撰讲求象征，和《风》类诗歌的比、兴手法接近。"比者，以彼物比此物也。""兴者，先言他物以引起所咏之物也。" 比、兴是借助他物来表现所咏之物，具体可感，委婉含蓄而又有迹可寻。和《易》的象征手法相仿，尤其是兴，闻一多先生认为，由于《诗》有兴，《易》有象，"所以《易》有《诗》的效果，《诗》亦兼《易》的功能，而二者在形式上往往不能分别"⑤。《诗经》中《风》和《小雅》擅长用比、兴手法，《大雅》和《颂》则相对逊

---

① （唐）孔颖达疏：《毛诗正义》，阮元校刻《十三经注疏》，第272页。
② 同上。
③ 同上书，第269页。
④ 同上书，第271页。
⑤ 闻一多：《闻一多全集》（一），生活·读书·新知三联书店1982年版，第118页。

色，如，朱自清先生的《诗言志辨》依据《毛诗》作了这样的统计：

> 《毛诗》注明"兴也"的共一百一十六篇，占全诗（三百〇五篇）的百分之三十八。《国风》一百六十篇中有兴诗七十二；《小雅》七十四篇中就有三十八，比较最多；《大雅》三十一篇中只有四篇；《颂》四十篇中只有两篇，比较最少。①

朱先生的统计数据是可信的，相似的统计还见于南宋王应麟的《困学纪闻》。《诗经》的比、兴事物和所表达的内容关联，取相似之处，通过想象的纽带把二者联系在一起，隐蔽而含蓄。《易林》是衍《易》作品，《系辞》称《周易》"其称名也小，其取类也大"。韩康伯注："托象以明义，因小以喻大。"《易林》林辞也是"先言他物"，是"以彼物比此物"。"比、兴、象征的共同特点是不尽言、不直言、不明言。"② 故林辞取象着眼于象征义时，更多地倾向于对《风》类诗及《小雅》的选择。

《韩诗外传》征引《雅》《颂》诗篇，编撰重在阐释盛德，与《易林》重象征义的区别是明显的，这从两书对相同诗句反复的解说运用情形中也可以看出。《魏风·伐檀》的诗句"不素餐兮"，《韩诗外传》有两章谈及，分别出现在"商容辞三公"和"李离自拘请罪"的故实中，商容对于"素餐"采取的方法是固辞，面对武王的三公之请，商容说道："吾常冯于马徒，欲以化纣而不能，愚也。不争而隐，无勇也。愚且无勇，不足以备乎三公。"③ 这是采用贬低自己的方式推却武王的任命，坦言能力不够而无法担当三公的重任，符合不素餐的宗旨。另一处引用"不素餐兮"，相关文字是这样的：

---

① 朱自清：《诗言志辨》，古籍出版社1956年版，第47页。
② 李炳海：《〈诗经〉的比、兴与〈周易〉卦、爻辞的象征》，《东北师大学报》1989年第4期。
③ （汉）韩婴撰，许维遹集释：《韩诗外传集释》，第54页。

晋文公使李离为理，过听杀人，自拘于廷，请死于君。……曰："政乱国危，君之忧也。军败卒乱，将之忧也。夫无能以事君，暗行以临官，是无功以食禄也。臣不能以虚自诬。"遂伏剑而死。君子闻之曰："忠矣乎！"《诗》曰："彼君子兮，不素餐兮。"李先生之谓也。①

这段叙述的是李离错误判刑，是偏听偏信所致，因而深感自责，选择自缚到晋文公面前请罪，文公爱惜其才，不愿治罪。李离最终以国家为重，自刎而亡，表示出维护法律公平的决心和尊严。《韩诗外传》引"不素餐兮"，从"一辞一请"两方面展开，围绕诗句的含义选择相应的故事，所述故事为引《诗》服务，以诗的含义为中心串联，再现和凸显了两位可歌可泣的丰碑式人物。

《魏风·伐檀》"不素餐兮"诗句，《易林》化用为"悬狟素餐"，首句相同的林辞如下②：

> 悬狟素餐，居非其官。失舆剥庐，休坐徙居。（《乾》之《震》）
>
> 悬狟素餐，食非其任。失舆剥庐，休坐徙居。（《中孚》之《睽》）

两则林辞字句略有差异，首两句象征的都是处位不当之义。之所以能重复出现，是因为《易林》林辞的编撰一定程度上受到卦形的制约，林辞依傍卦形的象征义而设。《乾》卦上《乾》下《乾》，《震》卦上《震》下《震》中互《坎》，《乾》之《震》是以《震》易《乾》，《说卦》称："乾为君，为父，震为长子，坎为隐伏，为陷。"《乾》变而为《震》，《乾》体隐没不见，属于父变子，地位下降的不

---

① （汉）韩婴撰，许维遹集释：《韩诗外传集释》，第 54—56 页。
② 此依《易林汇校集注》，仅讨论首句完全相同的《乾》之《震》、《中孚》之《睽》两则林辞。

当之象。《中孚》卦上《巽》下《兑》，《睽》卦上《离》下《兑》中互《坎》，《说卦》："巽为长女，兑为少女，坎为隐伏，为陷。"《中孚》之《睽》，《巽》体隐没，变而为《离》，属于长女变中女，亦是居位不当之象。两则卦形变动经卦的基本象征义都是由高变低，由长变幼之象，这违背由低到高，由幼小到成熟的发展规律，属于同类卦形，暗含阴阳变化不当之义。诗句"悬貆素餐"原指不稼不穑，不狩不猎，却拥有大量的粮食和猎物的人。"居非其官"和"食非其任"承接首句，指处位不当之义，后两句是对前两句的引申。由"悬貆素餐"衍生出的处位不当之义和《易林》卦形的象征义吻合。卦形具有同一象征义，故撰者用基本相同诗句相系。这种以卦象的象征义为中心构建的林辞，于所引诗句本身的含义没有改变和拔高。

《韩诗外传》引《诗》围绕诗句内涵为中心展开，再现与内涵相契的历史故实，注重政教功能，侧重于《雅》《颂》。《易林》身兼巫术的性质，为卜筮服务，是术数类作品，引《诗》编撰遵循以象征义为主的原则，象征和比、兴近似，呈现出重视《风》和《小雅》的面貌，彰显了西汉末年《诗》学影响范围的扩大。

## 二 解读风格从庄重典奥向平实通俗的倾斜

汉初《韩诗外传》以文解《诗》，叙事议论占据大部分内容，遵循叙事议论在先，引《诗》在后的结构模式，对诗句作出规范的阐释，向儒生传授，庄重而典奥。如，卷二第三十二章引用《曹风·鸤鸠》"淑人君子"诗句，与齐家、治国相联，写道："君子谋之，则为国用。故动则安百姓，议则延民命。"[①] 从治国理政的高度肯定淑人君子形象，渗透着儒家观念。卷二第三十一章解这几句诗时的典奥特色表现得更为明显，写道：

夫治气养心之术，血气刚强则务之以调和，智虑潜深则一之

---

① （汉）韩婴撰，许维遹集释：《韩诗外传集释》，第76页。

以易谅，勇毅强果则辅之以道术，齐给便捷则安之以静退，卑摄贪利则抗之以高志，容众驽散则劫之以师友，怠慢僄弃，则慰之以祸灾。愿婉端悫则合之以礼乐。凡治气养心之术，莫径由礼，莫优得师，莫慎一好。好一则抟，抟则精，精则神，神则化。是以君子务结心乎一也。《诗》曰："淑人君子，其仪一兮。其仪一兮，心如结兮。"①

在这里，引用《诗经·曹风·鸤鸠》中的诗句，伴随的是一段篇幅较长的论述，从正反两个方面对治气养心之术进行阐释。心气驽散怠慢、旁骛对应祸灾，而心气专一和乐，则能达到神化的境地。诗句"淑人君子"原本赞扬持守威仪的君子之风，经师对它的解释平添出几分教化色彩，针对心、气问题，拿捏出用柔和来调济刚强，用简易来平和深沉，用道术来制衡勇毅，用静退来安止便捷等论断，对原有诗句内涵予以了填充和拔高，引《诗》所起的是总结作用。

《易林》引《诗》是另外一种风貌，林辞对《曹风·鸤鸠》也有征用，《随》之《小过》写道："慈鸟鸤鸠，执一无尤。寝门内治，君子悦喜。"称呼鸤鸠鸟为慈鸟，"寝门内治"属于直接引申，把作品的主角认定为女性，家庭主妇。末句"君子悦喜"是正面评价，透露出吉祥之义。君子是这种美德的受益者，也以他者的身份品评了这种美德。《夬》之《家人》："鸤鸠七子，均而不殆。长大成就，弃而合好。"作为母亲，食物分配均匀，培养子女相互团结的美好品德，末句"弃而和好"充满肯定意味。林辞两次引《诗》只重在解析物象"鸤鸠鸟"，对于"君子"仅是略微提及，没有引申发挥。说教气息不浓，落脚点在于赞美鸤鸠鸟，赞美女性之美。

《小雅·四牡》是一首官吏思归的诗，"王事靡盬"在整首诗中反复出现。《韩诗外传》卷二第二十六章解这句诗时，讲述的是子路与巫马期薪于韫丘的故事。引《诗》之前，是一番富贵与道义孰轻

---

① （汉）韩婴撰，许维遹集释：《韩诗外传集释》，第75—76页。

孰重的辩论，强调"勇士不忘丧其元，志士仁人不忘在沟壑"① 的儒家价值观念。卷七解这句诗时更为详细，编织了齐宣王和田过之间一段充满火药味的对话：

> 齐宣王谓田过曰："吾闻儒者丧亲三年，丧君三年，君与父孰重？"田过对曰："殆不如父重。"宣王忿然，曰："曷为士去亲而事君？"田过对曰："非君之土地无以处吾亲，非君之禄无以养吾亲，非君之爵无以尊显吾亲。受之于君，致之于亲。凡事君，以为亲也。"宣王悒然无以应之。《诗》曰："王事靡盬，不遑将父。"②

"王事靡盬，不遑将父"原指王家差事做不完，回家赡养年迈父亲的愿望不能实现。《韩诗外传》将引《诗》设置在故事的末尾，作为"君与父孰轻孰重"的辩论缀语出现。齐宣王面对田过的步步推理，理屈词穷，无言以对。引《诗》的内容与"君与父孰轻孰重"的辩论捆绑在一起，辩论的目的在于劝诫，引《诗》"王事靡盬"重申了这种劝诫之意。

《易林》引这首诗相对简单，《讼》之《履》写道："树植藿豆，不得芸锄。王事靡盬，秋无人收。"描写种下的庄稼没人打理，成熟了也没人收割，是在"王事靡盬"这一基础上的引申。四句韵语一气呵成，明白如话，并不庄重典奥。《易林》引《诗》同时有明显的褒贬倾向，为卜筮服务，点到为止，少了分《韩诗外传》的教化之意与曲为之说。

如果说上述引《诗》两者的区别还不明显的话，那么，另外一类爱恋题材的征引解读则显得更为突出，典奥与平实之风的区分一目了然。《周南·汉广》全诗分为三章，首章："南有乔木，不可休思。

---

① （汉）韩婴撰，许维遹集释：《韩诗外传集释》，第69页。
② 同上书，第237—238页。

汉有游女，不可求思。汉之广矣，不可泳思。江之永矣，不可方思。"描写一位姑娘在汉水旁游耍，青年男子苦苦追求却没能如愿，就像又宽又广的汉水一样，阻隔了一重又一重，字里行间，脉脉含情，洋溢着深深的相思。《韩诗外传》引这首诗时，主人翁不再是未知的懵懂青年，而是孔门师徒，汉女也不再是遥不可及，而是可以交谈的对象。子贡与她有三段对话，其中首段是这样的：

> 子贡曰："吾北鄙之人也，将南之楚。逢天之暑，思心潭潭，愿乞一饮，以表我心。"妇人对曰："阿谷之隧，隐曲之汜，其水载清载浊，流而趋海，欲饮则饮，何问于婢子！"受子贡觞，迎流而挹之，奂然而弃之，从流而挹之，奂然而溢之，坐置之沙上。曰："礼固不亲授。"……《诗》曰"南有乔木，不可休思。汉有游女，不可求思。"①

孔子和子贡南游时遇到一个浣纱女，孔子派遣子贡前去搭话，子贡以乞水为由和浣纱女攀谈。针对子贡的"刁难"，浣纱女回答很巧妙，充满机趣，最后一句"礼固不亲授"，是浣纱女对子贡的回避，也是儒家经师解《诗》的思维惯式。《列女传》对这个故实有更为详细的记载，在对话结束之后，孔子的评价也是："丘已知之矣，斯妇人达于人情而知礼。"《韩诗外传》在这个故实之后引《诗》，将游女比拟为浣纱女，经过儒家包装，变成了通晓人情、以礼自持的美好形象。

《易林》在《颐》之《既济》中引这首诗时写道："汉有游女，人不可得。"林辞直白地表达汉水之旁的美丽女孩是求而不得的对象，游女的身份怎样，充满悬念。《萃》之《渐》有类似的记载，可以提供答案。"乔木无息，汉女难得。橘柚请佩，反手难悔。"在这里，和汉女一道出现的"橘柚请佩"故实见于《列仙传》，相关文字是这样的："江汜二女，郑交甫悦之下，请其橘柚之佩，遂解佩与交甫，

---

① （汉）韩婴撰，许维遹集释：《韩诗外传集释》，第 3—5 页。

交甫受而怀之，去数十步，佩亡二女不见。"江汜二女能刹那间消失踪迹表明不是普通人，而是拥有超凡能力的女神，汉女与之并提，当属于同类型人物。林辞简短的四句韵语，表达的是求而不得之象，引《诗》说《诗》脱离了儒家礼教的视野，带有仙话色彩。可见，一首感情炽热的爱情诗，《韩诗外传》阐释时蒙上了教化的观念，汉女成了浣纱女子，是儒家眼中妇女知礼的代言者，庄重而典奥。《易林》与之相反，着眼于男子求而无果的结局，是阴阳相失的象征，和卦旨相系，遵循"吉利与不吉利"的占筮思维，选择的材料不囿于说教，风格平实而活泼。

《静女》是另外一首耳熟能详的爱情诗，《韩诗外传》引用时出现在文章靠后的位置，和别的诗句穿插在一起。"不见道端，乃陈情欲，以歌道义。《诗》曰：'静女其姝，俟我乎城隅。爱而不见，搔首踟蹰。''瞻彼日月，遥遥我思。道之云远，曷云能来！'急时之辞也。甚焉故称日月也。"[①] 在这里，《韩诗外传》将《静女》视之为表达情欲的作品，肯定诗歌言说情感的色彩。具体解释时从人的生理本能出发，"精气阗溢而后伤，时不可过也"。论及女子到了一定年龄之后会对情欲渴望，但是，在《韩诗外传》看来，这有违儒家礼法，因为"触情纵欲，反实乱化"。《韩诗外传》将《静女》表现的男女情欲和乱教化联系在一起，属于压制情欲的说教论调。

《易林》的《师》之《同人》称："季姬踟蹰，结衿待时。终日至暮，百两不来。"季姬和静女在指称上稍有差别，季姬指的是谁，类似的林辞提供了可供参考的答案，《同人》之《随》写道："季姬踟蹰，望我城隅。终日至暮，不见齐侯，居止无忧。"从末两句可以看出，季姬和齐侯有关联，陈乔枞辨析道："《左传》齐桓公有长卫姬少卫姬，疑《易林》所云季姬，即指少卫姬。"[②] 陈氏的论断是可信的，这从相关的描写中能得到印证，"百两不来"，《诗经》的《大

---

[①] （汉）韩婴撰，许维遹集释：《韩诗外传集释》，第 21 页。
[②] （清）王先谦：《诗三家义集疏》，第 204 页。

雅·韩奕》在叙述韩侯迎娶场景时，有"百两彭彭"之语的描写，由此看来，展示的是贵族婚礼，排场很大。近似的林辞还见于《同人》之《随》卦："望我城隅，终日至暮，不见齐侯。"两首林辞表达的含义相通，都是候人而不来，在这里，直接提及齐侯。"望我城隅"，戴震云：

此媵侯迎之礼。诸侯娶一国，二国往媵之，以姪娣从，冕而亲迎惟嫡夫人耳，媵则至乎城下，以俟迎者而后入。①

城隅、踟蹰同时见于《诗经·邶风·静女》，是取静女与季姬相通之义。《说文·青部》："静，审也。从青争声。"青，《释名·释采帛》："青，生也，象物生时色也。"尹黎云先生辨析道："青和生音义相通，古文原为一字。"② 生指小草出生的形状，青与生同，青字含有小义，由青构成的字亦多指年龄小，靓、倩、婧等，都指年轻而漂亮。季指少，指小，和静相同。《邶风》和《卫风》又在同一个地域，为静女与季姬相通提供了语言的可能。《左传》襄公二十九年记载：

吴公子札来聘……为之歌《邶》《鄘》《卫》，曰："……是其《卫风》乎。"③

这是将《邶》《鄘》《卫》统称之为《卫风》，缘于它们的地域毗邻。可见，《师》之《同人》卦与《同人》之《随》卦可以对读，叙述的是齐桓公与卫少姬之间的历史故实，卫少姬是齐桓公的贤内助，齐桓公和少卫姬的爱情和谐而美满，事见《列女传》，明乎此，则相关林辞的吉凶也易于知晓。林辞引《诗》在这里并无深意，仅表达爱情吉利而已，风格平实如话，内涵扩充也相对要小，肯定或否定的态

---

① （清）王先谦：《诗三家义集疏》，第204页。
② 尹黎云：《汉字字源系统研究》，中国人民大学出版社1998年版，第315页。
③ 杨伯峻：《春秋左传注》（修订本），第1161—1162页。

度明晰，易于辨识。

由此可见，引《诗》相同，处理诗歌的方式却迥异。《韩诗外传》引《诗》是为了解《诗》，穿插着浓厚的说教气息。《韩诗外传》乃经师教化的著作，秉持儒家传统观念，呈现出庄重典雅的特色。而作为占筮之书，《易林》本身不受说教的拘束，以诗的形式引《诗》，较少有儒家伦理的渗入，具有通俗易懂的特征。

### 三 诗学旨趣从成一家之言到博采众家之论

《韩诗外传》是韩婴的代表作，韩婴在文帝时立为博士，韩婴解《诗》注重《诗》与诗人之意的揭示，《史记·儒林列传》写道："韩生推《诗》之意，而为内外《传》数万言，其语颇与齐鲁间殊，然其归一也。"《史记》提及的韩婴推《诗》之意，《汉书》记载为："婴推诗人之意而作内外《传》数万言。"韩婴的《诗》说及他所创立的《韩诗》派，是汉代四家诗之一。"燕赵间言《诗》由韩生。"习《韩诗》的学者队伍庞大，据《两汉三国学案》统计，约有53位之多，蔚为大观。

如果说《韩诗外传》是成一家之言，那么，《易林》引《诗》则呈现出博采众家之论的特征。《易林》引《诗》和《齐诗》的关系最为人所重视，陈乔枞在《三家诗遗说考·齐诗考叙》中曰："《易》有孟、京'卦气'之候……孟喜从田王孙受《易》，得《易》家候阴阳灾变书，喜即东海孟卿子，焦延寿所从问《易》者，是亦齐学也。故焦氏《易林》皆主《齐诗》说。"① 陈氏的推断是可信的，焦赣生活于齐文化浸润的地域，耳闻目染的都是齐学，如，对于灾异事象的描写和董仲舒一脉相承，董仲舒是典型的《齐诗》派，据此可推测，《易林》和《齐诗》的渊源是存在的。

《易林》引《诗》和《韩诗》的联系也很紧密。《召南·小星》，《韩诗外传》曰："不逢时而仕，任事而敦其虑，为之使而不入其谋，

---

① （清）王先谦：《诗三家义集疏》，第9页。

贫焉故也。《诗》云：'夙夜在公，实命不同。'"① 《毛诗序》写道："惠及下也。夫人无妒忌之行，惠及贱妾，进御于君，知其命有贵贱，能尽其心矣。"② 《韩诗外传》在这里，没有隐晦对统治者的批评，而《毛诗》指出这是赞美夫人无妒忌之德，二者的见解相左。《易林》的解说又是怎样的呢？《大过》之《夬》写道："旁多小星，三五在东。早夜晨行，劳苦无功。"描写的是辛勤劳作而无所获之景，和《韩诗外传》一致，是不平之鸣，和《毛诗》却相异。《诗经·召南·行露》述叙的是一位女子的拒婚故事，《韩诗外传》卷一第二章写道：

> 夫《行露》之人许嫁矣，然而未往也，见一物不具，一礼不备，守节贞理，守死不往。君子以为得妇道之宜，故举而传之，扬而歌之，以绝无道之求，防污道之行乎？③

这是将女子拒婚的理由进行了细致的交代，礼节不周到，不完备，待嫁女子因此选择不嫁，显得合情合礼。守持贞节之德，合乎儒家的传统妇道观，《韩诗外传》据此而引申发挥。《毛诗序》曰："召伯听讼也。衰乱之俗微，贞信之教兴，强暴之男不能侵陵贞女也。"这是赞美召公提倡礼乐教化之功。《易林》林辞《无妄》之《剥》标示为："行露之讼，贞女不行。君子无食，使道壅塞。"用贞女称呼诗中的主人公，表达出对女子行为的肯定，是对妇德的重视和彰显，这与《韩诗外传》合，同样与《毛诗》异。

《易林》引《诗》说《诗》和《毛诗序》也有许多相合的地方。《关雎》是《诗经》首篇，《毛诗序》："后妃之德也。风之始也。所以风天下而正夫妇也。"《毛诗》论《关雎》和"后妃之德"相联，提及《关雎》有正夫妇的社会功用。对此，《易林》的《姤》之《无

---

① （汉）韩婴撰，许维遹集释：《韩诗外传集释》，第1页。
② （唐）孔颖达疏：《毛诗正义》，阮元校刻《十三经注疏》，第291页。
③ （汉）韩婴撰，许维遹集释：《韩诗外传集释》，第2页。

妾》引《诗》写道:"关雎淑女,贤妃圣偶。宜家寿母,福禄长久。"将淑女称之为贤妃,和《毛诗序》的"后妃之德"说十分吻合。《易林》引《诗》和《毛诗》一致,有时也同时和《韩诗外传》相契合,三者具有同一性。如,关于《召南·甘棠》,《毛诗序》曰"美召伯也",指出《甘棠》一诗赞美的是召公。《韩诗外传》写道:

> 昔者周道之盛,邵伯在朝,有司请营邵以居。邵伯曰:"嗟!以吾一身而劳百姓,此非吾先君文王之志也。"于是出而就蒸庶于阡陌陇亩之间而听断焉。邵伯暴处远野,庐于树下,百姓大说,耕桑者倍力以劝。于是岁大稔,民给家足。其后,在位者骄奢,不恤元元,税赋繁数,百姓困乏,耕桑失时。于是诗人见邵伯之所休息树下,美而歌之。《诗》曰:"蔽芾甘棠,勿划勿伐,召伯所茇。"此之谓也。①

邵公即召公,《韩诗外传》所引的故实将创作《甘棠》诗的缘由交代得非常清楚,歌咏的对象是召公,和《毛诗序》的"美召公"说一致。《易林》相关林辞是这样的:"精洁渊塞,为馋所言。证讯诘问,系于枳温,甘棠听断,怡然蒙恩。"(《师》之《蛊》)也是指召公的传说,末句"怡然蒙恩"同样是对召公的赞美。三家对于《甘棠》诗的指向明晰,具有同一性。

关于《邶风·柏舟》,《毛诗序》写道:"言仁而不遇也。卫倾公之时,仁人不遇,小人在侧。"《毛诗》主张仁而不遇说。《韩诗外传》有四次称引《柏舟》一诗,其中一处是这样的:

> 原宪居鲁,环堵之室,茨以蒿莱,蓬户瓮牖,揉桑而为枢,上漏下湿,匡坐而弦歌。子贡乘肥马,衣轻裘,中绀而表素,轩车不容巷而往见之。……原宪仰而应之:"宪闻之,无财之谓

---

① (汉)韩婴撰,许维遹集释:《韩诗外传集释》,第30页。

贫，学而不能行之谓病，宪贫也，非病也。"……《诗》曰："我心匪石，不可转也。我心匪席，不可卷也。"①

《韩诗外传》引《柏舟》诗，讲述的是子贡拜访原宪的故实，记载还见于《庄子》。隐士原宪，生活贫困，在子贡看来，是"仁而不遇"的病态。而原宪并不这样认为，以贫而非病的理由予以了辩解。在这里，《韩诗外传》引《柏舟》编织的是和"仁而不遇"主题相关的故实。《易林》的《屯》之《乾》称："泛泛柏舟，流行不休。耿耿寤寐，心怀大忧。仁不逢时，复隐穷居。"表达的主旨也是仁而不遇，和《毛诗》《韩诗外传》同。

《易林》引《诗》有时独树一帜，自辟蹊径，与《韩诗外传》及《毛诗》均相异的情形也不少见。关于《秦风·晨风》，《毛诗序》曰："刺康公也。忘穆公之业，始弃其贤臣焉。"在这里，《毛诗》将诗歌和史实联系起来，视之为讽刺诗。《韩诗外传》曰："'晨风谓何？'对曰：'鴥彼晨风，郁彼北林。未见君子，忧心钦钦。如何如何，忘我实多。'此自以忘我者也。"②《韩诗》解释《晨风》诗句，没有讽刺康公的意味，对话在文侯和苍唐之间展开，引《诗》具有现实针对性。《易林》引这首诗的情形体现在《小畜》之《革》中，"晨风文翰，大举就温。昧过我邑，羿无所得"。《豫》之《咸》亦记载："晨风文翰，随时就温。雌雄相和，不忧殆危。"两处引《晨风》，仅取《诗》"鴥彼晨风"的起兴之意，"羿无所得"和"雌雄相和"是直接引申，和《毛诗》所言"刺康公"以及《韩诗外传》的"忘我"之意完全不同。

关于《鄘风·干旄》，《毛诗序》写道："美好善也。卫文公臣子多好善，贤者乐告以善道也。"《毛诗》认定为赞美卫文公当政时的故实，正面肯定《干旄》。《韩诗外传》称引《干旄》诗句的文字是

---

① （汉）韩婴撰，许维遹集释：《韩诗外传集释》，第11—12页。
② 同上书，第281页。

这样的:

> 楚庄王围宋,有七日之粮,曰:"尽此而不克,将去而归。"于是使司马子反乘堙而窥宋城,宋使华元乘堙而应之。……君子善其平已也。华元以诚告子反,得以解围,全二国之命。《诗》云:"彼姝者子,何以告之?"君子善其以诚相告也。①

在这则故实里,所引诗句的含义指"如此真诚的君子,我拿什么来告诉他呢?"体现出司马子反和华元相交的坦诚之风。《易林》引《干旄》诗句的用意见于《师》之《随》,曰:"干旄旌旗,执帜在郊。虽有宝珠,无路致之。"宝珠喻指才华,"无路致之"是怀才不遇的隐语,暗示卦旨不吉利,和《毛诗》《韩诗》对这首诗歌的解说情形相反。《毛诗》《韩诗》是正面肯定,《易林》是反面引述。

《易林》部分林辞引《诗》说《诗》和《韩诗》《毛诗》关联密切,或与《韩诗》合,或与《毛诗》合,或三者都相一致。有时,《易林》说《诗》也独树一帜,体现出鲜明的特色。比较《韩诗外传》与《易林》引《诗》的不同,可以看出,西汉《诗》学除了门户之见越来越深这一主流演变外,《诗》学本身也有趋同融合的一面,不排斥对立学派的《诗》学观点,而是取各家之长,为我所用。西汉末年的《易林》如此,东汉末年的大儒郑玄也是如此②,这条脉络犹如一股暗流,是汉代《诗》学发展的一种潜在走势。

## 第四节 《易林》与《周易》古歌

《易林》又名《大易通变》,由于它"字字步趋《周易》",晁公武《郡斋读书志》将其归入《易》类,和《周易》关系密切,视为

---

① (汉)韩婴撰,许维遹集释:《韩诗外传集释》,第31—32页。
② 据唐晏《两汉三国学案》,郑玄既属于《毛诗》派,又属于《韩诗》派。

"易外别传"。《易林》和《周易》的关联，学人往往只注意到易学的象数、变卦层面，而于文本表达方式上存在的联系却较少论述。

### 一 《易林》与《周易》卦、爻辞诗性句型结构

《周易》三言韵语不多，但已经蕴含一些诗歌因子，剔除掉占断语，《同人》卦九四爻辞是这样的："乘其墉，弗克攻。"《坎》卦九五爻辞："坎不盈，祗既平。"爻辞末尾押韵，首字领起为半拍，后两字为一拍，和民谣接近。《中孚》卦六四爻辞："月几望，马匹亡。"末句"马匹亡"以两字领起，和早期三言诗节奏一致，是以整拍领起①。《易林》少部分林辞也用三言体写成，《同人》之《观》："播天舞，光地乳。神所守，乐无咎。"《革》之《困》："登昆仑，入天门。过糟丘，宿玉泉。同惠欢，见仁君。"两首林辞连续押尾韵，节奏和民谣同。林辞也有隔句押韵的情形，《大有》之《需》写道："火虽炽，在吾后。寇虽多，在吾右。身安吉，不危殆。"《豫》之《旅》曰："入天门，守地户。君安乐，不劳苦。"《既济》之《贲》说道："居华巅，观浮云。风不摇，雨不濡。心平安，无咎忧。"韵语均以单字领起，采用的是半拍加整拍的诗歌节奏。在《周易》卦爻辞中，三言诗句的结构存在两种形态。一种是两字整拍领起，后面是单字半拍。一种是单字半拍领起，后两字为一拍。而《易林》中的三言诗句，绝大多数是半拍领起，后两字为一拍，这种句型是《易林》三言诗的主要形态。《易林》三言诗句以半拍领起为主要形态，这与西汉三言诗的结构存在密切关联。西汉的《安世房中歌》《郊祀歌》，其中有多首三言歌诗，以半拍领起的占绝大多数。《易林》的三言诗句同样多以半拍领起，反映的是西汉三言诗的节奏特征。

《周易》四言体韵语较常见，剥离掉占断语，《否》卦九五爻辞写道："其亡其亡，系于苞桑。"《大壮》卦九三爻辞："小人用壮，君子用罔。"这是两句相联的情形，也有三句、四句相联的爻辞，

---

① 李炳海：《中国诗歌通史·先秦卷》，人民文学出版社2012年版，第31—32页。

《渐》卦九三爻辞写道:"鸿渐于陆,夫征不复,妇孕不育。"《无妄》卦六三爻辞:"无妄之灾,或系之牛。行人之得,邑人之灾。"《周易》四言句采用两字领起模式,每句二拍,和《诗经》的四言体诗已较为接近。

《易林》林辞编写也往往运用四言体。《大有》之《贲》:"楚乌逢矢,不可久放。离居无群,意昧精丧。作此哀诗,以告孔忧。"楚乌,又名仓庚、黄莺,见《尔雅·释鸟》。这则林辞的结尾富有抒情意味,与《诗经·小雅》的《何人斯》及《巷伯》的结尾有相似之处。在这里,揭示出以作诗的形式来撰写林辞的缘由,林辞的具体表达方式也确实如此,如果去除卦象,可按照《诗经》赋、比、兴的分类方法,作如下观。

赋类,直接描叙事象,以引史或直接叙述现实事象为主暗示吉凶祸福。如,《晋》之《剥》:"天命玄鸟,下生大商。造定四表,享国久长。"化用《诗经·商颂·玄鸟》篇诗句,铺写商族祖先诞生故实,暗示吉祥。《晋》之《比》写道:"黍稷禾稻,垂秀方造。中旱不雨,伤风病藁。"采用铺叙的方式,叙述的是遭受旱灾事象。

比类,以比喻的手法展开,借助他物来标示吉凶祸福。《明夷》之《噬嗑》写道:"江水沱泛,思附君子。仲氏爱归,不我肯顾,侄娣悔恨。""江水沱泛"化用《诗经·召南·江有汜》中"江有沱"之语。"仲氏爱归"化用《诗经·邶风·燕燕》末章的句子。首句以江水接纳支流小水作比,期待自己能够归附于对方。相思之情既深且长。《损》之《涣》写道:"桃雀窃脂,巢于小枝。动摇不安,为风所吹。心寒怵惕,常忧危殆。"桃雀,又名鹪鹩;窃脂,又名桑扈。俱见《尔雅·释鸟》,皆为小鸟。《荀子·劝学》:"南方有鸟焉,名曰蒙鸠。以羽为巢,而编之以发,系之苇苕,风至苕折,卵破子死。"杨倞注:"蒙鸠,鹪鹩也。"《易林》用的是这个典故。以桃雀巢于小枝,受风吹而左右摇摆之象为喻,暗示卦旨不吉利。《未济》之《剥》:"三狐嗥哭,自悲孤独。野无所游,死于丘室。"以狐狸为主角,《周易·解》九二有"田获三狐"之语,林辞的"三狐"之语,由《解》九二而来。林辞展示的是孤独漂泊之象,既关涉物也关涉人。比类林辞借物表意,有时相当于寓言诗。

兴类:以起兴的手法开端,借助他物他事,引出相关内容。《中孚》之《同人》卦是这样的:"鸿飞遵陆,公出不复,伯氏客宿。"化用《豳风·九罭》诗句,朱熹《诗集传》于"鸿飞遵陆"章下注曰:"兴也。"① 以飞鸿起兴,标示男性外出而未归之象。《未济》之《震》写道:"雹梅零坠,心思愦愦,乱我灵气。"首句取冰雹打落梅子的景象,由此勾起主人公烦乱的心思。

总起来说,上述《易林》林辞的分类,畛域并不清晰,时有交叉的情形存在。《小过》之《姤》写道:"驱羊就群,佷不肯前。庆季愎谏,子之被患。"庆季,指春秋时齐国庆封。子之,指庆封之子庆舍。庆封不听下属的劝谏,导致庆舍被杀,事见《左传》襄公二十八年。首句既是比也是兴,属于兼复型。赋、比、兴,在《周易》古歌中已经初现端倪。高亨先生《周易卦爻辞的文学价值》指出,《周易》卦、爻辞可分为四类,"采用赋的手法的短歌"、"采用比的手法的短歌"、"采用兴的手法的短歌"、"类似寓言的短歌"②。高先生的分类是可取的,和《易林》林辞能够相互印证。除此之外,《周易》古歌的诗性结构还表现为,六位成卦,六十四卦皆分为初、二、三、四、五、上,每一卦配六则爻辞,往往遵循以类相次或时空推移的方式编排,间杂三言或四言韵语,"由《周易》中短歌到《诗经》民歌,也显示出由《周易》时代到《诗经》时代,诗歌的创作艺术逐渐提高的过程"③。

《周易》的六爻卦由两个三画卦构成,《乾》《坤》《震》《巽》《坎》《离》《艮》《兑》是基础,两两相叠而得。卦名和卦辞、卦的宗旨相应,相当于诗题,《贲》,《说文解字》"饰也",卦、爻辞也围

---

① (宋)朱熹:《诗集传》,第126页。
② 高亨著,王大庆整理:《高亨〈周易〉九讲》,中华书局2011年版,第121—122页。
③ 同上书,第124页。

绕修饰之义取象展开。《周易》爻辞的排列形态主要有两种类型①。第一种是爻辞依次相接，一气贯通，中间没有间隔。如《渐》卦，依次是"鸿渐于干"、"鸿渐于磐"、"鸿渐于陆"、"鸿渐于木"、"鸿渐于陵"、"鸿渐于陆"，第一次出现的陆指水边陆地，第二次出现的陆指山陵上的高平之地，鸿停留的地点是由低处向高处迁徙。有时这种层递性略显灵活，如《咸》卦，依次是，"咸其拇"、"咸其腓"、"咸其股"、"憧憧往来，朋从尔思"、"咸其脢"、"咸其辅、颊、舌"，其中九四爻辞"憧憧往来，朋从尔思"比较例外，没有道明，而是采用比较隐晦的手法，《周易正义》写道："居体之中，在股之上，二体始相交感。"指人体的私密部位，爻辞的顺序依旧按照从低到高而排列。第二种是爻辞以单卦的方式进行排列，前三爻为一组，后三爻为一组。如《节》卦，初、二、三爻首句依次是"不出户庭"、"不出门庭"、"不节若，则嗟若"。由否定词"不"领起，四、五、上三爻首句依次是"安节"、"甘节"、"苦节"，由卦名"节"收尾，编排整饬。这两种范式和诗歌的体式具有一致性。

《易林》在《周易》六十四卦的基础上一卦变为六十四卦，共计4096则卦象。《易林》林辞的编排综合爻位意义及卦象而成，林辞之间的区分度已经不甚明晰，不再有《周易》六爻依次相接或单卦循环的结构模式，六位成章的诗性结构已经隐没，仅存林辞依傍变动爻位吉凶的大体走势（主要见于一爻变、五爻变林辞），但林辞本身更类于诗。试以《豫》卦一爻变为例：

  吾有骓骝，畜之以时。东家翁孺，来请我驹。价极可与，后无贱悔。（《豫》之《震》）

  周德既成，杼轴不倾。太宰东西，夏国康宁。（《豫》之《解》）

---

① 两种类型的划分，李炳海先生有详述，见《中国诗歌通史·先秦卷》，第37—38页。

李华再实，鸿卵降集。仁德以兴，荫国受福。（《豫》之《小过》）

　　蔡侯朝楚，留连江滨。逾时历月，思其后君。（《豫》之《坤》）

　　中原有菽，以待饔食。饮御诸友，所求大得。（《豫》之《萃》）

　　鹊巢柳树，鸠夺其处。任力薄德，天命不祐。（《豫》之《晋》）

六首林辞依次从初爻到上爻变动，没有呈现出层递性，而是各自独立。《豫》之《震》、《豫》之《坤》采用赋的手法叙述事件，遵循事情发展的逻辑顺序，相当于叙事诗。《豫》之《解》，追述周朝史事，相当于咏史诗。《豫》之《小过》、《豫》之《萃》、《豫》之《晋》林辞结构相似，首两句起兴，后两句是在前两句基础上的引申，借景而言事。《易林》林辞的结构，或直接叙述，或运用比、兴领起，末尾点明卦旨，相当于《周易》的占断语，重心在后而不在前。

## 二 《易林》与《周易》卦、爻辞物类事象的象征意义

象征意义是《周易》的核心，《庄子·天下》篇写道："《易》以道阴阳"，各类物象、事象暗含阴阳更迭变动的象征义。《乾》卦上九爻辞："亢龙有悔。"象征阳刚过盛之象，警戒避免阳盛致患之义。爻辞"利涉大川"，川由水构成，水性柔，属阴，"利涉大川"象征利于使用阴柔之义。卦、爻辞所渗透的象征义是正确解读《周易》全书的一把钥匙。

《周易》的象征意义贯穿整个爻辞，《易林》赓续《周易》也是如此。《解》卦九二爻辞"田获三狐"，林辞《贲》之《谦》化用写道："释然远咎，避患高阜。田获三狐，以贝为宝。"《九家易象》："艮为狐"，田获三狐，是获取阳刚之象，与避患高阜相应，阜指山，

《说卦》称："艮为山。"林辞谓借助阳刚可远离灾患之义。《小畜》卦九二爻辞"夫妻反目",林辞《节》之《困》化用道:"日走月步,趋不同舍。夫妻反目,主君失居。"夫妻反目象征阴阳背离之义。走,指奔跑。步,指正常速度前行,"日走月步",太阳运行速度快而月亮缓慢推移,同样是阴阳相悖之义,日、月分别代表阳和阴。《易林》的象征义和《周易》一样,有时也通过叙述事件来表达,《益》之《否》:"东家杀牛,闻臭腥臊。神怒不顾,命衰绝周。亳社灾烧,宋公夷诛。"首两句化用《既济》卦九五爻辞:"东邻杀牛,不如西邻之禴祭,实受其福。"在祭祀所用牲畜中,牛居首位。杀牛以祭,是最丰厚的祭品,与《益》卦相应。林辞的"神怒不顾,命衰绝周"用的是《诗经·大雅·皇矣》的典故,指的是周灭商的历史故实。商居东方,周位于西郊,故用东家指代殷商。《春秋》哀公四年称:"亳社灾。"《左传》僖公十九年记载:"宋公使邾文公用鄫子于次雎之社。"① 林辞运用这两个典故,都以祭祀土地神的社为背景,指发生在那里的过分事件。祭祀社神需要烟火,但那里发生火灾,则是过多而导致灾害。用人作牺牲,亦是增益祭品超过限度而成为灾难之象。

除了引《周易》卦、爻辞外,《易林》往往自铸伟词,揭示出相应的象征义也是正确解读这些林辞的一把钥匙。若按照表达所借助的象来划分,《周易》《易林》的筮辞可以分为多种类型。针对《周易》卦、爻辞,高亨先生在《〈周易〉筮辞分类表》中列为四类,纪事之辞、取象之辞、说事之辞、断占之辞②。这一分类标准,在《易林》中也可供参考。

事象辞:摘引故实或记叙现有事象来暗示某种象征义。《萃》之《蛊》写道:"襄王叔带,郑人是赖。庄公卿士,王母忧苦。"昭公叔带作乱,周襄王奔郑的历史故实,见于《左传》僖公二十四年:"昭

---

① 杨伯峻:《春秋左传注》(修订本),第 381 页。
② 高亨著,王大庆整理:《高亨〈周易〉九讲》,第 17 页。

公奔齐，王复之，又通于隗氏……王出适郑，处于氾。"①《萃》之《蛊》卦五爻变，仅初六爻不动，爻位意义暗示不宜有所动，《萃》卦上《兑》下《坤》，《蛊》卦上《艮》下《巽》，《说卦》称："兑为毁折，艮为止，坤为众，巽为伏。"故林辞是出行而受灾之象。《贲》之《巽》："怀璧越乡，不可远行。蔡侯两裘，久苦流离。"故实见于《左传》定公三年："蔡昭侯为两佩与两裘以如楚，献一佩一裘于昭王。昭王服之，以享蔡侯。蔡侯亦服其一。子常欲之，弗与，三年止之……蔡人闻之，固请，而献佩于子常。"②《贲》卦上《艮》下《离》，《巽》卦上《巽》下《巽》，《说卦》称："艮为止，离为甲胄、为戈兵。"《贲》之《巽》初、二、四爻变，林辞编撰往往还和卦的宗旨联系紧密，《贲》指修饰，故林辞以衣裘、玉佩当之，蔡侯因为吝啬佩饰而被囚居于楚，象征阳刚受缚。事象辞也可借现实事象展开，《履》之《大畜》写道："两人俱争，莫能有定。心乖不同，讼言起凶。"具体的人和物未出现，采用泛式手法，叙述现实生活中因争讼而导致祸难之象。

物象辞：由动物、植物等象构成，偶尔顺带和人事相夹杂。《大有》之《旅》写道："麒麟凤凰，善政得祥。阴阳和调，国无灾殃。"首句提及麒麟与凤凰，叙写吉祥之兆，象征阴阳和谐。《明夷》之《小过》："虎怒捕羊，猬不能攘。"展示自然界的生物链，取物物相克的象征义。《履》之《大有》写道："针缕徒劳，锦绣不成。鹰逐雉兔，爪折不得。"以鹰捕雉、兔为象，表达阳刚受损而无获之义。物象辞还取自于天体，《蛊》之《井》写道："昊天白日，照临我国。万民康宁，咸赖嘉喜。"首句引昊天、太阳入林辞，象征阳刚舒展而国家康宁之义。

事与物是《易林》摄象明理的两大依托。事象辞的主角是人，而物象辞的载体是物，一首林辞往往对应不同类型，也有交叉重叠的现

---

① 杨伯峻：《春秋左传注》（修订本），第425—426页。
② 同上书，第1531—1532页。

象发生。《易林》没有占断之辞，记事之辞和说事之辞区分也不明晰，和《周易》不能完全对应，但无论哪种类型，《易林》和《周易》物象与事象的象征义却往往可以贯通，前后相承，林辞象征意义甚至更为丰富。

刺猬，《周易》古经称之彙，《泰》卦初九爻辞："拔茅茹以其彙，征吉。"《尔雅·释兽》："彙，毛刺。"郭璞注："今猬状，似鼠。"①彙指的是刺猬，《山海经·北次二经》也记载："其兽多居暨，其状如彙而赤毛，其音如豚。"郭璞注："彙，似鼠，（赤）毛如刺（猬）也。"②彙指刺猬。刺猬毛发如尖刺，有较强的杀伤力，象征阳刚。《泰》卦初九爻辞谓清除阴柔之物而获取到阳刚，初九阳爻，获取到阳刚，暗示利于采取出征作战的阳刚之行来获取通泰之象。《否》卦初六爻辞写道："拔茅茹以其彙，贞吉，亨。"意谓清除阴柔而获取到阳刚，初六阴爻，获取到阳刚，是受阻之象，与爻位意义相悖，合乎《否》卦宗旨，故利于进行占问，仍属吉利。彙指刺猬，形体充满尖刺，象征阳刚，在《易林》中可以得到很好的印证。《大畜》之《泰》："虎卧山隅，鹿过后胸。弓矢设张，彙为功曹。伏不敢起，遂全其躯，得我美草。"彙为功曹，《大有》之《讼》写道："虎卧山隅，鹿过后胸。弓矢设张，猬为功曹，伏不敢起，遂至平原，得我美草。"《蹇》之《艮》亦曰："登山履谷，与虎相触。猬为功曹，班叔奔北，脱之喜国。"功，指坚固。曹，谓群。彙指刺猬，"彙为功曹"，指刺猬是形体坚固的类群。猬"伏不敢起"是以刚避刚之象。"班叔奔北"，指楚国斗般之子贲皇在内乱之际逃亡晋国，事见《左传》襄公二十六年。古书般、班往往通用，故称他为班叔。喜国，指喜爱他的诸侯国，谓晋国。两例林辞中以猬代彙，可见，彙即猬，所指相同，刺猬象征阳刚。《明夷》之《小过》写道："虎怒捕羊，猬不能攘。"这条林辞是谓刺猬无法虎口夺食，亦是不以刚相

---

① （晋）郭璞注：《尔雅》，第 74 页。
② 袁珂：《山海经校注》，第 83 页。

犯之义。刺猬又会被其他的阳刚之物所制,《兑》之《随》:"瞻白用弦,弩屠恐怯,任力堕劣。如猬见鹊,偃视恐伏,不敢拒格。"刺猬不敢与猛犬搏斗。鹊,猛犬名。彙指刺猬,象征阳刚,在《周易》和《易林》中具有一致性。

鸿,《周易·渐》卦六则爻辞均提及,下卦三则爻辞首句分别是这样的,初六:"鸿渐于干",六二:"鸿渐于磐"。九三:"鸿渐于陆"。《说文解字·鸟部》:"鸿,鹄也。"段玉裁注:"经传鸿字,有谓大雁者,如《曲礼》'前有车骑则载飞鸿',《易》'鸿渐于磐'是也。"① 鸿指大雁,《邶风·新台》:"鱼网之设,鸿则离之。"鸿鸟捕鱼为食,是水鸟,象征阴。《周易》爻辞中的鸿鸟起初栖息在水边,得其所宜。鸿象征阴,与《渐》卦卦辞"女归吉,利贞"标示的女子返归事象正相应。女子是阴柔的象征,故爻辞以象征阴柔的鸿鸟当之。鸿鸟象征阴柔,在《易林》林辞中也是如此,《益》之《小畜》写道:"鸿飞戾天,避害紫渊。虽有锋门,不能危身。"鸿可飞于高空,也可生活于水渊。《益》之《晋》说:"鸿雁俱飞,北就鱼池。鳣鲔鳏鲤,众多饶有。一笱获两,利得过倍。"首两句揭示出鸿雁以鱼为食的习性。《贲》之《颐》写道:"鸿鹄高飞,鸣求其雌。雌来在户,雄哺嘻嘻。甚独劳苦,鼌鳖脍鲤。"末句标示的也是鸿鹄以水生动物为美食。值得注意的是,林辞中鸿的象征义有两面性,也可象征阳,取鸿能高飞,且声闻九皋之野而得。《九家易象》:"震为鹄",吴澄本写作鸿。项安世写道:"鹄,古鹤字。(震)为鹄、为鼓,皆声之远闻者也,与雷同。鹄色正白,与罕的同。"② 如,《师》之《震》写道:"鸿飞在陆,公出不复。仲氏任只,伯氏客宿。"尚秉和先生《易林逸象》"震为鸿"③,是可信的,故林辞以鸿当之。鸿象征

---

① (汉)许慎撰,(清)段玉裁注:《说文解字注》,上海古籍出版社1988年版,第152页。
② (清)惠栋:《周易述》(附《易汉学》《易例》),第627页。
③ (汉)焦延寿撰,徐传武、胡真校点集注:《易林汇校集注》,上海古籍出版社2012年版,第3页。

阳刚，暗含"大"义，《同人》之《屯》写道："鸿鱼逆流，至人潜处。蓬蒿代柱，大屋颠仆。"鸿鱼指的是大鱼，鸿谓大。《渐》之《比》亦记载："文山鸿豹，肥腯多脂。王孙获愿，载福巍巍。"《荀子·成相》："禹有功，抑下鸿。"杨倞注："鸿，即洪水也。"[①] 鸿，亦取浩大之义。依据不同，划定归属也不一致，鸿是含义较为丰富的象征物。

葛藟，《困》卦上六爻辞写道："困于葛藟，于臲卼，曰动悔有悔，征吉。"葛藟，茎蔓长，质地柔软，长于水岸，《诗经·王风·葛藟》每章的首句记载："绵绵葛藟，在河之浒。""绵绵葛藟，在河之涘。""绵绵葛藟，在河之漘。"葛藟在《周易》中象征阴。《困》卦上六爻辞谓受困于阴盛之象。林辞《师》之《中孚》是这样的："葛藟蒙棘，华不得实。谗佞乱政，使恩壅塞。"棘有刺，象征阳刚，葛藟象征阴，荆棘缠绕住葛藟，花朵结不出果实，是阳盛犯阴之象，与谗佞作乱、使恩惠无法施与之象正相应。《师》卦上《坤》下《坎》，《中孚》卦上《巽》下《兑》，《师》之《中孚》是《师》卦第一、五、六爻变，三爻变林辞编撰往往和卦象联系紧密。《说卦》称："坎为甲兵、为陷，兑为毁折。"故林辞以阳盛犯阴之象当之。该林辞复见于：《泰》之《蒙》、《蛊》之《明夷》、《噬嗑》之《坎》、《节》之《蹇》。《噬嗑》之《坎》属于第三爻不变，吉凶依傍不变动爻。《系辞下》称"三多凶"，故林辞系以阳盛犯阴的凶险之象。余者都是三爻变卦，取象依傍卦形，变卦都含《坎》《兑》之象，故四则林辞编写取象一致。葛藟在《周易》中出现于《困》卦上六爻辞，属于阴柔之象，在《易林》林辞中也是如此。

枯杨，《周易》的《大过》卦两次提及，分别见于九二爻辞"枯杨生稊"，九五爻辞"枯杨生花"。杨树高大，枝干粗壮，象征阳刚，枯杨，阳刚的衰弱之象。《周易》两次取象杨树，都位于阳爻，和杨树属性相应。杨，象征阳刚，林辞《革》之《大有》写道："南山之

---

[①] （清）王先谦：《荀子集解》，新编诸子集成本，中华书局1996年版，第308页。

杨，其叶牂牂。嘉乐君子，为国宠光。"杨与南山并提，象征阳刚。《周易》中枯杨之象在林辞中也有近似记载，《泰》之《咸》写道："老杨日衰，条多枯枝。爵级不进，日下摧颓。"复见于《蒙》之《讼》、《贲》之《临》。"老杨"指处于衰落期的杨树，与枯杨相通。枯和树搭配，《兑》之《大有》写道："朽根刖树，华叶落去。卒逢火炎，随风僵仆。"树木砍伐与花朵凋零并提，象征阳刚陨落，与随风僵仆一致，不吉利之旨。《噬嗑》之《否》、《恒》之《大壮》刖作枯，字句略有差异，均象征阳刚陨落之义。

  《周易》卦、爻辞的象征义是明显而突出的，其他的单个物象弧、矢象征阳，徽缰、鲋鱼、豕、泥，象征阴，《易林》也是如此。并在《周易》基础上，遵循类比思维，象的选取大幅激增。如，由"杨"可推理出松、柏属阳，《需》之《坤》写道："温山松柏，常茂不落。鸾凤以庇，得其欢乐。"林辞由温山、松、柏、鸾鸟、凤凰系列物象构成。松、柏高大，生于山中、平陆，《尚书·禹贡》记载"岱畎丝、枲、铅、松、怪石"，《周礼·夏官》"冀州，其利松柏"，和杨相似，可归为一类。温山松柏，《乾》之《蛊》写作南山松柏，阳的象征，松、柏枝繁叶茂，阳盛之象，鸾鸟、凤凰象征阴，取其毛羽有文采而得，尚秉和先生注："离为文章，故曰鸾凤。"① 鸾凤以庇暗示阴得到阳的护佑，阴阳和谐之象。松柏象征阳，和吉祥卦旨相系，在其他林辞中也能得到印证，《乾》之《蛊》写道："彭祖九子，据德不殆。南山松柏，长受嘉福。"松柏万古长青，彭祖男性，匹配松柏，阳隆盛而不衰之象。《观》之《损》："长生无极，子孙千亿。松柏为梁，坚固不倾。"松柏作梁，坚固不倾，阳盛之象。《离》之《比》："松柏枝叶，常茂不落。君子惟体，日富安乐。"松柏常茂不落，相配君子，也象征阳盛而不衰之义。

---

  ① 尚秉和遗稿，张善文校理：《焦氏易林注》上，《尚氏易学存稿校理》第二卷，第82页。

《周易》少数爻辞借助单个物象表达象征义，如，《贲》卦上九写道："白贲，无咎。"仅在卦名前冠以颜色"白"。此外，《周易》卦、爻辞的象征往往借助多个组合来表达。《姤》卦初六爻辞写道："系于金柅，贞吉。有攸往，见，凶。羸豕孚，蹢躅。"第一个事象是被牵在织机的金属部件上。金柅用于收丝，由此推断，应是丝线缠系于金柅，被固定在那里，这是柔系于刚之象。第二个事象是进行拴养的猪。拴养猪不是系于阴柔之物，而是限制住阴柔，使它无法挣脱，是保持阴柔被系于阳刚之物的状态。

《易林》象征义的表达通常情况下也以整体形式来呈现，《益》之《益》写道："文王四乳，仁爱笃厚。子畜十男，无有夭折。"标示的是子孙繁盛之义，故实见于《史记》。子畜十男，系阳盛之象。

《蹇》之《蛊》写道："六鹢退飞，为襄败祥。陈师合战，左股夷伤。遂崩不起，霸功不成。"鹢为鸟，能高飞，象征阳，与宋襄公相应，飞而中退之貌与宋襄公战败事迹相联，鹢退飞是阳刚受损之象，和襄公败绩吻合。"六鹢退飞，过宋都。"见于《春秋》僖公十六年。宋襄公战败而左股夷伤，见于《左传》僖公二十二年。

同一物象或事象的象征具有一致性，揭示物类事象所代表的阴阳观念，是解读《周易》与《易林》的关键。林辞既有表层含义，也有深层次意蕴，表层含义是字面意义，而深层次意蕴是它的象征意义，这种解读方式具有普遍的适用性。

## 三 《易林》的语汇特色与《周易》卦、爻辞用语

《周易》卦、爻辞的编写涉猎部分格言、熟语，有的韵律和谐，婉转动听，形象性强，充满文学色彩；有的概括性强，充满哲思理趣。援引格言、熟语入卜辞，《周易》是如此，汉代的《易林》也是这样。

《周易》中的格言，李镜池先生指出有两处，《泰》卦九三爻辞："无平不陂，无往不复。"以及《损》卦六三爻辞："三人行则损一

人，一人行则得其友。"① 李先生的判断是正确的，前者揭示出任何事情都非完美无缺，得与失是相对的而不是绝对的。后者是基于生活经验，涉及怎样达成共识，如何处理好彼此之间的亲疏关系。《周易》除了这两句外，还有许多卦、爻辞是生活经验的总结，归之为严格意义上的格言欠妥，但也不乏加工提炼的痕迹，是现实生活的总结或再现。如，《乾》卦上九爻辞："亢龙有悔。"暗示处于事情发展顶端时要警惕物极必反之理。《大壮》卦上六爻辞："羝羊触藩，不能退，不能遂。"源于古人放牧养殖的生活积累，羝羊触藩不能进不能退，因为角被篱笆所卡住，爻辞指阳刚得到制约之象。《未济》卦辞："小狐汔济，濡其尾。"小狐在河边戏耍、渡水濡湿尾巴，属动物活动场景的刻画，谓不谙成功经验而无法达到预期目标之义。《周易》卦、爻辞编撰和生活相联，有些仍长期活跃于千载之后的语言中，这种近似于格言的用语，在《易林》中更是丰富多彩。

林辞《蒙》之《师》写道："小狐渡水，污濡其尾。利得无几，与道合契。"化用《未济》卦卦辞而来，小狐爱在水边戏耍，《诗经·卫风·有狐》记载："有狐绥绥，在彼淇梁。""有狐绥绥，在彼淇厉。""有狐绥绥，在彼淇侧。"林辞援引入卜辞，也是对古老生活画卷的再现与提炼。《履》之《贲》写道："上山求鱼，入水捕狸。市非其归，自令久留。"首两句采用比喻手法，山中无鱼，水中无狸是人们的生活常识，此处反其意而用之，暗讽做事不得法之义。《贲》之《蒙》写道："戴盆望天，不见星辰。顾小失大，福逃墙外。"戴着盆子，往上望去，会遮蔽眼目而无法看得高望得远，后两句乃现实生活中的引申。《复》之《豫》："卵与石斗，糜碎无处。挈瓶之使，不为忧惧。"蛋卵与石斗，自取灭亡，具有日常生活气息，近似格言而哲理性强。

《周易》卦、爻辞的语言一部分来自熟语，或自创或借鉴，《需》卦上六爻辞"不速之客"，《谦》卦初六爻辞"谦谦君子"，《颐》卦

---

① 李镜池：《周易探微》，中华书局1978年版，第51页。

六四爻辞"虎视眈眈",《咸》卦九四爻辞"憧憧往来",这类四字句发展成了后代的成语。《易林》许多词语亦来自熟语,不少经过加工锤炼,如,《蒙》之《坤》中的"金玉满堂"见于《老子》第九章、《师》之《噬嗑》中的"忧思约带"、《同人》之《泰》中的"乘云带雨"。《周易》卦、爻辞一些熟语由口语提炼而成,生活气息浓厚。《井》卦初六"井泥不食"、九二爻辞"井谷射鲋",《革》卦初九"巩用黄牛之革"等,是生活场景的缩影。林辞也不例外,《咸》之《困》辞曰:"空槽注器,豚彘不至。张弓祝鸡,雄父飞去。"叙述养殖家畜场景。《损》之《蛊》:"乘牛逐骥,日暮不至。路宿多畏,亡其骓骓。"描写的是生活中的寓言式画卷。

　　口语和书面语互动,双向流变,久而久之,有的含义往往受到遮蔽,解读时需要进行还原。"用"字是其中的典型代表。《周易·蛊》卦六五爻辞:"干父之蛊,用誉。"用,黄寿祺先生、张善文先生、高亨先生等人的注并没有对此作出解释,语焉不详。《庄子·齐物论》篇写道:"庸也者,用也;用也者,通也;通也者,得也。"①用、通、得并提,含义具有一致性。"干父之蛊,用誉。"用誉,谓(因此)得到称誉。用本指使用,《说文解字》:"用,可施行也。"②可施行,指利于实施,这是用的常见意义。由此可以引申出"得到"之义,这在《周易》中也能找到相关内证,《大有》卦九三爻辞:"公用亨于天子,小人弗克。"用亨,指得到宴享待遇。爻辞谓公侯能得到宴享而小人却不能。

　　词语含义遮蔽这一情形在《易林》中也不例外。针对这类林辞,往往需要从口语与书面语流变的角度来破译。

　　抱,往往和子或鸡搭配组合成词,《否》之《鼎》写道:"鸣鹤抱子,见蛇何咎。室家俱在,不失其所。"抱子,芮执俭先生注释:"抱小鹤。"③ 抱子,《同人》之《恒》亦提及:"鸣鹄抱子,见蛇何

---

① (清)王先谦:《庄子集解》,新编诸子集成本,中华书局1987年版,第16页。
② (汉)许慎撰,(清)段玉裁注:《说文解字注》,第128页。
③ 芮执俭:《易林注译》,敦煌文艺出版社2001年版,第182页。

咎。室家俱在，不失其所。"《巽》之《坎》写道："持鹄抱子，见蛇何咎。室家俱在，不失其所。"抱鸡，《谦》之《贲》写道："十雌百雏，常与母俱。抱鸡搏虎，谁敢害诸。"两首林辞中的抱子，芮执俭先生注为"抱幼鹅"、"（手持天鹤）抱孩子"①，抱鸡，未出注，芮氏的判断是有道理的，但还不够准确。抱，扬雄《方言》写道："北燕朝鲜洌水之间谓伏鸡曰抱。"② 抱子与抱鸡相通，指正在孵化幼崽的母禽，鸣鹤抱子、鸣鹄抱子、持鹄抱子③谓正在孵化幼禽的母鹤、母鹄。持，坚守之义。持鹄，指原处不动之鹄。抱子，谓正处于孵化阶段。哺乳期是一个具有攻击性的阶段，故见蛇或其他动物无所畏惧。林辞均呈吉利，持肯定态度，明乎此，对于相似林辞的讹误也可以得到更清楚的认识，《旅》之《夬》写道："十鸡百雏，常与母俱。抱鸡捕虎，谁肯为侣。"复见于《兑》之《鼎》。在这里，抱鸡处于被否定的状态，翟云升《焦氏易林校略》改作"谁敢难者"④，并主张《兑》之《鼎》、《旅》之《夬》、《谦》之《贲》含义相同。翟的说法并不可取。这几则林辞凸显出了孵化期母鸡富有攻击性，同类不肯与它结伴为侣，参与冒险行动。无论是抱子还是抱鸡，与之相伴的事象往往指向吉利，这在林辞中确实比较常见。另几处记载见于，《无妄》之《噬嗑》："戴喜抱子，与利为友。天之所命，不忧危殆。荀伯劳苦，西来王母。"《大过》之《恒》："宜行贾市，所聚必倍。载喜抱子，与利为友。"（复见于《巽》之《损》、《未济》之《益》）《丰》之《观》："望城抱子，见邑不殆。公孙上堂，文君悦喜。"（复见于《巽》之《贲》）上述林辞中的抱子均指处于孵化期的母禽，卦旨吉利，是一个褒义色彩的口语词。林辞中提到的戴喜、载喜，指的是戴胜鸟。扬雄《方言》卷八："尸鸠，燕之东北，朝鲜洌水之间

---

① 芮执俭：《易林注译》，敦煌文艺出版社2001年版，第194、864页。
② 华学诚：《扬雄方言校释汇证》，中华书局2008年版，第541页。
③ 刘黎明先生"持"作"鸣"，见《焦氏易林校注》，巴蜀书社2011年版，第950页。
④ （清）翟云升：《焦氏易林校略》，续修四库全书影印本，第1055册，第316页。

谓之䴅鸤,自关而东谓之戴䲴,海岱之间谓之戴南……或谓之戴鵀,或谓之戴胜。"① 《吕氏春秋·季春纪》:"戴任降于桑。"高诱注写道:"戴任,戴胜,鸼也。《尔雅》曰'鵖鴔'。部生于桑,是月其子强飞,从桑空中下来,故曰'戴任降于桑也'。"② 郝懿行写道:

> 戴䲴即今之楼楼穀,小于鹁鸠,黄白斑交头上,毛冠如戴华胜,戴胜之名以此。……又案:"部"盖借为"抱鸡"之"抱"。③

戴胜有众多名称,林辞所说的戴喜、载喜,指的就是这种鸟。它的孵化引起先民的关注,《吕氏春秋·季春纪》作了记载,《易林》用的是这个典故。

"望城抱子",指见到城墙上有鸟在孵化。城,谓城墙,往往有鸟在城墙的洞穴中栖息。"抱子"指的还是鸟类的孵化,繁衍兴盛之象,故下文又称:"见邑不殆。"

《丰》之《观》提及的"公孙上堂,文君悦喜",指的是司马相如与卓文君的故事,具体记载见于《史记·司马相如列传》。相传出自司马相如之手的《琴歌》第一首写道:"凤兮凤兮归故乡,遨游四海求其凰。时未通遇无所将,何悟今夕升斯堂。"④《丰》之《观》有"公孙上堂"之语,《琴歌》则称"升斯堂",用语相近。很有可能,焦延寿所处的西汉后期,《琴歌》已经在社会上流播,成为《易林》用语的取材对象。

鹡鸰,《噬嗑》之《渐》写道:"鹡鸰鸤鸮,治成遇灾。周公勤劳,绥德安家。"化用《诗经·豳风·鸤鸮》一诗,《鸤鸮》首章是

---

① 华学诚:《扬雄方言校释汇证》,第556页。
② 陈奇猷:《吕氏春秋新校释》,上海古籍出版社2002年版,第130页。
③ 同上书,第131页。
④ (南朝陈)徐陵编,(清)吴兆宜注,(清)程琰删补:《玉台新咏笺注》,吉林人民出版社1999年版,第347—348页。

这样的:"鸱鸮鸱鸮,既取我子,无毁我室。恩斯勤斯,鬻子之闵斯。"鸱鸮凶猛,传说鸱鸮长大食母,是恶鸟,《说文》曰:"不孝鸟。"鹪鹩,扬雄《方言》写道:"桑飞,自关而东谓之工爵,或谓之过赢,或谓之女匠,自关而东谓之鹪鹩,自关而西谓之桑飞。"① 郭璞注:"桑飞,即鹪鹩也。"鹪鹩善于筑巢,故呼之为女匠。《庄子·逍遥游》记载:"鹪鹩巢于深林,不过一枝。"② 陆玑曰:"(鹪鹩)似黄雀而小。"按扬雄、陆玑的说法,鹪鹩是一种小鸟,并不是恶鸟。这一说法在后世得到延续,刘黎明先生《焦氏易林校注》写道:"鹪鹩,鸟名,似黄雀而小,又称巧妇或女匠。"③ 鹪鹩和鸱鸮是何种关系呢?《毛传》写道:"鸱鸮,鹪鹩也。"④《尔雅》亦记载:"鸱鸮,鹪鹩。"⑤ 对此,郝懿行写道:"又韩、毛诸家说,并以鸱鸮为小鸟,无异词。郭以与下众鸱相涉,定为鸱类,盖失之矣。"⑥ 鹪鹩指鸱鸮是可信的,这从《易林》中可以找到内证,林辞首句冠以禽鸟名的句子有多处,如:《乾》之《蒙》"鹘鹈鸤鸠"、《谦》之《遁》"桃雀窃脂"、《旅》之《晋》"鹪鹩窃脂"。单句林辞里的禽鸟均采用重名的方式,少有例外,是《易林》编写的通例,故鹪鹩当指鸱鸮,而不是《方言》所记载的各地不同的口语词,是属于同一物复指。鹪鹩、鸱鸮指同一种鸟,这种鸟并不是恶禽,而是一种无害的小鸟。

上人,《同人》之《大畜》写道:"陶朱白圭,善贾息资。三致千金,德施上人。"上人一词,芮执俭先生推测出自佛语,其实,"上人"之语,本土文化也能生成,西汉初年贾谊《新书·修政语下》记载:"闻道志而藏之,知道善而行之,上人矣;闻道而弗取藏

---

① 华学诚:《扬雄方言校释汇证》,第564页。
② (清)王先谦:《庄子集解》,第4页。
③ 刘黎明:《焦氏易林校注》,第400页。
④ (清)马瑞辰:《毛诗传笺通释》,中华书局1989年版,第470页。
⑤ (晋)郭璞注:《尔雅》,第69页。
⑥ (清)郝懿行:《尔雅义疏》,上海古籍出版社1983年版,第1234页。

也,知道而弗取行也,则谓之下人也。"① 上人指道德高尚的人,和林辞"上人"一语可以对读,并非源自异域的佛教用语。与"上"相联,林辞还有其他合成词。《大壮》之《中孚》提及"上欢",《晋》之《谦》提及"上裳",《损》之《同人》提及"上德",含义和上人相通,指居于上层、上部、上位之义。

《易林》类似处于遮蔽状态的词语很多。破解这类词语的含义,熟悉日常生活和先秦典故是必不可少的一环,如,《家人》之《颐》卦的"伊威"指地鳖虫,取其形体威武之义。《诗经·豳风·东山》已有"伊威在室"之语。《井》之《兑》中的"长柱"指鹤,取鹤与众不同的形体的特征,长柱,谓鹤腿细长。

## 第五节 《诗经》的比、兴与《易林》的象征

《易林》的象征手法已经有不少学人相继进行过探讨,但是《易林》的象征手法和《诗经》比、兴艺术的同与异,却少有论述。《易林》象征和《诗经》比、兴有相通之处,尤其是那些诗性较强或直接引《诗》的林辞。《易林》的象征和《诗经》也有不少区别,事物之象承载的理念是文学和巫术的迥异使然。

### 一 《诗经》比、兴与《易林》象征的融通

比、兴是《诗》的表现艺术,"比者,以彼物比此物也","兴者,先言他物以引起所咏之物也"。这是朱熹对于比和兴所作的界定,已经成为经典性的定义。"兴是譬喻,又是发端"②,比、兴往往连称,都借助他物言志抒情,寓情感意念于具体物象之中。比、兴取象于物,比是比方于物,兴是托事于物。《周南》首篇中的关雎、《汉广》中的乔

---

① (汉)贾谊撰,阎振益、钟夏校注:《新书校注》,新编诸子集成本,中华书局2000年版,第372页。
② 朱自清:《诗言志辨》,第50页。

木，《綠》中的瓜瓞、《桃夭》中的桃树，《氓》中的桑树等，都是典型的比、兴之物，具体可感，形象性强。《陈风·泽陂》写道："彼泽之陂，有蒲与荷。有美一人，伤如之何！寤寐无为，涕泗滂沱。"郑玄笺曰："蒲以喻所说男之性，荷以喻所说女之容体也。"①蒲草与荷花，同是生长湿地的边坡，清新而自然。比、兴之物，有的高雅，如松、鸿、鹤；有的平凡，如柏舟、黍苗，都是源自日常生活。

《易林》衍《易》而成，观物取象，托象以明义，象征是贯穿林辞的一条线索。借助物象组合暗示吉凶祸福，选取的事物也多源自生活，具体可感。在这一点上，《易林》的象征和《诗经》的比、兴是相通的。如，水、山、石、牛、马、羊、鸤鸠等。《易林》象征借物寓意，摄取的物象可以细分为多种类型。

林辞的象征物取自动物，《豫》之《兑》写道："秋蛇向穴，不失其节。夫人姜氏，自齐复入。"蛇配姜氏，象征阴，林辞取同类属性的蛇和姜氏相比较，蛇在秋季入穴冬眠，尚有固定时段。文姜与齐襄公淫乱，从齐国返回鲁地，违背礼的规定，她本来就不应该回到齐地，意谓姜氏连蛇都不如，屡次犯禁归齐。蛇的象征含义是阴，源于蛇的身体柔软，且往往生活于无光偏暗的地方。《诗经·小雅·斯干》叙述占梦时写道："维熊维罴，男子之祥；维虺维蛇，女子之祥。"郑玄笺："熊罴在山，阳之祥也，故为生男。虺蛇穴处，阴之祥也，故为生女。"②相传《斯干》作于西周宣王时期。诗中分别把熊罴、虺蛇与男女建立起对应关系，蛇属阴。《随》之《蒙》："苍龙单独，与石相触，摧折两角。"龙，在这里象征阳，《说卦》称："震为龙。"龙与石相触，是阳遇阳而受损之象。《随》之《讼》："逐虎驱狼，避去不祥。凶恶北行，与喜相逢。"虎和狼，生性凶狠，象征阳，首句标示的是除阳之象。对动物划定阴阳，和动物与人的关系以及它们的生活习性密不可分。鱼、鼋生活于水中，不会对人造成伤

---

① （清）王先谦：《诗三家义集疏》，第479页。
② 同上书，第652页。

害，属阴。牛、羊、鹿头上有角，硬度大，生活于陆地，有一定破坏性，属阳刚的象征。

林辞象征物还取自人类自身，《临》之《履》："驾龙骑虎，周遍天下。为神人使，西见王母，不忧危殆。"王母，指西王母，传说中的女性神灵，象征阴柔，林辞标示的是利于采取阳刚举措，将遇阴而获吉之象。相传周穆王曾前往西王母所在地巡游，并与西王母相聚。林辞以此为背景，"驾龙骑虎"者的原型是周穆王，用以象征阳刚。《剥》之《晋》："凫舞鼓翼，嘉乐尧德。虞夏美功，要荒宾服。"尧、舜、禹是传说时期的圣王，要荒指四方之民，民众臣服于君是阴顺从于阳而吉利之象。凫是水鸟，用以象征阴柔，尧则是阳刚的象征。君为阳，臣为阴；主为阳，从为阴；夫为阳，妇为阴；等等。这类社会的契约身份也有阴阳的象征义。

除了动物、人类自身外，《易林》象征物还可以是其他各种各样的物象，《贲》之《遁》："析薪炽酒，使媒求妇。和合齐宋，姜子悦喜。"酒，项安世曰："主阳……《坎》《震》为酒，皆《乾》之阳也。"① 酒能使人精神饱满，思维活跃，象征阳，炽酒是阳盛之象，使媒求妇是为阳求阴，末两句承接前面两句，描写阴阳相合而获吉之象。酒象征阳，礼书已有记载。《礼记·郊特牲》："凡饮，养阳气也；凡食，养阴气也。"② 这里的饮，指饮酒，酒被划入阳类。自然界质地坚硬的物体，如石头、蒺藜、枣树、高大的松柏等象征阳。质地柔软的物体，如水、川、河流、血、泥、浆、帛等象征阴。天体也有阴阳之分，和它们的亮度及温度相关联，太阳象征阳，月亮象征阴。

总之，具体物象构成的比、兴与象征，既是一个源于生活，形象性强的世界，也是一个充满文学趣味的天地。章学诚说道："《易》象虽包六艺，与《诗》之比、兴，尤为表里。"③ 章氏的论断是对《周易》象征与《诗经》比、兴关系的阐发，《易林》衍《易》，"字

---

① （清）惠栋：《周易述》（附《易汉学》《易例》），第626页。
② （清）朱彬：《礼记训纂》，中华书局1996年版，第383页。
③ （清）章学诚著，叶瑛校注：《文史通义校注》，第19页。

字步趋《周易》者也"①,同样也不例外。

《诗经》的比、兴和诗歌内容相关联,比、兴事物和所表达的意义由联想和想象的纽带承接,取二者的相似之处,隐蔽而含蓄。《易林》林辞的象征和表达的意义融为一体,林辞都是由象征语构成,隐蔽含蓄的特征得到进一步强化。

《诗经·邶风·匏有苦叶》"匏有苦叶,济有深涉。深则厉,浅则揭。"这是一首船夫曲,匏和渡水关联,《鹖冠子·学问》写道:"中流失船,一壶千金。"壶指匏,可系在腰部用于渡水,又称腰舟。《匏有苦叶》首句以匏起兴,是依托先人渡水经验延伸出的联想,和诗歌内容描写的船夫生活相协。《诗经·王风·黍离》"彼黍离离,彼稷之苗。行迈靡靡,中心摇摇。"离离,描写黍的盛貌,朱熹《诗集传》在首章之下写道:"赋而兴也。"关于这首诗的缘起,《毛诗序》称:"周大夫行役至于宗周,过故宗庙宫室,尽为禾黍。闵宗周之颠覆,彷徨不忍去,而作是诗也。"② 诗歌触物伤情,往日宗周宫殿所在之地如今长满茂盛的黍苗,沧海桑田,使诗人陷入悲哀之中。黍苗充当起兴物,勾起作者的感伤,全诗抒发的也是感伤情怀,黍离与诗歌内容系联的纽带是历史的昨是而今非,委婉而含蓄。比和诗歌内容的关联较为具体,取相似点,往往出现于一首诗歌的中间部分,《诗经·卫风·氓》第三章"桑之未落,其叶沃若",第四章紧接写道:"桑之落矣,其黄而陨。"这是用桑树来比喻抒情女主人公由青春焕发到芳华已逝的转变。诗歌中比的手法运用有时也出现在篇首,《诗经·齐风·南山》:"南山崔崔,雄狐绥绥。鲁道有荡,齐子由归。"以雄狐比喻荒淫的齐襄公,整首诗歌是为讽刺齐襄公和文姜兄妹的畸形淫乱而作。总之,比、兴之物和诗歌的意义表达密不可分,为诗作者所熟知,借助想象的翅膀,成为沟通诗歌内在情感脉搏的触动点和联结点。

---

① 尚秉和:《焦氏易诂》,第10页。
② (唐)孔颖达疏:《毛诗正义》,阮元校刻《十三经注疏》,第330页。

《易林》取象，仍以瓠瓜为例，《大过》之《谦》称："瓜葩瓠实，百女同室。醯苦不熟，未有配合。"瓠瓜籽多，在瓜中以条状并排分布，和百女同室相似。《诗经·卫风·硕人》描写庄姜的美貌，就有"齿如瓠犀"的比喻，取瓠籽洁白而整齐排列之象。《临》之《渐》："匏瓠之息，一亩千室。万国都邑，北门有福。"瓠瓜生命力旺盛，瓠内多籽，每个瓠瓜像一个独立的家庭。结实累累，喻指家国兴盛。《姤》之《复》曰："合匏同牢，姬姜并居。"匏，即瓠，合匏与联姻并提，《礼记·昏义》写道："共牢而食，合卺而酳。所以合体同尊卑，以亲之也。"陆德明《经典释文》："卺，破瓢为卮也。"孔颖达疏："酳，演也。谓食毕饮酒，演安其气。卺，谓以一瓠分为两瓢，壻与妇各执一片以酳也。"① 古代早期饮酒使用瓢，《诗经·大雅·公刘》已有"酌之用匏"之语。婚礼中男女双方饮酒所用的瓢，取自同一瓠瓜，用以象征夫妇一体之义。占筮辞为什么多次使用瓠瓜呢？要回答这个问题，还得关注物象背后的象征含义，才能处处圆通，解读《易林》林辞，如果完全按照比、兴的方式，是不得要领的。瓠瓜未熟之时质嫩，象征阴，"醯苦不熟，未有配合"暗指的是阴阳相失之象。"合匏同牢，姬姜并居"是阴阳和谐之象。"匏瓠之息，一亩千室"则象征利于使用阴柔而获吉之象。

　　与象征阴的瓠瓜相比，隼是凶猛飞禽，象征阳，《鼎》之《观》称："秋隼冬翔，数被严霜。甲兵充庭，万物不生。鸡釜夜鸣，民扰大惊。"隼，是阳刚的象征物，《逸周书·时训解》称："鹰不学习，不备戎盗。"这是鹰隼类猛禽与兵甲、习武划为同类，属于阳刚系列。《鼎》卦互《乾》，《说卦》称："乾为寒，为冰。"秋隼冬翔而屡被寒霜，阳刚过盛之象。《说卦》称："离为雉。"把雉划入阳刚系列。雉指山鸡，家鸡与山鸡属于同一大类，故《周易》本经把它作为阳刚的象征。《中孚》上九："翰音登于天，贞凶。"翰音指的是鸡，见于《礼记·曲礼下》。"翰音登于天"，亢龙有悔之象，意谓阳刚过

---

① （清）朱彬：《礼记训纂》，第878页。

盛。釜，炊具，或用陶，或用金属制成，系坚硬之物，《楚辞·卜居》有"瓦釜雷鸣"之语。这则林辞出现的隼、寒霜、甲兵、鸡、釜，均用以象征阳刚，它们的组合构成阳刚过盛之象，因此，产生的效应是"民扰大惊"，出现的均是负面事象。秋隼冬天飞翔，甲兵充满宫廷，鸡夜晚啼鸣是阳刚物象的系列反常举动，紧跟其后罗列的是受损之象，象征阳盛僭越而致患之义。由此看来，《易林》摄取物象不仅着眼于它的现实意义，而且重视它的象征意义，林辞的内容围绕物的象征义展开，植入吉凶祸福的信息。象征含义比较固定，表达象征含义的物象多种多样，丰富而多彩，王弼在《明象》篇中写道："义苟在健，何必马乎？类苟在顺，何必牛乎？爻苟合顺，何必坤乃为牛？义苟应健，何必乾乃为马。"① 王弼的论断指出的是汉代象数易学的弊病，但同时也揭示出了易学的象征艺术精髓，还原物象背后的象征义，是正确解读《易林》林辞的一把钥匙。

《诗经》比、兴和《易林》象征中的物象都关涉意义表达，或疏或密，委婉含蓄而有迹可循。无论是《诗经》的比、兴，还是《易林》的象征，选取的事物又都具体可感，源自生活，二者之间有不少契合点和相通之处。

《易林》林辞如果抛开卦象，也合乎诗的标准，王世贞《艺苑卮言》写道："延寿《易林》、伯阳《参同》，虽以数术为书，要之皆四言之懿，《三百》遗法耳。"② 《易林》林辞相比于《周易》卦、爻辞，跟文学的关系走得更近，具有诗化特色。物象往往具有多义性。《屯》之《困》："跛踬未起，失利后市，不得鹿子。"鹿子代称利益，和利益搭配使用，能建立起比较稳固的对应关系，如，《蒙》之《无妄》中的"长子逐兔，鹿起失路，见利不得"；《同人》之《讼》中的"步走逐鹿，空无所得"；《谦》之《涣》中的"逐鹿山巅，利去我西"；《复》之《小过》的"并获鹿子，多得利归"。以鹿象征利

---

① （魏）王弼撰，楼宇烈校释：《周易注》（附《周易略例》），第415页。
② （明）王世贞著，陈洁栋、周明初批注：《艺苑卮言》，凤凰出版社2009年版，第26页。

益,是西汉时期惯见的表达方式。《史记·淮阴侯列传》:"秦失其鹿,天下共逐之。"裴骃集解:"张晏曰:'以鹿喻帝位也。'"① 扬雄《解嘲》:"往昔周网解结,群鹿争逸。"李善注:"服虔曰:'鹿,喻在爵位者。'"② 在以上两例中,鹿或是指帝位,或是指在爵位者,代表的是上层贵族,是拥有利益甚大者。林辞把鹿作为利益的象征,合乎西汉时期语言表达的习惯。物象虎、狼的象征意义也比较稳固,《复》之《谦》:"虎狼并处,不可以仕。忠谋辅政,祸必及己。退隐深山,身乃不殆。"虎、狼喻指奸佞。《离》之《无妄》:"振钟鼓乐,将军受福。安帖之家,虎狼为忧。履危不殆,师行何咎。"虎、狼喻指匪寇。《易林》林辞和四言诗有相通的一面,这种相通性和《周易》与《诗经》的相通是一致的,宋人陈骙的《文则》写道:"《易》之有象,以尽其意;《诗》之有比,以达其情。文之作也,可无喻乎?"③ 陈氏的论断是针对《周易》象征与《诗经》比的关系的阐发,《易林》衍《周易》,同样如此,正因为比、兴、象征可以相互贯通,所以抛开卦形,林辞就是诗歌,充满各种欢乐、愤懑、渴望、哀伤的情绪;结合卦形,还原林辞的本来面目,它就是巫术、哲学。两者所用的表达方式,都依托于象征。相比于《周易》爻辞,从文学角度可以这样下定义:如果说《周易》爻辞还只是徒具空壳的泥塑木雕的话,那么《易林》林辞则已经注入了不少文学的因子,借助文学的表现形式,向审美、情感靠拢,"作此哀诗,以告孔忧",是一种两栖型文本。

《易林》林辞具有诗性特征,《易林》的象征与比、兴相融通,故林辞取象着眼于象征含义时,更多地倾向于对《风》及《小雅》的选择。闻一多先生在《易林琼枝》中比较林辞引《易》与引《诗》时写道:"《易林》用《诗》多于《易》,盖事虽《易》,其辞

---

① (汉)司马迁:《史记》,第2006页。
② (南朝梁)萧统编,(唐)李善注:《文选》,第630页。
③ (宋)陈骙著,王利器校点:《文则》,人民文学出版社1960年版,第16页。

则《诗》也。"① 闻先生的判断是正确的,《易林》林辞引《诗》甚夥,表现形式诗化,如果剥离掉卦象,可以视作诗歌,这在《易林》引《诗》的具体林辞中体现得更加明显。

《易林》的《萃》之《渐》卦写道:"乔木无息,汉女难得。橘柚请佩,反手难悔。"林辞源自《周南·汉广》,首章是这样的:"南有乔木,不可休思。汉有游女,不可求思。汉之广矣,不可泳思。江之永矣,不可方思。"朱熹《诗集传》:"兴而比也。"乔木是高大的树,不能止于乔木下休栖,就好比不能追求到汉水游女一样。乔木高大,其树荫象征阴,不可休思,是求阴而无得。汉女难得,是求阴而无得之象,后两句据《列仙传》引申,也是求阴而不得之象,阴阳阻隔的象征义借助《诗经》里的原型传递,也具有文学价值。

《归妹》之《归妹》卦:"坚冰黄鸟,常哀悲愁。不见白粒,但睹藜蒿。数惊鸷鸟,为我心忧。"描写的是一幅坚冰上觅食的黄鸟屡屡受到猛禽惊吓,心生忧虑的景象,林辞中的"黄鸟"物象化用《诗经》的《秦风·黄鸟》和《小雅·黄鸟》而成。《诗经》中的黄鸟,表达的都是处非其所之义。《秦风·黄鸟》全诗三章,各章分别以"交交黄鸟,止于棘"、"交交黄鸟,止于桑"、"交交黄鸟,止于楚"起兴,引出子车氏三兄弟殉葬的事件。黄鸟止于树作为处非其所的象征,是由黄鸟所留止的树木所决定的。黄鸟所处之树有棘、有楚。棘是枣树,楚是荆树,低矮有刺当然不适于黄鸟栖息。至于桑树,《诗经·卫风·氓》写道:"于嗟鸠兮,无食桑葚。"鸟食桑葚会被麻醉,故古人认为桑树不适合鸟栖息。《小雅·黄鸟》也作如是解,末章是这样的:

  黄鸟黄鸟,无集于栩,无啄我黍。此邦之人,不可与处。言旋言归,复我诸父。

---

① 闻一多:《闻一多全集》(十),第65页。

诗的主角居非其所，要返回家乡，因此也劝黄鸟不在那里停留。《易林》中的黄鸟象征义也是如此，黄鸟在冰天雪地里寻觅食物，只能是毫无所获，往往还会遇到凶猛鸷鸟的惊吓，正是处非其所，须尽快回归的象征。《归妹》卦辞"征凶，无攸利"，指出征则有害无利，暗示居止于家中方可吉利。《归妹》卦上《震》下《兑》，《说卦》称："震为雷，兑为泽。"古人认为雷入于泽中是回归之象。林辞《归妹》之《归妹》的象征义是基于《归妹》卦象而来。黄鸟象征处非其所，须尽快返归的象征义在另外的林辞中也能得到印证，《坎》之《坎》写道："有鸟黄足，归呼季玉。从我睢阳，可避刀兵。与福俱行，有命久长。"黄足鸟呼唤季玉跟随它转移到睢阳境域，言外之意，当前也是处非其所。睢阳，其地在今河南商丘，西汉前期是梁国所在地。景帝时期发生七国之乱，梁孝王刘武据守睢阳，对于平叛的胜利发挥了重要作用。"梁王城守睢阳……吴、楚以梁为限，不敢过而西，与太尉亚夫等相距三月。吴、楚破，而梁所杀虏略与汉中分。"[①] 睢阳是梁孝王据守的军事要地，吴、楚叛军始终未能攻克，故林辞把它作为躲避刀兵的场所。上述林辞中，黄鸟处非其所的象征义直接化用于《诗经》，具有前后承继的关联。

　　诗句相同而摄取的物象含义相通，在水的物象的运用上也具有一致性，《周南·汉广》："汉之广矣，不可泳思。江之永矣，不可方思。"朱熹《诗集传》曰："以江汉为比而叹其终不可求，则敬之深。"江汉之水既宽且长，阻隔男女双方，江汉之水的无法逾越，比喻青年男子对美丽女孩热切追慕却又求而不得。《诗经》是这样，《易林》也是如此。《屯》之《蹇》曰："为季求妇，家在东海。水长无船，不见所欢。"在这里，水阻隔住爱情，象征阴阳相离，和《汉广》吻合。

　　《易林》的象征艺术和《诗经》的比、兴手法相通，具有文学观赏性，因此，《易林》往往被直接当作诗，钱锺书先生在《管锥编》

---

① （汉）班固：《汉书》，第 2208 页。

中写道："盖《易林》几与《三百篇》并为四言诗矩矱焉。"① 《易林》林辞编撰依托《周易》，互为表里，工于拟象，"多变其象，示世事之多端殊态，以破人之隅见株守"②。不是诗，而胜似诗。

**二 《诗经》比、兴与《易林》象征的分际**

《诗经》的比、兴与《易林》的象征有相通之处，也有许多不同之点。《诗经》是诗，而《易林》却始终处于游离状态，兼有诗歌的特性，而又不能完全当作诗歌来解读。二者的差异是文学与巫术、哲学的区别。

"《诗经》比、兴运用的同一具体事物，在不同的诗篇中既可以表示相同的意义，也可以表示不同的内容。"③ 比、兴之物意义有稳定性也有较大的变动性。而在《易林》中，同一象征物的意义是固定不变的，贯穿始终，具有稳定性，前后一致。

比、兴借助想象的翅膀把物和所要表达的意义黏连起来，往往同一个物象会触动不同的情感，背后是一个必然性和偶然性叠加的选择过程，也是稳定性和变动性的载体。鱼，是《诗经》比、兴艺术使用较多的意象，《周南·汝坟》"鲂鱼赪尾，王室如燬。虽则如燬，父母孔迩。"红尾鲂鱼，燬是烈火，比喻女主人公内心情感的热烈。鱼意象往往出现于爱情场景的描写中，《陈风·衡门》："岂其食鱼，必河之鲤？岂其娶妻，必宋之子？"在这里，由食鱼引出了娶妻的话题。《卫风·硕人》："施罛濊濊，鱣鲔发发。葭菼揭揭，庶姜孽孽，庶士有朅。"鱣鱼鲔鱼数目繁多且跳动活跃，比喻婚嫁时女子众多且心情愉悦。鱼意象在这些诗句中，比喻女性，和爱情婚姻主题关联，可以一以贯之，具有稳定性。对此，闻一多先生在《说鱼》一文中

---

① 钱锺书：《管锥编》，第813页。
② 同上书，第870页。
③ 李炳海：《〈诗经〉的比、兴与〈周易〉卦、爻辞的象征》，《东北师大学报》1989年第4期。

已有详细深入的论述①。除此之外，鱼因为生活于水里，处于自由游弋的状态，往往也引发人对自由的渴望和对在野隐士的联想。《小雅·四月》曰："非鱣非鲔，潜逃于渊。"诗人以鱼游于水渊作比，反衬自己遭遇变乱，经久不得归家的苦楚。《小雅·鹤鸣》首章写道："鹤鸣于九皋，声闻于野。鱼潜在渊，或在于渚。乐彼之园，爰有树檀，其下维萚。他山之石，可以为错。"鱼或潜入深水，或嬉戏于岸边，自由自在。鱼、鹤并提，比喻的是隐士清高俊杰而又悠游自在。鱼意象的含义在这里发生了变动，不再和男女情爱相联，而是从另外的角度予以联想和比喻，稳定性的同时又具有变动性的一面。

《易林》中物类的象征义是稳定的，即以鱼为例，作为阴的象征物，多次出现。《观》之《大有》卦："山没邱浮，陆为水鱼。燕雀无巢，民无室庐。"水和鱼都象征阴，山体沉没，丘陵漂浮，鸟无巢穴，民无庐室是阴盛致患之象。《蒙》之《比》曰："豕生鱼魴，鼠舞庭堂。奸佞施毒，上下昏荒，君失其邦。"罗列的是系列同类性质的灾异事象，预示灾难的发生。《诗经·小雅·渐渐之石》："有豕白蹢，烝彼波矣。月离于毕，俾滂沱矣。"毛传："将久雨，则豕进涉水波。毕，噣也。月离阴星则雨。"② 这是把豕涉水，月附丽于毕宿，视为将要下大雨的征兆，豕被划入阴柔系列。《说卦》称："坎为豕"，豕是水畜，属阴，鱼亦属阴，"豕生鱼魴"乃阴盛之象，鼠生性阴毒，出没于夜间，也是阴性之物。《蒙》之《比》的险象是由阴盛所致。无独有偶，《蒙》之《比》的这种占验在晚于《易林》的《后汉书》中亦有类似记载，《郎𫖮襄楷列传》写道："久阴不雨，乱气也，《蒙》之《比》也。"③ 朱伯崑先生指出："蒙气，雾气一类，指阴气过盛，气候反常，又称为'乱气'。"④ 郎𫖮着眼于《蒙》卦义和卦象，讲蒙气，将《蒙》之《比》与阴气过盛之象并提，险象由

---

① 闻一多：《学术文钞·诗经研究》，巴蜀书社2002年版，第66—93页。
② （清）王先谦：《诗三家义集疏》，第818页。
③ （南朝宋）范晔：《后汉书》，中华书局2007年版，第312页。
④ 朱伯崑：《易学哲学史》，北京大学出版社1986年版，第142页。

阴盛所致，这和《易林》可以相互印证。鱼作为阴柔的象征物，在《周易》中也能得到验证，《中孚》卦《兑》下《巽》上，卦辞称"豚、鱼吉"，豚谓小猪，即豕之小者。豚与鱼被划为同类，豕象征阴，鱼亦属阴。

《易林》中的事物象征义具有稳定性，鱼之外，其他的物象也是如此，仍以水为例，水性柔和，润滑，象征阴。《谦》之《恒》："久阴霖雨，途行泥潦。商人休止，市空无有。"雨水久下是阴盛之象，后两句是在前两句基础上的引申。《谦》之《明夷》："鲰虾去海，藏于枯里。街巷褊隘，不得自在。南北极远，渴馁成疾。"《谦》卦上《坤》下《艮》，《明夷》卦上《坤》下《离》，《谦》变《明夷》是经卦《艮》变《离》，《说卦》称"离为火"，水象征阴，水受克于火，林辞首句是无阴之象，"藏于枯里"，用的是《庄子·外物》篇的典故。鲋鱼被困在车辙中，向庄周求援。庄周称："我且南游吴越之王，激西江之水而迎子，可乎？"鲋鱼忿然作色曰："君乃言此，曾不如早索我于枯鱼之肆。"成玄英疏："肆，市。……不如求我于干鱼之肆。"① 末句是失阴成灾的象征，多个具有相同象征义的短语组合成一则完整的林辞。鳅和虾本来生存于海中，鳅虾去海是失阴背阴之象，海水是阴柔的象征。末尾的"渴馁成疾"，则是以渴来暗示无阴，求阴不得，水仍然还是象征阴柔。《谦》之《萃》："水坏我里，东流为海。龟鼋欢哗，不睹我家。"《谦》卦上《坤》下《艮》，《萃》卦上《兑》下《坤》，《说卦》称"兑为泽"，《易林》林辞是阴盛致患的象征。《谦》之《萃》卦中水的象征义是这样，在其他林辞中水的象征义也是如此。水作为阴柔的象征在林辞中可以一以贯之。

《诗经》比、兴之物和《易林》还有另外一个重要区别，比、兴并不是每一首都用，《大雅》和《颂》主要为赋，很少用到比、

---

① （晋）郭象注，（唐）成玄英疏：《南华真经注疏》，中华书局1998年版，第526页。

兴。而《易林》却无一例外都使用象征手法。在具体诗篇的比、兴使用份额上，《诗经》的比、兴以零散形式出现，起到丰富诗歌内容的点缀作用，全诗用比、兴者仅见于《豳风·鸱鸮》一篇。诗篇中的大鸟喻指周公自己，鸱鸮指殷武庚，被夺取的小鸟指管叔、蔡叔，受呵护的小鸟是年幼的周成王，巢穴指的是西周王朝。诗以比、兴开端，并贯穿全篇，形成连环的象征义，是《诗经》唯一全篇贯穿象征意义的作品。而《易林》却差不多都是以林辞的整体象征方式呈现。

　　《易林》的吉利卦旨，数量不足30%，揭示的多是阴阳和谐的象征义。这种象征义的表现形式各种各样。《同人》之《涣》："娶于姜吕，驾迎新妇。少齐在门，夫子悦喜。"女为阴，娶妇是以阳得阴，夫子悦喜是阴阳和谐之象。社会关系中，臣是阴，君是阳，贤臣知遇明君也是阴阳和谐的一种表现形式，《同人》之《旅》："凤凰在左，麒麟在右。仁圣相遇，尹吕集聚。伤害不至，时无殃咎，福为我母。"仁圣相遇是贤臣遇圣君，阴阳和谐之义。阴阳和谐也可以通过强调阳盛来实现，阳刚属于主动型力量，是以阳为尊理念的使然。《同人》之《需》："黄帝出游，驾龙乘马。东上泰山，南过齐鲁，邦国咸喜。"黄帝游泰山的传说，见于《韩非子·十过》："昔者黄帝合鬼神于泰山之上，驾象车而六蛟龙。"① 黄帝是人君，主阳，黄帝出行，驾龙乘马，龙、马象征阳，林辞描写的是阳盛而获吉之象。《同人》之《恒》："鸣鹄抱子，见蛇何咎。室家俱在，不失其所。"②《九家逸象》称："震为鹄。"鹄属阳，蛇属阴，首两句描写的是阳盛克阴之象。上述几种形式，都是借助物象表达整体型的阴阳和谐及阳盛而吉的象征义。

　　除了阴阳和谐及阳盛而吉的整体象征外，《易林》林辞揭示最多

---

① （战国）韩非著，陈奇猷校注：《韩非子新校注》，上海古籍出版社2000年版，第206页。

② 尚秉和先生于该条目下注：鹄、鹤通用，《易林逸象》："震为鹤"，亦属阳。见张善文先生校理《焦氏易林注》上，《尚氏易学存稿校理》第二卷，第240、14页。

的是一种阴阳失衡状态，与之相伴的都是不吉利卦旨，包含的事象丰富多彩，可以分为若干小的类别。

阴阳相失型：林辞借助物象，表现的是阴性事物与阳性事物相分离，处于隔绝状态之中，如，《同人》之《小畜》："载石上山，步跌不前。嚬眉之忧，不得所欢，长思忧叹。"男子载石上山，步履艰难，阳刚在外之象，男士、石头，俱属于阳刚系列。嚬眉，谓皱眉头，末两句描写居于家中的女子久候心上人而不来，属于阴阳分离之象。《同人》之《随》："季姬踟蹰，望我城隅。终日至暮，不见齐侯，居止无忧。"《诗经·邶风·静女》首章如下："静女其姝，俟我于城隅。爱而不见，搔首踟蹰。"林辞用的是这个典故。《邶风》出自卫地，卫国君主姬姓，故林辞中的女性称为季姬，姬姓小女之义。西周至春秋时期，姬、姜二姓经常通婚，这个时期齐国君主姜姓，故林辞的男性以齐侯当之。描写的也是男女相分离，阴阳相失的象征。《同人》之《归妹》："跛踦相随，日暮牛罴。陵迟后旅，失利亡雌。"牛象征阳，牛罴是阳损，末一句是阴阳相失之象，雌谓阴。

阴盛致灾型：阴性事物强盛，致使阳性事物受到损伤，或者造成灾患。《同人》之《既济》："踊泉滑滑，流行不绝。汙为江海，败毁邑里，家无所处。"泉水是阴，泛滥成江海，摧毁城邑是阴盛致患的象征义。《同人》之《屯》："鸿鱼逆流，至人潜处。蓬蒿代柱，大屋巅仆。"鸿鱼生活于水中，属阴，逆流是阴盛篡乱之象。蓬蒿细弱，属于阴柔系列。用蓬蒿取代房屋的木头立柱，是以阴代阳，阴盛阳失之象。这则林辞展示的也是阴盛致灾之象。

阳盛致患型：事象代表的阳过于强盛，致使灾患发生。《同人》之《乾》："一臂六手，不便于口。莫肯为用，利弃我走。"《说卦》称"艮为手"，象征阳，一只胳膊长出六只手是阳盛之象，末句标示卦旨不吉利，整则林辞是阳盛致患的象征义。

上述几种象征义本之于阴阳，体现出以阳为尊，扶阳抑阴的理念。阴阳观念是《易林》观察世界的思维模式，君臣、男女、行止、往来、日月、水火、因革、动静、上下、左右等，都和阴阳相联系。

阳的属性是主动、劲健，有活力；阴的属性是被动、柔顺。无论是历史故实还是五彩斑斓的动物描写，并不在于简单地把画卷呈现出来，而是以之为蓝本，与卦象扣合，以阴阳为视域，表达某种象征义。

　　《诗经》的比、兴和《易林》的象征具有相通性，沟通的桥梁在于象，章学诚《文史通义·易教下》写道："象之所包广矣，非徒《易》而已，六艺莫不兼之，盖道体之将形而未显者也。雎鸠之于好逑，樛木之于贞淑，甚而熊蛇之于男女，象之通于《诗》也。"[①] 章氏的论断同样适用于《易林》。《易林》重在物类事象的暗示意义，而不是它的文学表现力，它与卦象所具有的象征义相通，其林辞就可以相同，这是《易林》可以有上千首重复林辞的原因。而《诗经》的比、兴则不同，它注重的是象的外在文学表现力，所以《诗经》305篇没有整首诗完全相同的重复，即便是诗题相同，表现的具体内容也会有很大差异。艺术感染力是诗歌的生命，比、兴的点缀让诗歌的生命力得以长青。而《易林》象征性的表现方式，则往往缺少《诗经》比、兴所具有的艺术感染力。

---

[①] （清）章学诚著，叶瑛校注：《文史通义校注》，第18页。

# 第四章

# 主题与用典：《易林》的旨趣寄寓

## 第一节 《易林》对历史传说的吸纳及承载的理念

《易林》林辞的编撰及包含的义理历来是一桩学术悬案，若将《易林》分成专题，观察林辞所涉的卦象以及卦旨的吉凶，《易林》的结撰以及背后蕴含的理念能从模糊走向清晰。钩沉《易林》林辞故实是一条切实可行的途径。明确林辞引史实所表达的含义是深入解读林辞不可或缺的一步，与《易经》对读，林辞引史的理念寄寓也十分明朗而突出。

### 一 变革主题的彰显

《易林》林辞编写灵活，运用到多种语料，以引史实为基点考察，分别涉及《尚书》《左传》《国语》《战国策》《史记》《吕氏春秋》等书，其中对《左传》的征引最为丰富。各种史实散见于近千则林辞中，有的林辞围绕一则故实展开，有的林辞杂糅多个故实而成，变化不一，多种多样。

夏商西周区间，摄取的事象主要发生于殷商代夏、西周代商之际。《易林》对被取代的腐朽没落方，尽情地给予批判、揭露；对于新兴崛起的力量给予充分的肯定，洋溢着赞美的热情。如，对于夏的末代君王桀，笔墨甚多，《履》之《明夷》写道："桀乱不时，使民恨忧。立祉为笑，君危臣羞。"不时，谓不善。《诗经·小雅·頍弁》："尔酒既旨，尔殽既时。"《毛传》："时，善也。"① "立祉为笑"，指中止福祉而被人嘲笑。立，谓中止，中断。夏桀时期，混乱黑暗，民不聊生，因此导致夏朝出现政治危机，最终灭亡。《比》之《蒙》也写道："彭生为豕，白龙作灾。盗尧衣裳，桀跖荷兵。青禽照夜，三日夷伤。"在这则林辞中，出现的是系列反常、怪异事象。"彭生为豕"，事见《左传》庄公八年。彭生受齐襄公指使，杀死鲁桓公。鲁人追究被杀原因，齐襄公杀死彭生以推脱罪责，因此后传出现彭生化为大豕的幻象。"白龙作灾"，用的是《说苑·正谏》的典故："昔白龙下清泠之渊，化为鱼，渔者豫且射中其目。"② 这个传说的原型出自《庄子·外物》。白龙不应当化为鱼而入清泠之渊，因此被射中眼睛。"盗尧衣裳"，当是许由皮冠被藏传说的流变。《韩非子·说林下》："尧以天下让许由。许由逃之，舍于家人。家人藏其皮冠。"陈奇猷先生称："恐许由窃之也。"③ 从故事情节来看，当是许由投宿的主人把许由的皮冠盗取藏匿，是不应该发生的事。《易林》的盗尧之冠，当是这个传说的流变。"亲禽照夜"，亲禽，当指青鸟，见于《山海经》的《西次三经》《海内北经》《大荒西经》，相传三青鸟为西王母取食。鸟不宜夜飞，青鸟在夜里观察映像，故受伤。夏桀和这些反常事象联系在一起，已经被妖魔化。

相应的，林辞对新生的力量则赋予很高的评价，《谦》之《噬嗑》写道："周师伐纣，战于牧野。甲子平旦，天下悦喜。"对武王灭商予以充分的肯定，认为是顺应人心民意。

如果说夏商西周的更替变革顺乎民心，简单明了，那么，春秋战国及秦汉交替时期故实则显得较为复杂。《遁》之《坎》写道：

---

① （清）王先谦：《诗三家义集疏》，第777页。
② （汉）刘向著，向宗鲁校证：《说苑校证》，中华书局2000年版，第237页。
③ （战国）韩非著，陈奇猷校注：《韩非子新校注》，第501—502页。

"盛中后跌，衰老复掇。盈满减毁，疾羸肥腴。郑昭失国，重耳兴立。"盛而衰，衰而兴是社会发展的规律。如同林辞故实所暗示的一样。郑昭失国，具体记载见于《左传》桓公十年。郑昭公即位两年即被大臣高渠弥所杀。晋公子重耳流亡及返国为君的经历，具体记载见于《左传》的僖公二十三年、二十四年。郑昭公、晋文公重耳，两人在即位之前都有在外流亡的经历。返国为君之后，郑昭公被杀，重耳则成就了霸业，结局迥然不同。《乾》之《大壮》叙写秦汉之际的故实："隙大墙坏，蠹众木折。狼虎为政，天降罪罚。高弑望夷，胡亥以毙。"秦代末年朝廷黑暗，是致使秦朝迅速灭亡的重要原因之一。

为什么《易林》引史主要分布在朝代更替和社会大动荡时期呢？在多种可供参考的答案中，除了被引用史实本身为人所熟知外，无疑还和易学本身所具有的变革理念密不可分。《系辞上》写道"生生之为易"，生而又生，变化不已就是《易》。《易》有变的内涵，《系辞下》揭示得更加明白："易，穷则变，变则通，通则久。"易理是穷尽而变化，变化而通达，通达而长久。《周易》如此，《易林》衍《易》而成，也不例外。

圣人设卦观象，《周易》中《革》卦象指的是变革、除掉。《杂》卦称："革，去故也。"卦辞："已日乃孚，元亨利贞，悔亡。"变革，祭祀之日就能取信于人，最为通达，利于占问，困厄会消失。依傍卦辞而编制的林辞《革》之《革》卦写道："马服长股，宜行善市。蒙祐谐偶，获金五倍。"叙写的是变革蒙获佑助，市贾获利之象。借助史实，暗含的是对变革举措的肯定。《革》之《革》所引故实隐晦，需要加以辨析。各个注家以字面义释之①，其实是不确的。这则林辞

---

① 芮执俭先生译作："驾车马儿腿长长，利于市场去经商。承蒙保佑得配偶，获得大利乐悠悠。"（见《易林译注》，第736页）尚秉和先生："服，犹驾也。"未指明（见《焦氏易林注》，第863页）。申必华等先生："马儿长着长腿，应该走在好市。承蒙福佐和谐，获得五倍金钱。"（《白话易林》，三秦出版社1990年版，第388页）邓球柏先生："马的腿长的长，就是会奔走能卖个好价值的马。获得上天的保佑主客和平友好议价，能获比一般的马贵五倍的价钱。"（《白话焦氏易林》，岳麓书社1996年版，第343页）

以战国时期赵国名将赵奢的事迹为题材。《史记·廉颇蔺相如列传》对赵奢有如下记载：

> 赵奢者，赵之田部吏也。收租税而平原君家不肯出租，奢以法治之，杀平原君用事者九人。平原君怒，将杀奢。奢因说曰："君于赵为贵公子，今纵君家而不奉公则法削，法削则国弱，国弱则诸侯加兵，诸侯加兵是无赵也，君安得有此富乎？以君之贵，奉公如法则上下平，上下平则国强，国强则赵固，而君为贵戚，岂轻于天下邪？"平原君以为贤，言之于王。王用之治国赋，国赋大平，民富而府库实。……赵惠文王赐奢号为马服君，以许历为国尉。赵奢于是与廉颇、蔺相如同位。①

林辞叙述的，正是赵奢为田部吏及治国赋阶段的事迹。"马服长股"，赵奢因治国赋及领兵作战有功而被封为马服君。这句林辞意谓马服君擅长充当股肱之臣。长，谓擅长、善于。股，作动词，指充当股肱之臣，成为赵王的辅臣。《左传》僖公二十六年："昔周公、大公股肱周室，夹辅成王。"这里的股肱，就是用作动词，指充当股肱之臣。赵奢后来被封为马服君，与将相廉颇、蔺相如同居高位，当然是股肱之臣。赵奢在为将之前治国赋，负责国家的税收，也包括对市场的管理，故林辞称他"宜行善市"，意谓采取适宜的举措，善于管理市场。赵奢负责治国赋期间，"国赋大平，民富而府库实"，故林辞有"获金五倍"之语。赵奢是经平原君的推荐而得到赵王的信任，对他加以提拔，故林辞称"蒙祐谐偶"，有人对他加以佑助，人际关系很和谐。

林辞所述事象，与赵奢早期的作为相契合，并且和变卦《革》指向一致。《革》之《革》，是从变革到变革，中间没有曲折，各个爻位的属性没有改变，一帆风顺之象，林辞叙述的正是这种事象。

---

① （汉）司马迁：《史记》，第1874—1876页。

《易林》林辞引用历史故实，重在对变革主题的揭示，与《易》言变的理念具有一致性。故实主要集中在朝代更替之际，事象的出现和卦象是否有客观联系呢？回答是肯定的。变革时期的故实，编排富含刻意性，从《革》卦卦象与变革印记最明显的夏商周故实相系中可以得到进一步证实：

  伯夷叔齐，贞廉之师。以德防患，忧祸不存。（《革》之《否》）
  天厌禹德，命兴汤国。祓社衅鼓，以除民疾。（《复》之《革》）
  太王为父，季历孝友。文武圣明，仁政兴起。旦隆四国，载福绥厚。（《革》之《需》）
  骐骥绿耳，章明造父。伯凤奏献，衰续厥绪。佐文成伯，为晋元辅。（《革》之《夬》）
  讽德诵功，美周盛隆。奭旦辅成，光济冲人。（《节》之《革》）
  禄如周公，父子俱封。（《革》之《明夷》）
  泉涸龙忧，箕子为奴。干叔陨命，殷破其家。（《家人》之《革》）

《易林》征引夏商周变革时期史事的林辞约 160 则，据笔者统计，卦旨吉凶约各占一半、较为均衡，而上述与《革》卦相关的史事却甚为特殊，《易林》全书共计编排 7 则，卦旨 6 则吉利，明显而突出，仅《家人》之《革》卦旨凶险，属于例外。首则伯夷、叔齐是社会变革时期商末的君子，事见《史记·伯夷叔齐列传》，林辞正面取象于他们的贞廉，卦旨指向吉利。次则中的禹是夏朝开国之君启的父亲。汤是商朝的第一任国君。林辞揭示商革夏命是顺应天命之义，末句"以除民疾"，暗含对这种顺应天地而发动的变革的肯定。第三则太王指周文王的祖父古公亶父，见于《史记·周本纪》。

季历，即王季，毛传在《诗经·大雅·大明》写道："王季，太王之子，文王之父也。"① 文武指文王和武王，均是代商而起的周族先贤，卦旨指向吉利。第四则赵氏家族的史事在《史记·赵世家》中有详细记载，造父取骅骝、绿耳献于周穆王，王赐之赵城。其后生赵夙，辅晋献公伐霍。夙之后生衰，事晋文公称霸。林辞是将西周史实和春秋时期赵家辅佐晋文公的称霸事象黏合而成。第五则奭指召公，旦指周公，林辞涉猎的是召公、周公辅佐西周初年成王的事象，见于《尚书·金縢》及《史记·鲁周公世家》《史记·燕昭公世家》，卦旨吉利。第六则林辞叙写周公营建洛邑的史实，这是西周初年周公辅佐新兴建立的王朝的一项重要举措，事见《史记·鲁周公世家》，卦旨吉利。最末一则属于例外，林辞揭露的是商代末年，殷纣王惨绝人寰的施政，箕子、比干均遭受到迫害。《家人》卦以家庭事象为题材，箕子、比干皆是殷商王族成员，是殷纣王的家人。《家人》之《革》寓含的是家破人亡之义，故林辞末句称"殷破其家。"总之，7则与《革》卦相系的林辞6则均指向了吉利，由此不难推测，吉利卦旨暗含的是对《革》卦革新宗旨的认同。《象传》写道："天地革而四时成，汤武革命，顺乎天而应乎人，革之时大矣哉。"《易传》肯定《革》卦的变革思想，林辞也是如此。汤武革命是合乎《革》卦象最适当的史实。《复》之《革》卦叙述汤武革命是对变革主题的呼应。《复》的宗旨指回复，《复》之《复》也有意安排了一则以变革为主题的史实，林辞是这样的："周师伐纣，克于牧野。甲子平旦，天下悦喜。"武王诛伐商纣，正是希冀归复于顺乎天下民心的正道。

变革主题的史实借助卦象得以呈现，史实与卦象象征含义的扣合，不是随意的，而是以客观事实为依据，是有规律可循的。引夏商周史实的林辞直接与《革》卦宗旨相联，承继《周易》的变革理念，卦旨往往吉祥标示的是对变革的肯定。

---

① （唐）孔颖达疏：《毛诗正义》，阮元校刻《十三经注疏》，第507页。

## 二 居高思危的忧患意识

《易林》四千多则林辞，卦旨吉利者所占比例不大，陈良运先生以《乾》《坤》《泰》《否》为对象做抽样统计得出以下结论："报凶言忧者在每林六十四首中分别是三十六首、四十首、三十六首、四十一首，共一百五十三首，约占四'林'的百分之六十。"① 陈先生的统计对象是随意的，得出的结论具有代表性，综观整部《易林》近千则引史林辞也是这样。如，引西周之后史实的林辞约为600余则，吉利林辞约100余条，仅占16%左右，多凶险事象，《易林》引史类林辞总体上也随之呈现出以凶险为主的特征。

大量凶险林辞背后作者所寄寓的是什么呢？《易林》本身提供了这样的答案，《大有》之《贲》写道："楚鸟逢矢，不可久放。离居无群，意味精丧。作此哀诗，以告孔忧。"昭告忧愁是编撰的出发点之一，所忧之事虽没有道明，但和灾患类故实无疑有契合点。写入林辞的故实所呈现的灾患事象，传递出浓厚的忧患意识。《易林》引史类林辞与其说是历史的再现，不如说是作者忧患意识的符号化身，是作者匠心独运的结果。

引史以古鉴今，和当时的社会现实不无关联，同时也源于对《周易》本身忧患意识的承继。《系辞》写道："易之兴也，其于中古乎？作易者，其有忧患乎？"又说："其衰世之意邪？"《易》作于衰世，有浓郁忧患意识。这一意识也渗透到《周易》爻辞编撰中，寄寓于卦象，《周易·乾》卦上九爻辞："亢龙有悔。"爻位意义指居于最高位要警惕凶险的发生，《周易·坤》卦上六爻辞："龙战于野，其血玄黄。"爻位意义警示不要阴盛犯阳，造成创伤。整部《周易》爻辞的设置于上六或上九爻位多呈现凶险之象。《易林》衍《易》而成，也不例外，和卦象相联，引史所体现的这种忧患意识也能得到进一步证实。试以一爻变卦象上爻变动

---

① 陈良运：《焦氏易林诗学阐释》，第306页。

的 10 则引史林辞为例：

1. 孤竹之墟，老妇亡夫。伤于蒺藜，不见少齐。东郭棠姜，武子以亡。（《乾》之《夬》）

亢龙有悔。（《乾》上九）

2. 秋蛇向穴，不失其节。夫人姜氏，自齐复入。（《临》之《损》）

敦临，吉，无咎。（《临》上六）

3. 从风纵火，荻芝俱死。三害集房，十子中伤。（《剥》之《坤》）

硕果不食，君子得舆，小人剥庐。（《剥》上九）

4. 夏台羑里，汤文厄处。鬼侯饮食，岐人悦喜。（《颐》之《复》）

由颐，厉，吉，利涉大川。（《颐》上九）

5. 东乡烦烦，相与笑言。子般鞭荤，圉人作患。（《大过》之《姤》）

过涉灭顶，凶，无咎。（《大过》上六）

6. 褒后生蛇，经老日微。退跌衰耄，酉灭黄离。①（《大壮》之《大有》）

羝羊触藩，不能退，不能遂，无攸利，艰则吉。（《大壮》上六）

7. 光祀春成，陈宝鸡鸣。阳明失道，不能自守，消亡为咎。（《明夷》之《贲》）

不明，晦，初登于天，后入于地。（《明夷》上六）

8. 襄送季女，至于荡道。齐子旦夕，留连久处。（《困》之《讼》）

困于葛藟，于臲卼，曰动悔有悔。（《困》上六）

---

① 此则林辞，依据刘黎明《焦氏易林校注》作了一定改动，酒改为酉。

9. 子畏于匡，困于陈蔡。明德不危，竟免厄害。（《涣》之《坎》）

涣其血，去，逖出，无咎。（《涣》上九）

以上是《易林》所有一爻变上爻变动的林辞，指向皆凶险。《易林》衍《易》而得，一爻变林辞往往以相应的《周易》爻辞、爻位意义为依傍编写。首则《乾》之《夬》仅上九爻变动，《周易·乾》卦上九爻辞"亢龙有悔。"亢，《易·乾·文言》称："亢之为言也，知进而不知退，知存而不知亡，知得而不知丧。"爻辞为龙在天空中飞的过高，往而忘返，难免会出现困厄，提示人们在事情的末尾阶段要有忧患意识和慎终的警惕性。《乾》之《夬》末两句化用《左传》襄公二十七年史事，棠姜是齐棠公之妻，棠公死，崔武子娶棠姜，引发崔武子家庭内乱，最终身死家亡，具有警示女祸的忧患意味。次则林辞《临》之《损》仅上六爻变动，《周易·临》卦上六："敦临，吉无咎。"指若敦促降临，吉利没有危害，上六爻位意义是"龙战于野，其血玄黄"，警示人们要防止阴盛犯阳，以免造成创伤。林辞叙述的是齐姜与兄长齐襄公乱伦之事，导致的患乱为齐襄公害死鲁桓公，冤死彭生。正面警戒女祸之患。第三则《剥》之《坤》是上九爻变动，《周易·剥》卦上九："硕果不食，君子得舆，小人剥庐。"爻辞"剥舆"有剥落之举，爻位意义是"亢龙有悔"，林辞提及"从风纵火，荻芝俱死。三害集房，十子中伤"。三害集房，钱世明先生《易林通说》认为指春秋时赵、魏、韩三家削弱晋室、杀叔向之子一事[①]，钱先生的认定是正确的，相似林辞复见于《乾》之《小过》，末句即写作"叔子中伤"。揭示的是臣子僭越之患。

前三则林辞是如此，其他林辞涉猎的史实也不例外。《颐》之《复》选取商汤、周文王遭受囚禁之患与鬼侯被剁成肉酱的史实编写。《大过》之《姤》叙写圉人荦与女公子戏，地位不相等的男女相感嬉

---

① 钱世明：《易林通说》（一），第92页。

戏，是超过某种规定等级的僭越之象，末两句子般鞭打圉人，最终自己被弑杀，则是僭越之象的悲惨结局，卦旨凶险。《大壮》之《大有》事见《国语·郑语》《史记·周本纪》。褒姒，周幽王宠妃，烽火戏诸侯，以博一笑，其后爆发危难，周幽王面临犬戎攻击时孤立无援，周室王朝衰微，是阴盛犯阳之象。《明夷》之《贲》史实见于《史记·封禅书》，林辞将其和灾异相联系，赋予的含义是负面的，不是神异，而是灾患。《困》之《讼》史事选取齐襄公与妹妹畸形乱伦，与上六爻变动的《临》之《损》一致。末则林辞《涣》之《坎》化用孔子受困于匡、陈蔡的史事，绘制出了乱世祸患的常态画卷。

一爻变卦象第六爻位变动林辞有64则，共计10首引史林辞，9首卦旨指向均凶险，其中5首描写女性祸国史实（4首上位变动爻为阴爻，与阴盛犯阳之象吻合），4首涉及遭受到其他的困厄和灾难，仅一处例外，见于《益》之《屯》。由此可见，《易林》林辞引史具有忧患意识不是偶然的，随意的，而是客观的，是匠心独运编撰而成。引史事象和卦象的上六、上九爻位意义以及相应的《周易》爻辞契合，寄寓了居高思危的忧患意识。

### 三 中正多吉的价值判断

《周易》卜筮的功能是预知未来，趋利避害。"潜龙勿用"以龙的潜藏状态象征应等待时机，避免盲目地躁动。"直、方、大，不习，无不利"象征运用阴柔之道可获取吉利。《乾》《坤》之外的具体爻辞，如，"利涉大川"象征利于使用阴柔，求取吉利。可见，《周易》每一则爻辞都蕴含有向吉利转换的密码，这个密码或通用，或特定，但却是真真切切的客观存在。面对各种忧患，引史类林辞又是如何书写和排布的呢？这从卦旨吉利的引史林辞中能找到答案，林辞编撰者提出了自己的系列解决方法，蕴含的价值观念也得以显现。

传说时期、夏商西周时期，史实映像较为模糊，勾勒的是圣王仁德形象，仁德成了一个贯穿始终的衡量尺度。如，《坎》之《小畜》写道："尧舜仁德，养贤致福。众英积聚，国无寇贼。"圣德之下，没有纷争,没有战乱,人民乐居,生活安康。"德"是这些人物形象共同拥有的鲜明品质。德可以安抚万民,可以知遇于明君,还可以制止患乱,《比》之《剥》曰:"伯夷叔齐,贞廉之师。以德防患,忧祸不存。"春秋战国时期,仁德要求不是减弱,而是加强,《蹇》之《大过》写道:"伯虎仲熊,德义渊宏。使布五教,阴阳顺序。"德和义相提并论,德仍然是重要的评价标准。

重德的同时,春秋战国及以后的历史时段,礼的社会价值得到凸显。德、礼既相区别又相联系,如果说德是内化的人格品质,那么礼则是外化的行为准则。《无妄》之《睽》记载:"颜渊闵骞,以礼自闲。君子所居,祸灾不存。"这是以礼防患。《坎》之《否》称"进礼雅言,定公以安",这是以礼求安。《噬嗑》之《困》称"交父无礼,自为作笑",这是因无礼而遭受到嘲笑。如果说林辞直接提及礼,易于理解,那么另外一类与礼相关的林辞,则需要联系当时的历史实际,进行还原。《鼎》之《噬嗑》写道:"东行西步,失其次舍。乾侯野井,昭君丧居。"和礼的关联,林辞并没明言,《左传》有这样的记载,昭公三十二年:"书曰:'公薨于乾侯。'言失其所也。"① 昭公二十五年曰:"齐侯将唁公于平阴,公先至于野井。……书曰:'公孙于齐,次于阳州,齐侯唁公于野井。'礼也。"② 从故实的出处可见,这则林辞和儒家之礼是紧密联系的。《履》之《蛊》称:"齐景惑疑,为孺子牛。嫡庶不明,贼孽为患。"齐景公废掉嫡子而立荼,导致家庭内乱,《晏子春秋》评论道:"夫服位有等,故贱不陵贵。立子有礼,故孽不乱宗。"③ "嫡庶不明"是对长幼贵贱之礼的僭越。

德、礼是重要的防患手段之一,德、礼之外,还有"躬耕至孝"中的孝,"四圣敦仁"中的仁,"仁义俱存"中的义,"赖旦忠福"中的忠等,这些都是儒家的价值观念。尽管《易林》防忧备患的思想武器不仅仅只有儒家,也有道家的"荷蕢躬耕",神仙家的"导引归

---

① 杨伯峻:《春秋左传注》(修订本),第1519页。
② 同上书,第1465页。
③ 张纯一:《晏子春秋校注》,新编诸子集成续编本,中华书局2014年版,第28页。

仙",但面对深重的社会忧患,儒家无疑是《易林》作者解决忧患的重要思想来源之一。

设卦观象,系辞而明吉凶,《易林》林辞中儒家的德、礼思想如何与卦象相联而得以落实和体现呢?据象系辞引史的深层次目的寄寓是什么呢?对此,历代先贤并没有作出解释,要回答这个问题,还得溯源到《周易》这个母体。

《周易》爻辞编撰暗含尚中理念,二、五爻位爻辞多吉利,空间方位与崇尚中正的理念相契,《系辞》曰:"二多誉……五多功。"《文言》传结合具体爻辞有进一步引申发挥,写道:"九二曰:'见龙在田,利见大人,何谓也?'子曰:'龙,德而中正者也。庸言之信,庸行之谨,闲邪存其诚。'"位于下卦中间的九二爻辞有龙、利见大人之象,缘于龙能践履中正之德,信于中正之言,谨于中正之行,防范邪恶,存其诚信。这一理念在《易林》中也有呈现,《大有》之《坎》写道:"天地九重,尧舜履中。正冠垂裳,宇宙平康。"《大有》卦上《离》下《乾》,《坎》卦上《坎》下《坎》,《大有》之《坎》五爻皆变而居中的九二爻不变,故林辞取象"履中",指践履中正之道,符合五爻变卦体以静爻为解的编撰机理,林辞吉利。

言象数而义理存于其中,明乎此,对于部分林辞的解读也能豁然开朗,《大有》之《离》写道:"凫鹥游泾,君子以宁。履德不衍,福禄来成。"所履之德是什么呢?林辞没有指明,结合卦象,德的具体内涵则清晰可见,变动的爻属于居中的第二爻,故起兴之象为泾,"泾,水中也"①,和变动爻居中吻合,同理可推,所履之德是中正之德,当和居中变动爻的爻位一致,故有获取福禄之象。这在诗句溯源中也能得到证实,首句"凫鹥游泾",化自《诗经·大雅·凫鹥》"凫鹥在泾",《毛诗序》解题时写道:"《凫鹥》,守成也。太平之君

---

① (清)马瑞辰:《毛诗传笺通释》,第899页。

子能持盈守成，神祇祖考安乐之也。"① 儒家的持盈守成哲学不外乎"守中"，《礼记·中庸》首段曰："中也者，天下之本也。"② 后人也有相似论断："处正居中，形神以和，故咎征不至，而休嘉集之。"③ 可见，《易林》林辞"所履之德"指中正之德不仅有卦象上的依据也有文献上的支撑，在这里，二者可以相互贯通。义理因象数而显，居中正多吉的价值判断在引史类林辞编撰中可以得到更好的印证，试以一爻变卦象居中第二爻变动的林辞为例：

  1. 众神集聚，相与议语。南国虐乱，百姓愁苦。兴师征讨，更立贤主。(《屯》之《节》)

  屯如邅如，乘马班如，匪寇婚媾。女子贞不字，十年乃字。(《屯》六二)

  2. 数穷廊落，困于历室。幸登玉堂，与尧佑食。(《讼》之《否》)

  不克讼，归而逋，其邑人三百户无眚。(《讼》九二)

  3. 珪璧琮璋，执贽见王。百里宁戚，应聘齐秦。(《否》之《讼》)

  包承，小人吉，大人否，亨。(《否》六二)

  4. 七窍龙身，造易八元。法天则地，顺时施恩，富贵长存。(《谦》之《升》)

  鸣谦，贞吉。(《谦》六二)

  5. 周德既成，枢轴不倾。太宰东西，夏国康宁。(《豫》之《解》)

  介于石，不终日，贞吉。(《豫》六二)

---

① （唐）孔颖达疏：《毛诗正义》，阮元校刻《十三经注疏》，第537页。
② （汉）郑玄注，（唐）孔颖达疏：《礼记正义》，阮元校刻《十三经注疏》，中华书局1980年版，第1625页。
③ （汉）荀悦撰，（明）黄省曾注，孙启治校补：《申鉴注校补》，新编诸子集成续编本，中华书局2012年版，第134页。

6. 禹凿龙门，通利水泉。同注沧海，民得安土。(《坎》之《比》)

坎有险，求小得。(《坎》九二)

7. 叠叠累累，如岐之室。一息十子，古公治邑。(《恒》之《小过》)

悔亡。(《恒》九二)

8. 陈妫敬仲，兆兴齐姜。乃适营丘，八世大昌。(《遁》之《姤》)

执用黄牛之革，莫之胜，说。(《遁》六二)

9. 骐骥绿耳，章明造父。伯凤奉献，襄续厥绪，佐文成伯，为晋元辅。(《革》之《夬》)

巳日乃革之，征吉，无咎。(《革》六二)

10. 七窍龙身，造易八元。法天则地，顺时施恩，利以长存。(《艮》之《蛊》)

艮其腓，不拯其随，其心不快。(《艮》六二)

11. 躬履孔德，以待束帛。文君燎猎，吕尚获福。号称太师，封建齐国。(《旅》之《鼎》)

旅即次，怀其资，得童仆，贞。(《旅》九二)

12. 杲杲白日，为月所食。损上毁下，郑昭出走。(《家人》之《小畜》)

无攸遂，在中馈，贞吉。(《家人》六二)

《易林》一爻变卦象居中第二爻变动有64则，上述罗列的是全部引史类林辞，7则变爻位于六二，既中且正；5则变爻位于九二，变爻居于中位，共计12则，11则吉利，仅《家人》之《小畜》不吉利。林辞的编排熔铸对于的《周易》爻辞之象、爻位意义，明显而突出。如前三组是这样的：

《周易·屯》卦六二："屯如邅如，乘马班如，匪寇婚媾。女子贞不字，十年乃字。"前两句有屯积、聚集之象，后两句标示婚姻初始阶段遇到艰难，但最终结果尚可。对应居中第二爻变的《屯》之《节》写道："众神集聚，相与议语。南国虐乱，百姓愁苦。兴师征讨，更立贤主。"林辞以汉武帝征伐南越为背景，《史记·孝武本纪》记载："为伐南越，告祷泰一，以牡荆画幡日月北斗登龙，以象天一、三星，为泰一锋，名曰灵旗。为兵祷，则太史奉以指所伐国。"张守节正义："画旗树泰一坛上，名灵旗，画日月北斗登龙等。"① 汉武帝征讨南越，是因为南越国出现内乱，具体记载见于《史记·南越列传》。此次出兵是打着替天行道的旗号，出发前在泰一坛上进行祈祷，所用的画幡称为泰一锋，是把泰一作为保护神。"五帝，泰一之佐也。"五帝是泰一的辅佐，如此推断，这次出兵是遵从泰一和五帝的意旨。林辞所说的"众神集聚，相与议语"。意谓天神泰一和五帝经过讨论，决定灭掉南越。此次征伐大获全胜，南越被灭，划为九郡，南越有些归顺的贵族被封为侯。吉利溢于言表。

《周易·讼》上九："不克讼，归而逋，其邑人三百户无眚。"意指没有胜讼，归来而其邑三百户逃亡，没有困苦。爻位意义是"见龙在田，利见大人"。对应的林辞《讼》之《否》叙写虞舜穷困之际，躬耕于历山，后来见到尧帝，舜因孝闻名而得到尧帝赏识，事见《史记·五帝本纪》。

《周易·否》上九："包承，小人吉，大人否，亨。"意指包裹起来用手捧着，小人吉利，君子则不顺通。爻位意义是"直、方、大，不习无不利"。《否》之《讼》编写的是身低位卑的百里奚、宁戚求见秦穆公和齐桓公的史实，最终两人都因贤能受到重用，卦旨指向吉利。

上述三则林辞对应情形是如此，其他林辞也是如此，仅最末一组例外。林辞涉猎历史人物：尧、禹、文王、百里奚、宁戚、八元、周公、古公亶父、敬仲、赵氏家族、吕尚、汉孝武帝等，大都德行高尚。践履中正之德的持盈之术借助于卦象凸显，与爻位契合。居中正爻位的引史林辞多吉，爻位意义渗透于林辞引史的编撰机理内，从而

---

① （汉）司马迁：《史记》，第326页。

使儒家的德、礼思想不至于在卦象中旁落，和中正理念结合，相互融通，构成一个有机的整体。

《易林》产生的社会背景和《周易》有相通之处，临忧患而作。《易林》引史实，多呈凶险之象，和《周易》的变革思想、忧患意识一脉相承。讲究德、礼，践履中正，体现出与《周易》的承继性关联，以及自身的思想价值观。一爻变卦象中，卦象和居高思危的忧患意识、中正多吉的价值判断契合完美，罕见例外。居中第二爻变动和第六爻变动摄取的历史事实迥异，前者吉利，后者凶险，以其差别言之，前者是履中正而获吉的理念使然，后者则是居高思危的忧患意识显现。卦形符号、林辞引史、儒家义理在这里互为一体，合规律性与合目的性得到和谐统一。可归纳总结为：德、礼与中正贯通，忧患与爻位相契，一显一隐，交汇融合而天衣无缝。这也同时揭示出，《易林》的编撰不是一盘散沙，随意的，而是客观的，是有规律可循的。《易林》对历史传说的吸纳及承载的理念，无论是在其产生之初的过去，还是在当下和未来，都具有一定的启示意义。

## 第二节 《易林》引史传作品故实考论举隅

林辞引史有千余首之多，丰富而多彩，每一则故实出现往往不是一次性的，而是多次反复。或采用整首林辞重见的方式，或采用短语镶嵌重见的方式，灵活而多变。对林辞与卦象综合考察，找寻背后蕴含的意义，是准确解读林辞的一把钥匙。

### 一 《易林》引东周之前故实及其与卦象含义的融通

后羿故实，《既济》之《履》写道："夷羿所射，发辄有获。赠加鹊鹰，双鸟俱得。"在这里，后羿射杀象征的是获取之义，卦旨吉利。《序卦》："既济，定也。"《履》卦指前行之义，故林辞以后羿射杀获取事象当之。《既济》之《履》，是定而前行之象，正与后羿射鸟事象相合。后羿射杀事象与吉利或平和相伴者，林辞中出现三次，

## 第四章　主题与用典：《易林》的旨趣寄寓

另两处是这样的：

> 十鸟俱飞，羿射九雌。雄得独全，虽惊不危。（《履》之《履》）

> 夷羿所射，发辄有获。双凫俱得，利以伐国。（《剥》之《大壮》）

《履》上《乾》下《兑》，《说卦》称："乾为金，兑为毁折。"《履》卦辞："履虎尾，不咥人，亨。"《杂卦》称："履，不处也。"故林辞有"鸟飞"象。老虎凶猛，往往带来伤害，践履到虎尾而不受到伤害，是吉利。林辞十鸟一同飞翔，九只受到后羿射杀，雄鸟得以独全，如同履虎尾而得以脱险之象。《剥》卦上《艮》下《坤》，《大壮》卦上《震》下《乾》，《剥》之《大壮》属五爻变卦象，林辞编写往往和未变动爻关联，《剥》卦六五："贯鱼以宫人宠，无不利。"指君主令后宫嫔妃轮流当夕，恩泽普施，合乎六五爻位意义"黄裳、元吉"。居尊位而以谦下之态出现。林辞双凫俱得，凫是水鸟，象征阴柔，得双凫是得阴柔之象，故以后羿射杀而获取双凫当之。

后羿射杀之象，也与不吉利相伴，《师》之《否》写道："羿张乌号，彀射天狼。柱国雄勇，斗死荥阳。"《师》卦上《坤》下《坎》，《否》卦上《乾》下《坤》，《说卦》称："乾为金，坎为陷，为险。"《师》卦叙述军队作战，《否》卦辞"小往大来"，闭塞不通之义，《象传》称："天地不交，否。"《师》之《否》是出师不利的走势，故林辞以后羿射杀与柱国斗死事象当之。柱国斗死事象，见于《史记·陈涉世家》："陈王征国之豪杰与计，以上蔡人房君蔡赐为上柱国。"[①] 柱国是官名，司马贞《索隐》写道："涉始号楚，因楚有柱国之官，故以官赐蔡。"[②] 房君蔡赐为柱国，后来章邯破伍徐，"击

---

[①] （汉）司马迁：《史记》，第1526页。
[②] 同上。

陈，柱国房君死"①。

　　同一林辞见于《噬嗑》之《旅》、《无妄》之《复》、《井》之《大过》。三组卦象相通，《噬嗑》卦上《离》下《震》，《旅》卦上《离》下《艮》，《说卦》称："离为甲胄，为戈兵，震为动，兑为毁折。"《噬嗑》卦把食物纳入口中，吃掉之义，《旅》叙述旅行者独自外出而频频遇险之象，故林辞以后羿射杀与柱国斗死事象当之。《无妄》之《复》上九爻变动，《无妄》上九："无妄，行。有眚，无攸利。"指出乎意料的出行离开，有灾难，无有利。林辞当之以后羿射杀与柱国斗死事象。《井》卦上《坎》下《巽》，《大过》卦上《兑》下《巽》，《井》之《大过》第四爻变动，《井》卦六四："井甃，无咎。"指井壁用瓦石加以维护，没有灾患。言外之意，不加维护则多凶险。《系辞》传："四多惧。"林辞选取后羿射杀与柱国斗死事象，标示需小心谨慎之义。

　　后羿射杀事象的运用表明卦象象征义选取不同，林辞吉凶的指向也会随之不同，两者相互贯通。卦象和林辞中的故实选用契合，这在林辞对其他故实的编写中也能找到相关案例。

　　"褒后生蛇"故实，《蛊》之《坎》林辞如下："褒后生蛇，垂老皆微。倒跌衰耄，酉灭黄离。"这条林辞提到褒后，即褒国的君主。是以西周灭亡为背景。关于褒国君主化为蛇的传说，见于《国语·郑语》：

> 夏之衰也，褒人之神化为二龙，以同于王庭，而言曰："余，褒之二君也。"夏后卜杀之与去之与止之，莫吉。卜请其漦而藏之，吉。乃布币焉，而策告之。龙亡而漦在，椟而藏之，传郊之。及历殷、周，莫之发也。及厉王之末，发而观之，漦流于庭，不可除也。王使妇人不帏而噪之，化为玄鼋，以入于王府。府之童妾未既龀而遭之，既笄而孕，当宣王时而生。②

---

① （汉）司马迁：《史记》，第 1529 页。
② 徐元诰：《国语集解》（修订本），第 473—474 页。

其中提到的漦，韦昭注："漦，龙所吐沫，龙之精气也。"① 相传夏朝末年，褒国两位君主化为两条龙，出现在朝廷。这就是林辞所说的"褒后生蛇"。夏王朝对这两条龙采取的措施是杀掉而封存其精气。从夏朝后期到周厉王前期，两条龙的精气一直封存在匣子中，历时久远，长达几百年。周厉王末年把匣子打开，龙的精气化为玄鼋，与宫女相遭遇。宫女怀孕，生褒姒，后来成为周幽王的王后，导致西周灭亡。

这条林辞是以上述传说为背景，把"褒后生蛇"说成是西周灭亡的根源，其中的"垂老皆微，倒跌衰耄"，是针对龙漦封藏长达几百年之久而言。在焦延寿看来，两条龙的精气经历数百年的封藏，所具有的生命活力已经衰微，只能造成破坏性的效果，就像高龄老人很容易跌倒那样。言外之意，褒姒是宫女遭遇衰微的龙漦所化元鼋而生，给西周王朝只能带来被倾覆的命运。

"酉灭黄离"，是用隐语的方式叙述西周王朝的灭亡。《说文解字·酉部》："酉，就也。八月黍成，可以酎酒，象古文酉之形也。凡酉之属皆从酉。丣，古文酉，从卯。卯为春门，万物已出。酉为秋门，万物已入。一，闭门象也。"② 在古人观念中，酉与秋相配，五行说与秋相对应的方位是西，因此，酉又指西方。《史记·天官书》叙述西宫星宿提到"胃为天仓"，张守节正义："胃三星，昴七星，毕八星，为大梁，于辰在酉。"③ 这是把西方的星辰称为酉。

《史记·周本纪》叙述西周灭亡的情况时写道："申侯怒，与缯、西夷犬戎攻幽王。幽王举烽火征兵，兵莫至。遂杀幽王骊山下，虏褒姒，尽取周赂而去。"西犬戎位于宗周西部，林辞所说的"酉"，指的就是西犬戎。黄离，初见于《易·离》六二："黄离，元吉。"《象》云："黄离元吉，得中道也。"在五行学说中里，黄色与空间的中心地带相配。黄指中土，具体指宗周所在地。《离》，在《易林》

---

① 徐元诰：《国语集解》（修订本），第 473 页。
② （清）段玉裁：《说文解字注》，第 747 页。
③ （汉）司马迁：《史记》，第 1076 页。

的逸象中为东①。西犬戎在宗周西部，宗周在东。黄离，指位于西犬戎东部而作为中心地带的宗周所在地。"酉灭黄离"，指的是西犬戎使宗周覆灭。

《蛊》之《坎》的林辞以西周灭亡为背景，与卦象的变化直接相关。《蛊》卦的卦辞有"先甲三日，后甲三日"之语，意谓终则有始，继往开来。《左传》昭公元年所载秦医和之语："于文，皿虫为蛊，谷之飞亦曰蛊。"这是从嬗变的角度解释蛊。《蛊》有推移变化之义，《坎》指的则是险境。《蛊》之《坎》，是向前推进而至于险境，这与西周覆灭的历史事实正相符合。《左传》昭公元年记载，医和又称："在《周易》，女惑男，风落山谓之《蛊》。"《蛊》有蛊惑之义。西周灭亡，很大程度上与褒姒有关，是她对周幽王加以蛊惑所造成的恶果。就此而论，《蛊》之《坎》传达的是由蛊惑而遇险的信息，这与西周灭亡的历史事实亦相契合。《蛊》卦是《巽》下《艮》上，《坎》卦是两《坎》相叠。《蛊》之《坎》是九三阳爻变为阴爻，六五阴爻变为阳爻，上九阳爻变为阴爻。或是由阳变阴，或是由阴变为阳，杂乱无序之象，亦与西周灭亡的故实相类似。

《蛊》之《坎》的林辞认为，是褒君化为龙，龙的精气由于长期封存而生命力衰微，因此，受龙的精气感应而生的褒姒，导致西周灭亡，是从生命哲学的角度立论。《国语·郑语》在叙述这个传说之后，周王朝太史有如下议论："天之生此久矣，其为毒也大矣，将俟淫德而加之焉。毒之酋腊者，其杀也滋速。"韦昭注："精熟为酋。腊，极也。滋，益也。"徐元诰引汪远孙如下辨析：

《礼记·月令》"大酋"，郑注："酒孰曰酋。"《方言》："酋，孰也，久孰曰酋。"《周官·酒正》："二曰昔酒。"郑注："昔酒，今之酋久、白酒。"昔、腊音义同。酋腊，言毒之酋久也。②

---

① 尚秉和遗稿，张善文校理：《焦氏易林注》上，《尚氏易学存稿校理》第二卷，第16页。
② 徐元诰：《国语集解》（修订本），第475页。

在周太史看来，龙漦本系有毒之物。因为封藏的时间很久，它的毒性更加剧烈，因此将造成巨大危害。焦延寿认为龙漦长久封藏而生命力衰微，史伯则认为毒性加剧，两人是从不同视角切入，但得出的结论是一致的。

故实借助卦象得以体现，故实与卦象象征义扣合，二者是相互依傍的，二者的结合不是随意的，而是以客观事实为依据，是有一定规律可循的，尽管这种规律性的结论还有待更多的证据，但这种规律性的探讨是深入解读《易林》不可或缺的一环。

## 二 《易林》引东周至西汉故实及其与卦象含义的融通

《易林》自西汉末年生成以来，清人丁晏，尚秉和先生、刘黎明先生等对于《易林》字句有所订正，然至今《易林》引史类林辞仍留有诸多史实不清或错讹的情形，值得进一步辨析。

1. 昭君，《萃》之《临》："昭君死国，诸夏蒙德。异类既同，宗我王室。"昭君指谁？学者对此存在不少争议①。林辞的编写依托卦象，据象系辞，衍《易》而得，遵循这一规律，结合史实，可以为顾氏、丁氏、余氏的认定提供新的佐证。事实上，《萃》之《临》提及的昭君当指王昭君与匈奴和亲的故实，昭君死国，指昭君死于塞外，谓昭君为国而死，这在后代文献记载中屡屡出现，《王嫱报汉元帝书》写道："臣妾幸得备身禁脔，谓身依日月，死有余芳。而失意丹青，远窜异域，诚得捐躯报主，何敢自怜？"上述记载，尽管出于后人之手，但大体是可信的，昭君出塞之后，至死也未再回归汉朝。诸夏，周代分封的各个诸侯国，泛指中原地区，《左传》闵公元年记

---

① 一、周昭王，尚秉和先生：震为君，坤为文，故曰昭君。坤为死，为国。昭君死国，言昭王南征不返也。二、齐桓公、汉昭帝，马新钦先生：《萃》之《临》昭君指齐桓公，《萃》之《益》昭君疑指汉昭帝。三、鲁昭公，林忠军先生：《易林》中的昭君，非指汉王嫱昭君，而是春秋时鲁国君主鲁昭公。四、王昭君，顾炎武、丁晏、余嘉锡等持此说。五、明君，翟云升引牟庭相观点，"昭君者，犹明君也"。

载:"诸夏亲暱,不可弃也。"杨伯峻先生注:"中原诸侯。"① 诸夏泛指中原地区,与塞外形成对照。

林辞和卦象相捆绑,昭君指王昭君,在变卦相同的《萃》之《益》中也能得到佐证,相关林辞是这样的:"长城既立,四夷宾服。交和结好,昭君是福。"故实背景见于《汉书·元帝纪》:

> 呼韩邪单于不忘恩德,乡慕礼义,复修朝贺之礼,愿保塞传之无穷,边垂长无兵革之事。其改元为竟宁,赐单于待诏掖庭王樯为阏氏。②

汉与匈奴这次和亲后,直至成帝时仍休睦多年。四夷宾服,昭君是福,正是昭君和亲所带来的福瑞之象。之所以说两处提及的昭君指的是同一人,还在于《萃》之《益》与《萃》之《临》具有相同本卦。

昭君在林辞中多次出现,所指并不完全一致,当指同一人物时,卦象往往相同。《震》之《节》写道:"东行西步,失其次舍。乾侯野井,昭君丧居。"昭君在这里指的是鲁昭公,故实见于《左传》昭公三十二年:"十二月,公疾……书曰'公薨于乾侯',言失其所也。"林辞复见于《鼎》之《噬嗑》,《噬嗑》卦是吃喝灭亡之义,故林辞以毁亡事象当之。昭君指鲁昭公,在另外的林辞中也能得到证实,《节》之《噬嗑》写道:"东行西步,失次后舍。乾侯野井,昭公失居。与彼作期,不觉至夜。"《震》之《节》和《节》之《噬嗑》、《鼎》之《噬嗑》三者卦象有相同之处,可归为近似卦,和卦象相同一样,摄取的昭君事象指的也恰好是同一人,昭君改称昭公,即鲁昭公。虽同为昭君,但所指却并不一样,这种同一称呼用以指代不同人物,在林辞也能找相关案例。如,季,《屯》之《井》:"大蛇

---

① 杨伯峻:《春秋左传注》(修订本),第256页。
② (汉)班固:《汉书》,第297页。

当路，使季畏惧。汤火之灾，切近我肤。赖其天幸，趋于王庐。"季指汉高祖刘邦。《蛊》之《噬嗑》："公孙驾骊，载游东齐。延陵悦产，遗季纻衣。"季指吴公子季札。

2.《恒》之《丰》："播轮折辐，马不得行。竖牛之谗，贼其父兄。布衣不伤，终身无患。"林辞的末两句，翟云升《焦氏易林校略》写道："下二句衍文，宜删。播，当作翻。"① 翟氏的看法甚为简便，采用删减的方法，使句意变得十分清晰，但并不可取，当下的所有版本亦未采用此观点。

末尾两句究竟作何解呢？要澄清这一问题，则需结合卦象以及林辞所引故实。首先，《恒》之《丰》卦旨究竟是吉是凶？这从卦象中可以得到答案，《恒》卦上《震》下《巽》，《丰》卦上《震》下《离》，《恒》之《丰》是《恒》卦初六爻、九二爻变动，林辞编写往往依据变动爻辞，《恒》卦初六："浚恒，贞凶，无攸利。"九二："悔亡。"《周易·丰》卦多丧礼事象，指向多凶险。可见这条林辞当是主凶险的。林辞称引"竖牛"故实，也无一例外都指向的是凶险，于卦旨上可以相互印证，另两处是这样的：

明夷兆初，三日为灾。以谗复归，名曰竖牛。剥乱叔孙，馁卒虚丘。（《大壮》之《比》）

明夷兆初，为穆出郊。以谗复归，名曰竖牛。剥乱叔孙，馁于空丘。（《剥》之《比》）

其次，《恒》之《丰》末两句是否属于衍文？回答是否定的，"布衣不伤，终身无患"，当指整则林辞所述"竖牛"这一事件中的杜洩。他是叔孙豹的家臣，是布衣身份。他没有按照叔孙豹的意图去杀竖牛，而是在以礼安葬主人之后逃亡他乡，故称终身无患。故实见于《左传》昭公四年："杜洩见，告之饥渴，授之戈。对曰：'求之

---

① （清）翟云升：《焦氏易林校略》，续修四库全书本，第1055册，第246页。

而至，又何去焉？'"杜预注："杜洩，叔孙氏宰也。牛不食叔孙，叔孙怒，欲使杜洩杀之。"① 又昭公五年写道：

  季孙命杜洩。杜洩曰："卿丧自朝，鲁礼也。吾子为国政，未改礼而又迁之。群臣惧死，不敢自也。"既葬而行。

季孙命从西门给叔孙豹出殡，而杜洩坚持依礼而行，朝出正门即出国都南门。葬完穆子叔孙豹后，随即出行。杨伯峻先生于此条史料下注："据《唐书·宰相世系表》：杜洩避季子之难奔于楚。"② 杜洩是"竖牛"事件中的参与者，也始终置身于凶险氛围之中，林辞将其涉猎进来是保留对故实叙写的完整性，与整则林辞的凶险指向并不矛盾。前四句描写的是竖牛不知恩图报，僭越贼杀其父，凶。播轮，指车轮解体，播，分散之义。车轮解体，辐条也折断，两种事象相互关联。

3. "涉伯殉名，弃礼诛身。不得其道，成子奔燕。"这一林辞《四库全书》本、《正统道藏》本列为《履》之《无妄》卦下，《四部丛刊》本归到《履》之《颐》卦下。到底归于哪一卦象较为合理呢？对此，学人往往莫衷一是，要回答这个问题，可以从卦象入手，《履》卦上《乾》下《兑》，《无妄》卦上《乾》下《震》，《履》之《无妄》是第二爻变动，编写往往以变动爻所对应的《周易》爻辞为依傍，《履》卦九二爻辞："履道坦坦，幽人贞吉。"指向的是吉利。《四库全书》本、《正统道藏》本林辞"涉伯殉名"和这一指向并不正向扣合。涉伯，指涉佗，见于《左传》的定公八年、十年。他以违礼的手段破坏晋、卫之间的联盟，最终被杀，他的同伙成何奔亡到燕国。《履》九二爻辞"履道坦坦"，指的是走正道，而涉佗却是走邪道。一爻变卦象的林辞编撰尽管有不少从反面立意者，但卦旨多和

---

① 杨伯峻：《春秋左传注》（修订本），第1258页。
② 同上书，第1262页。

对应的《周易》爻辞一致，此处吉凶指向不合，由此可以推理，这条林辞不当系于《履》之《无妄》下。那么，《四部丛刊》本归之为《履》之《颐》卦又是否确切呢？回答是肯定的。《履》卦上《乾》下《兑》，《颐》卦上《艮》下《震》，《履》之《颐》是第二、四、五爻变，解占往往综合卦的宗旨以及卦象而得。《履》指前行，《颐》指颐养，"涉伯殉名，弃礼诛身。不得其道，成子奔燕"正是前行而活口保命之象。"涉伯殉名"归于《履》之《颐》的合理性，从《四部丛刊》本《履》之《无妄》林辞中可以得到反向证实，《四部丛刊》本《履》之《无妄》林辞是这样的："雎鸠淑女，贤圣配偶。宜家寿福，吉庆长久。"摄取的正是淑女之象，和《周易·履》卦爻辞"幽人贞吉"吻合，卦旨也是吉利。

## 第三节 《易林》的仙道思想与企寿情怀
### ——以相关名物为透视点

《易林》作者焦赣，名延寿，西汉人，《汉书·儒林传》记载："京房受《易》梁人焦延寿。延寿云：尝从孟喜问《易》。"易学独得隐士之说，以儒家思想为主，夹杂不少仙、道观念。林辞热衷于仙、道事象，从姓、名、字的内涵关联层面可以得到一个真切的答案。

### 一 《易林》作者焦赣姓、名、字的纵横关联

《易林》的作者一直存在争议，《汉书·艺文志》记载《易》类十三家，蓍龟类十五家，均不及焦氏。直至《隋书·经籍志》，始在五行家中写道："焦赣著《易林》。"尽管这一流传过程充满波折，主流层面依旧始终认可焦赣的著作权，这是有依据的。

和著作权的遭遇一样，焦赣名字也曾发生过误读。《汉书》记载："京房受《易》梁人焦延寿。"颜师古注："延寿其字，名赣。"[1] 颜

---

[1] （汉）班固：《汉书》，第3602页。

氏的注并不正确，这从《汉书·京房传》中能找到内证，"（京房）治《易》，事梁人焦延寿。延寿字赣。赣贫贱，以好学得幸梁王，王共其资用，令极意学"。颜氏注属于将字与名相乙所致。通常情况下，名是人诞生不久所得，自古如此，《离骚》首段有这样的文字："皇览揆余初度兮，肇锡余以嘉名。"屈原名平即降生时获得。《易林》作者名延寿是父母对孩子的期望。延寿为名，顾名思义，指新生命降临时父母希冀孩子延年益寿，《急就》篇"宋延年"条目下，颜师古注："延年之义，取于寿考无疆也。"① 延寿是名而非字，表示希冀延年益寿，是汉代尤其西汉比较普遍的命名倾向。例如，西汉成安侯韩延年，其子取名为韩千秋。西汉酷吏杜周，其子三人，分别名为延寿、延考、延年。类似的相关数据，刘颉蕙博士统计道："名延寿者，12人，全是西汉人。武昭宣9人，景帝、元帝、成帝各1人。……名延年者26人，25人为西汉人，1人为东汉人，武宣昭三朝22人，元帝时1人。"这一数值大体是可信的②，以《汉书》为例，全书记载以延寿、延年为名的传主有9位，与焦赣同时代的宣、昭朝，延寿、延年出现者5位，延寿均是名而非字，无一例外。

字，是行成年礼时所得，《礼记·冠义》："已冠而字之，成人之道也。"属于人的尊称，举行成人礼时取字，名与字时间上有先后之别，清人程廷祚《左传人名辨异》序言写道："幼名，冠字，五十以伯仲，死谥，同道也。"父母长辈依次起名、字，寄托的是殷切希望。古人名与字之间往往存在相反或相近两种可贯通的意义关联。焦延寿，字赣，是否也如此呢？

赣，《说文解字·页部》："赣，赐也。"赣指赏赐之义。《淮南子·要略》篇："一朝用三千钟赣。"高诱注："钟，十斛也，赣，赐也。一朝赐群臣之费三万斛也。"赣，指赏赐，用于人的称呼，意义也是如此。孔子弟子，字子贡，又写作子赣。姓端木，名赐。赣与

---

① （汉）史游：《急救篇》，岳麓书社1989年版，第35页。
② 个别有遗漏，毛延寿，西汉人，宫廷画家；崔延寿，崔篆；辛延年，东汉人，创作《羽林郎》。

贡、赐意义相近，赐予之义。《尔雅·释诂》："赍、贡、锡、畀、予、贶，赐也。"子贡又记作子赣，赣与贡音同，《唐韵》《集韵》："赣音贡。"《韵会》："赣通作贡。"子贡写作子赣，《礼记·乐记》载："子赣见师乙而问焉，曰：'赐闻声歌各有宜也。如赐者，宜何歌也？'"郑玄注："子赣，孔子弟子。"①《汉书·货殖传》也有如下一则记载：

　　子赣既学于仲尼，退而仕卫，发贮鬻财曹、鲁之间。七十子之徒，赐最为饶，而颜渊箪食瓢饮，在于陋巷。子赣结驷连骑，束帛之币聘享诸侯，所至，国君无不分庭与之抗礼。②

在这段文字中，提及子赣、赐，指的是同一个人，即孔子弟子端木赐子贡。赣、赐、贡三者的关联用于人名，含义具有一致性。对此，王引之《经义述闻》在"端木赐字子贡"条目下写道：

　　《尔雅》贡，赐也。字亦作赣，《说文》赣，赐也。《淮南·精神》篇："今赣人敖苍，予人河水。"《要略》篇："一朝用三千钟赣。"高注并曰：赣，赐也。③

王氏依据字书与《淮南子》注所作的上述辨析，训释贡、赣、赐意义相近而相通，是很正确的。名赐与字子贡（赣）之间是同义互训关联。赣用于人名指赐予，故《易林》作者名延寿，字赣，赣与延寿是相承的关系，意为赐予延年益寿之义。名为延年、延寿与字的一致性关联在同时代的命名取字中也能找到相关案例，字从不同角度对名的内涵予以对应。

杜延年，宣昭时期人，《汉书》记载："（杜）延年，字幼公，亦

---

① （清）朱彬：《礼记训纂》，第604页。
② （汉）班固：《汉书》，第3684页。
③ （清）王引之：《经义述闻》，商务印书馆1936年版，第885页。

明法律。昭帝初立，大将军霍光秉政。"① 延年是名，幼公是字，《说文解字·幺部》："幼，少也。"公，古代五等爵位的第一等。《礼记·王制》："王者之制禄爵，公、侯、伯、子、男，凡五等。"幼公，即年幼而为公，居高官之位。幼公、延年，取其少而宦达并且延年益寿之义。字幼公，与其名之间是"连义推想"关联。名取延年益寿之义，字幼公者，汉宣帝时御史大夫陈万年也是如此。

韩延寿，宣昭时期人，《汉书》记载："韩延寿，字长公，燕人也，徙杜陵。少为郡文学。父义为燕郎中。刺王之谋逆也，义谏而死，燕人闵之。是时昭帝富于春秋，大将军霍光持政。"② 长，《说文解字·长部》："久远也。"段玉裁注："久者，不暂也。远者，不近也。引伸之为滋长，长幼之长。"③ 长指久远之义。韩延寿，字长公，取其久远为高官而延年益寿之义，名与字之间是连类，亦即"连义推想"的关联。

杜延年字幼公、陈万年字幼公、韩延年字长公，名与字从人的生命意识层面进行连义推想，相互呼应，保持一致性。名为延寿、万年，字幼公着眼于生命起始阶段，祈求永葆青春，充满活力之义。字长公着眼于生命历程的长度，以及在官位体制中所达到的最高阶层。长公属于延年的同义表达。

甘延寿，《汉书》记载："甘延寿，字君况，北地郁郅人也。……车骑将军许嘉荐延寿为郎中谏大夫。"④ 许嘉是汉武帝时人，甘延寿与之同时。《说文解字·水部》："况，寒水也。从水兄声。"段玉裁注："（寒水也）未得其证。毛诗《常棣》《桑柔》《召旻》皆曰：'兄，滋也。'矢部㕞下曰：兄，词也。古矤兄，比兄皆用兄字。后乃用況字。后又改作况。"⑤ 况从水，有滋养、增益之义。《晋语》

---

① （汉）班固：《汉书》，第2662页。
② 同上书，第3210页。
③ （汉）许慎撰，（清）段玉裁注：《说文解字注》，第453页。
④ （汉）班固：《汉书》，第3007页。
⑤ （汉）许慎撰，（清）段玉裁注：《说文解字注》，第547页。

记载:"众况厚之。"况指的是增益。《诗·大雅·桑柔》写道:"乱况斯削。"况指滋长。况有滋养、增益之义,由此可以引申出赐给、赐予,通"贶"。《国语·鲁语下》载鲁国叔孙豹之语:"君以诸侯之故,贶使臣以大礼。"韦昭注:"贶,赐也。"① 《汉书·武帝纪》:"遭天地况施,著见景象。"况指赐予。甘延寿,字君况,君是社会角色尊称,名字意谓能够延年益寿,并且得到君主的赏赐。

严延年,宣昭时期人。《汉书》载:"严延年,字次卿,东海下邳人也。其父为丞相掾,延年少学法律丞相府,归为郡吏。以选除补御史掾,举侍御史。是时大将军霍光废昌邑王。"② 卿,《说文解字·卩部》:"卿,章也。六卿:天官冢宰、地官司徒、春官宗伯、夏官司马、秋官司寇、冬官司空。"次,谓至、达到。《史记·酷吏列传》:"外宽,内深次骨。"次,谓及、至。卿指高级的官阶,汉代有九卿,是中央政府各部门的首脑。次卿,就是成为高官显贵之义。延年与次卿相联,名字取延年益寿而又位居高官之义。

甘延寿、严延年名与字的意义关联从社会角色层面连义推想而得。名为延寿、延年,字为君况、次卿,取其借助社会角色的显贵而获取延年益寿。孔子曰:"富、贵,人之所欲也。"追求显贵是人的本性,这种信念也渗透到汉代人的取字之中。字取尊号、官爵之称,类似的用例在汉代并不少见。比如,王莽,字巨君。薛广德,字长卿。董贤,字圣卿等。

田延年,宣昭时期人,《汉书》记载:"田延年,字子宾,先齐诸田也,徙阳陵。延年以材略给事大将军莫府,霍光重之,迁为长史。"③ 宾,《说文解字》:"所敬也。"段玉裁注:"大宰。八统。八曰礼宾。大宗伯,以宾礼亲邦国宾客。浑言之也。析言之,则宾客异义,又宾谓所敬之人,因之敬其人,亦曰宾。"④ 宾有敬义,子是对

---

① 徐元诰:《国语集解》(修订本),第 178 页。
② (汉)班固:《汉书》,第 3667 页。
③ 同上书,第 3665 页。
④ (汉)许慎撰,(清)段玉裁注:《说文解字注》,第 281 页。

人的尊称。田延年，字子宾，名字取敬以待人处事方式而延年益寿之义。

王延寿，东汉人，王逸之子，《后汉书·文苑传》记载："（王逸）子延寿，字文考，有俊才。少游鲁国，作《灵光殿赋》。"① 王延寿，字文考，一字子山。文考，是周武王用于指父辈的尊称，《书·泰誓下》："予克受，非予武，惟朕文考无罪。"孔安国传："言文王无罪于天下。"② 文考谓武王之父文王，是对亡父的尊称。据《礼记·文王世子》记载，"文王九十七乃终"。文王是长寿之人，王延寿字文考，取长寿之义。一字子山，《诗经·小雅·天保》："如南山之寿，不骞不崩。"《论语·雍也》载孔子之语："知者乐水，仁者乐山；知者动，仁者静；知者乐，仁者寿。"山体坚固，故用来象征人的长寿。王延寿字子山，名和字所表示的均是长寿之义。

范延寿，《汉书·百官公卿表（下）》记载："河平二年，北海太守安成范延寿子路为廷尉，八年卒。"③ 范延寿，字子路，子是尊称，路取其通达之义，《说文解字·足部》："路，道也。"段玉裁注："《释宫》：'一达谓之道路。'此统言也。《周礼》：'浍上有道，川上有路。'此析言也。《尔雅》、毛传，'路，大也。'此引申之义也。'"④《尔雅·释诂》、《诗经·大雅》的《皇矣》《生民》，对于其中的"串夷载路"、"厥声载路"，毛传均释路为大。可见，路指大，是西汉时期较为普遍的观念。范延寿字子路，其字亦取大之义，与延寿相对应。

田延年字子宾、王延寿字文考、范延寿字子路，都是以对人的尊称为字，名与字的关联取其以高尚的情操和获取延年益寿之义。

总起来说，与焦延寿同时或稍前与稍后的人物命名，名与字之间

---

① （南朝宋）范晔：《后汉书》，第767页。
② （汉）孔安国传，（唐）孔颖达疏：《尚书正义》，阮元校刻《十三经注疏》，中华书局1980年版，第182页。
③ （汉）班固：《汉书》，第827页。
④ （汉）许慎撰，（清）段玉裁注：《说文解字注》，第84页。

往往能建立起比较稳固的正向意义关联，具有一致性，从不同角度表达出对延年益寿的渴望。

焦赣名字的含义指赐予延年益寿，名字与姓氏之间是否也有联系呢？回答是肯定的，焦，《说文解字》："作雧，火所伤也。"① 《玉篇》写道："火烧黑也。"焦字构形上面是隹，指短尾鸟，下面从火，指为火所伤义。焦用于国名、姓氏，《左传》襄公二十九年记载："虞、虢、焦、滑、霍、杨、韩、魏皆姬姓也。"② 焦作姓氏，和姬姓同。姬姓，黄帝居姬水，以姬为氏，周人嗣其姓。《左传》昭公二十八年载："武王克商，光有天下，其兄弟之国者，十有五人。姬姓之国者四十人，皆举亲也。"③ 焦姓是姬姓分支，虽源出高贵，但姓氏含义上却有不小遗憾。焦，本指的是被火烧伤。由此而来，构形从焦的字，往往有收缩、微小之义，有时还指受损伤。蕉，指草芥。樵，谓不成材的散木、薪材。小鸟称为鹪鹩，侏儒称为僬侥，都是取其微小之义。糕，指米粒收缩。醮顦指面目枯槁，潐指水枯尽。谯为责备，噍为咀嚼，皆减损之义。由此看来，焦字本身是带有负面属性的词，有缺失之义。赣、延寿的赐予延寿之义是对姓氏"焦火所伤也"含义缺失的补充，是一种圆通行为。姓焦，名延寿，字赣，名和字表达的均是正面意义，与焦字反向相应。

姓焦、名延寿、字赣，姓、名、字三者之间能够在意义上建立起一致性关联，代表的是一种积极向上的期许。取名寓意也和西汉重视神仙思想、追求长生不死风气密不可分，尤其武、宣、昭帝时期，短短几十年，以延寿或延年命名者最为频繁而突出。

## 二 《易林》仙道特征、仙山的地域分布及其与名字内涵的融通

《易林》作者名、字指赐予延年益寿之义，反映西汉时期人们的成仙之想，这种愿望也能在林辞编写中得到很好的印证。借助各种

---

① （汉）许慎撰，（清）段玉裁注：《说文解字注》，第484页。
② 杨伯峻：《春秋左传注》（修订本），第1160页。
③ 同上书，第1494—1495页。

仙、道、隐逸事象，遁世、旷达的人生感悟，焦延寿，字赣的内涵得以进一步显现。

真人，《否》之《豫》："南山之峻，真人所在。德配唐尧，天命为子。保佑歆享，身受大庆。"真人活动于南山之上，这是生命力旺盛的场所。真人，《庄子·大宗师》提到真人时写道："不说生，不恶死。"真人忘却生死，从真字构形上也能得到验证。真，许慎《说文解字》："真仙人变形而登天也。"段玉裁注："此真之本义也。……变形故从匕。"形旁匕，《说文解字》："匕，变也。"桂馥《说文解字义证》写道："《广雅》：匕，变也。经典通作化……《礼记·中庸》：'动则变，变则化。'"① 真有化的意义，故真人形象暗含能忘却生死进而长生的本领。《诗经·小雅·天保》称："如南山之寿，不骞不崩。"把南山说成是真人所居之处，是由寿比南山之喻而来。

王子乔，《谦》之《谦》："王乔无病，狗头不痛。亡跛失履，乏我徒从。"王乔无病，是长寿的一个表现。《家人》之《剥》明确标示道："骑龙乘风，上见神公。彭祖受刺，王乔赞通。巫咸就位，拜寿无穷。"王子乔，其原型是周灵王的太子王子晋，具体记载见于《国语·周语下》《逸周书·太子晋解》。这位太子早夭，后来传说他成仙，见于《楚辞·远游》和《列仙传》。王子晋而改称王子乔或王乔，取乔字的特殊含义。《孟子·梁惠王下》称："所谓故国者，非谓有乔木之谓也，有世臣之谓也。"这里的乔木，指古老的大树。乔有古老之义，把它作为仙人的称谓。后一则叙述仙人拜见神公巫咸的场景。彭祖手持名片，王乔充当向导，为巫咸拜寿。

赤松子，《大壮》之《解》："寿如松乔，与日月俱。常安康乐，不罹祸忧。"林辞提及的松指赤松子，乔指王子乔，与之对应的是康乐无忧，免除祸患之象，卦旨指向吉利。赤松子事迹见于《楚辞·远游》《列仙传》《淮南子》，与长寿仙人王子乔齐名。《列仙传》记载：

---

① （清）桂馥：《说文解字义证》，中华书局1987年版，第713页。

  赤松子者，神农时雨师也。服水玉，以教神农，能入火自烧。往往至昆仑山上，常止西王母石室中，随风雨上下。炎帝少女追之，亦得仙俱去。高辛时，复为雨师。今之雨师本是焉。①

赤松子经常出入西方昆仑神山。活动轨迹从神农时期开始，直至高辛帝时期复为雨师，是长寿的代表人物。相传赤松子是服食水玉，而成仙。所谓的水玉，就是液态的玉，亦称玉膏。《山海经·西山经》的崟山条目写道："丹水……其中多白玉，是有玉膏，其原沸沸汤汤，黄帝是食是飨。……玉膏所出，以灌丹木，五色乃清，五味乃馨。"②黄帝是传说中升天的仙人，他以玉膏为食，暗示这种物质的长寿功能。仙人而称为赤松子，赤，阳色，标示生命力旺盛。松树四季常青，且历年久远。赤松子之称，由此而来。

  彭祖，《家人》之《剥》："骑龙乘凤，上见神公。彭祖受刺，王乔赞通。巫咸就位，拜寿无穷。"第三句提及彭祖，第四句提及王子乔，末句着眼于长寿之义而引申开去。彭祖长寿，《列仙传》有如下记载：

  彭祖者，殷大夫也。姓篯名铿，帝颛顼之孙，陆终氏之中子。历夏至殷末，八百余岁。常食桂芝，善导引行气。③

彭祖上至有虞，下及殷商，得寿八百有余，往往备受人称道，《庄子·逍遥游》《庄子·大宗师》《淮南子》等有相关描述。彭祖代指长寿，令人心向往之，这从汉代的命名中也可以看出，仅西汉一朝，以彭祖为名者就有 11 位之多④。彭，古代实有其姓，实有其国，亦称

---

① 王叔岷：《列仙传校笺》，中华书局 2007 年版，第 1 页。
② 袁珂：《山海经校注》，第 41 页。
③ 王叔岷：《列仙传校笺》，第 38 页。
④ 据刘颉蕙统计：窦彭祖、严彭祖、刘彭祖、蔡彭祖、赵彭祖、张彭祖、邓彭祖、黎彭祖、直彭祖、彭祖（2 人），《从两汉人名看汉代的神仙信仰》，《西南大学学报》（社会科学版）2007 年第 1 期。

大彭，是祝融八姓之一。颛顼后裔。彭有大之义，祖谓起始，彭祖之谓历史悠久，用以指长寿仙人。大彭，见于《国语·郑语》。

西王母，《夬》之《夬》写道："戴尧扶禹，松乔彭祖。西遇王母，道路夷易，无敢难者。"管控人间祸福，相伴的往往是吉利卦旨。《庄子·大宗师》称："杀生者不死，生生者不生。"《山海经·西山经》称："西王母……是司天之厉及五残。"① 西王母主管杀生，因此被说成是不死的仙人。汉代西王母已经远离"蓬发戴胜"、"豹尾虎齿"的半人半兽形象，转化成一位和蔼可亲的女神，具有济世的慈善心肠。司马相如《大人赋》描写道："皓然白首戴胜而穴处兮，亦幸有三足乌为之使。必长生若此而不死兮，虽济万世不足以喜。"② 西王母长生不死的神性，战国时期已有明确记载，《庄子·大宗师》："西王母得之，坐乎少广，莫知其始，莫知其终。"③ 成玄英疏：

> 王母，太阴之精也，豹尾，虎齿，善笑。舜时，王母遣使献玉环，汉武帝时，献青桃。颜容若十六七女子，甚端正，常坐西方少广之山，不复生死，故莫知始终也。④

这段话揭示出，西王母不复生死，不知始终，具有长生不死之特性。林辞中西王母的刻画也不例外，《讼》之《泰》写道："弱水之西，有西王母。生不知老，与天相保。"

总起来看，王子乔、赤松子、彭祖、西王母都是传说的得道仙人，这一轴人物画卷中，都生活于名山之中，擅长养生，长寿是其共同点。粗略统计，得道仙人出现的次数有高低之分，彭祖 8 次，王子乔 14 次，赤松子 9 次，西王母 20 余次，频率不相等，尤以西王母最为显著。林辞涉及这类人物时，卦旨往往吉利。仙人长生不死的神奇

---

① 袁珂：《山海经校注》，第 50 页。
② 费振刚、仇仲谦、刘南平校释：《全汉赋》，第 90 页。
③ （清）郭庆藩：《庄子集释》，新编诸子集成本，中华书局 1961 年版，第 247 页。
④ 同上书，第 250 页。

特征与焦延寿、字赣的赐予延年益寿之义正相应。

长寿仙人活动区域大抵在名山大川，《易林》作者名字蕴含赐予延年益寿之义，在林辞摄取的各个仙山分布中也能得到更进一步印证。名山大川不少直接与延年益寿事象相联。所涉名目如下。

南山，《屯》之《革》："从容长闲，游戏南山。拜祠祷神，神使无患。"南山，居于南，象征阳刚，生机旺盛，其间生活着不少的仙界神人。《姤》之《临》写道："禹召诸神，会稽南山。执玉万国，天下康安。"南山往往和长寿相联，《诗经·小雅·南山有台》首章有这样的记载："南山有台，北山有莱。乐只君子，邦家之基。乐只君子，万寿无期。"《小雅·天保》亦称："如南山之寿，不骞不崩。"林辞南山与之相应，生活于南山上的都是生命力旺盛之物。

泰山，《大畜》之《大有》："黄帝出游，驾龙乘马。东至泰山，南过齐鲁。王良御右，文武何咎。不利市贾。"黄帝是传说中的仙人，泰山位于东部。泰山之上，不仅黄帝常去，尧也往往居于此，《讼》之《屯》："东上泰山，见尧自言。申理我冤，以解忧患。"泰山充满神奇，亦是祥瑞之物云集的场所，《萃》之《离》："泰山幽谷，凤凰游宿。礼义有序，可以求福。"首两句呈现出凤凰嬉戏于泰山的景象。《韩非子·十过》篇写道："昔者黄帝合鬼神于泰山之上，驾象车而六蛟龙，毕方并辖，蚩尤居前，风伯进扫，雨师洒道。虎狼在前，鬼神在后，腾蛇伏地，凤皇覆上。"① 《大畜》之《大有》、《萃》之《离》，均取材于这则传说。

嵩山，《师》之《丰》写道："崔嵬北岳，天神贵客。衣冠不已，蒙被恩德。"中岳嵩山，传说中长寿仙人王子乔生活于此，《列仙传》记载："王子乔者，周灵王太子晋也……道士浮丘公接以上嵩高山。"② 嵩高山即嵩山，位于今河南，因其高大挺拔，故名之为嵩高山。《大壮》之《兑》有这样的描述："嵩高岱宗，峻直且神。触石

---

① （战国）韩非著，陈奇猷校注：《韩非子新校注》，第206—207页。
② 王叔岷：《列仙传校笺》，第65页。

肤寸，千里蒙恩。"《诗经·大雅·崧高》开头写道："崧高维岳，骏极于天。维岳降神，生甫及申。"称嵩山为神山，用的是这个典故。

玉山，《颐》之《蛊》："南历玉山，东入生门。登福上堂，饮万岁浆。"万岁浆，顾名思义，是延寿之物。玉山，传说中位于西部，《山海经·西山经》记载道："又西三百五十里，曰玉山，是西王母所居也。"

玉泉，《需》之《既济》写道："游居石门，禄安身全。受福西邻，归饮玉泉。"复见于《履》之《讼》。玉泉，传说中位于西部，《论衡·谈天》："《禹本纪》言'河出昆仑……其上有玉泉、华池。"①

昆仑，《震》之《革》："登昆仑，入天门。过糟丘，宿玉泉。同惠欢，见仁君。"作于武帝时期的《郊祀歌·华烨烨》写道："神之游，过天门。车千乘，敦昆仑。"天神从天门而出，驻留于昆仑。这则爻辞则是由昆仑而入天门，与《华烨烨》叙述的走向正好相反。一者是天神降落到昆仑，一者则是由昆仑升天而成仙。《离》之《益》提及昆仑写道："泉起昆仑，东出玉门。流为九河，无有忧患。"昆仑山在汉代经常被提及，位于今西部青海省境内。

除此之外，还有些是名山总称，《遁》之《遁》写道："三涂五岳，阳城太室。神明所保，独无兵革。"首两句均指山名，《左传》昭公四年记载："四岳、三涂、阳城、大室、荆山、中南、九州之险也。"三涂，服虔注："太行、轩辕、崤渑，总名曰三涂。"②古阳城在今河南登封县东南，俗名叫城山岭。大室，杨伯峻先生注："即今河南登封县北之嵩山。"③

名山大川为仙人、道人提供了活动场所，南山、嵩山、泰山各自位列南、北、东，和仙道事象相联，西部地域的仙山涉猎最多，玉山、玉泉、昆仑、华山均位于西部，其中以华山为著，出现九次之

---

① （汉）王充：《论衡》，上海人民出版社1974年版，第167页。
② 杨伯峻：《春秋左传注》（修订本），第1246页。
③ 同上。

多，为什么会如此呢？要回答这个问题，还得从华山以及西方仙话所承载的理念入手。"汉代流传的仙话，在地域上也侧重于西部，尤以华山的位置最为突出。"① 林辞的描述与之能相互印证。

华山，《既济》之《贲》写道："居华巅，观浮云。风不摇，雨不濡。心平安，无咎忧。"《益》之《剥》林辞大体相同："蹑华颠，观浮云。风不摇，雨不薄。心安吉，无患咎。"华山是一座怎样的山呢？这从《易林》中能找到相关表述，《渐》之《丰》："华首之山，仙道所游。利以居止，长无咎忧。"华山之上，有仙、道所游，显然生活着不少仙人。对此，扬雄《太玄赋》称："挥松乔于华岳。"在华山上碰到松乔，表明赤松子、王子乔两位仙人在华山修炼。华山上的情形，桓谭《仙赋》描述的更加翔实：

> 宫在华山下，武帝所造，欲以怀集仙者王乔、赤松子，故名殿为"存仙"。……夫王乔赤松，呼则出故，翕则纳新。夭矫经引，积气关元。精神周洽，鬲塞流通。乘凌虚无，洞达幽明。诸物皆见，玉女在旁。仙道既成，神灵攸迎。②

《仙赋》所展示的华山不仅有赤松子、王子乔，还有玉女，男仙女仙都具备。桓谭生活于新莽时期，和焦赣属于同时代人，二者对于华山的描写具有可比性。华山之上，《易林》林辞和《仙赋》都设置了诸多仙、道之人。华山地界，拥有多座仙山，《三辅黄图》卷三称："集灵宫、集仙宫、存仙殿、存神殿、望仙台、望仙观、俱在华阴县界，皆武帝宫观名也。"③ 武帝对于仙宫的建筑痴迷，华山群聚灵殿，是西汉时期一座重要的仙山，上面所生活的各路仙人都以长寿著称。焦赣对众多仙山的摄取，华山独具其冠，既是社会崇尚仙神的折射，也是自己对仙道向往和延年益寿的渴望。

---

① 李炳海：《汉代文学的情理世界》，东北师范大学出版社2000年版，第417页。
② 费振刚、仇仲谦、刘南平校释：《全汉赋》，第261页。
③ 何清谷：《三辅黄图校释》，中华书局2005年版，第201页。

林辞描写的仙道、仙山物象与事象，涉及面广，与之相联的卦旨均指向吉利。描绘仙山，崇尚仙、道，延年益寿是一个重要的理想寄托，对此，《易林》林辞有明确表达，《需》之《困》写道："祝伯善言，能事鬼神。辞祈万岁，使君延年。"末句既是祈祷之语，也是作者名字赐予延年益寿内涵的外显。彭祖、王子乔、赤松子、西王母是长寿之仙，主要活动在我国疆域西部，林辞描写的各类仙山也主要分布在西部，二者正好相应。古代神话、仙话可分为两个系统，西部的昆仑神话和东部的蓬莱神话。林辞以昆仑系统为主，而蓬莱、方丈、瀛洲三座仙山为主导的蓬莱神话却未见。西部多死丧事象，《春秋繁露·五行之义》写道：

> 五行之随，各如其序；五行之官，各致其能。是故木居东方而主春气，火居南方而主夏气，金居西方而主秋气，水居北方而主冬气。是故木主生而金主杀，火主暑而水主寒，使人必以其序，官人必以其能，天之数也。①

西方五行对应金，金主杀，董仲舒从理论层面作出上述总结，代表的是古人对西方认知的普遍心理取向。然而，不死之仙神又往往生活于其间，生与死形成巨大的反差，给人强烈的对比感。死亡之地汇聚长生仙与不死神，凸显的是向死而生理念。

《易林》的《兑》之《咸》称："白茅缩酒，灵巫拜祷。神嗜饮食，使君寿考。"祈求延年益寿。祭祀所求不一，神事背后暗含的是人事。《尚书·洪范》记载："五福，一曰寿，二曰富，三曰康宁，四曰攸好德，五曰考终命。"总体上，林辞大量名物折射的正是人的"五福"期望，《易林》作者名字渗透的赐予延年益寿之义也借助于各种名物、事象得以显现。

---

① （清）苏舆：《春秋繁露义证》，新编诸子集成本，中华书局1992年版，第322页。

# 第五章

# 义理与事象:《易林》的斑斓世界

## 第一节 沟通卜筮与文学的桥梁
### ——《易林》中的动物意象浅议

《易林》是产生于西汉的一部卜筮奇书,以四言诗的形式流传于后世,每一首卜诗被称为一则林辞,共计4096则林辞。众多林辞涉及动物意象,约合83种之多,分布在1300多则林辞中,约占整部《易林》的32%左右,每十首林辞中就有两到三则涉及动物意象。这些动物意象有神话传说中的灵异之兽麒麟、凤凰、龙、白虎等,有凡间俗世的常见动物蝙蝠、燕子、牛、羊等,飞禽走兽,精彩纷呈。

### 一 动物意象群的分类与作者的情感指向

动物秉持自己的本性,以多种方式生活于大自然中,本没有好与坏的分别。但当它们进入人的视野与人类发生联系的时候,人类总会按照自己的价值观对其进行判断和衡量,《易林》中的动物意象就充分印证了这一点。将这些动物意象纳入吉凶利害系统中进行考察,可以大致分为两类,一是单一型动物意象,一是复合型动物意象。单一型动物意象要么多与吉卦相联,要么多与平卦相联,要么多与凶卦相联,动物意象与吉、凶、平的对应关系简单而明显。相较之下,复合型动物意象与吉、凶、平的对应关系则比较模糊，复杂多变，不易作出明确的区分。如表 5 - 1 所示。

表 5 - 1

| | | |
|---|---|---|
| 单一型 | 多与吉卦相联者 | 鸤鸠、睢鸠、凤凰、朱雀、白虎、鹜、鲂、鱿、鲤、蜩、鹭、鹥、鸳鸯、蚕虫、麒麟、鳣、鲐、鲔、猾、貐、豹 |
| | 多与平卦相联者 | 蜗螺、蚯蚓、窃脂、貉、麤、鹑、蜉蝣（顿蜉）、猿、蝙蝠、狟、鸡 |
| | 多与凶卦相联者 | 兔、鹿、蟾鸠、蛇（蝮、虺）、狼、鹬、乌、螟虫（青蛉、青蝇）、虱子、蛋、蜂、鼠、鳝、龟（鼋）、狝猴、蚕、鹰（赤鹞）、雕 |
| 复合型 | | 马（含骝、騋、驹、驷、骊、驿）、鸠（泛称）、黄鸟、鹊、雀、狼、犬（狗）、羊、鸡、猩、鳖、牛、鸥、鲂、鹤、虾蟆、鸿、虾、鳅、驴、熊罴、蜘蛛、凫、豕（麑、猪、豚、豭）、雉、鹄、鲫、龙、虎、狐（狸）、虻（蚊）、燕、螳螂 |

单一型动物意象出现时，粗略统计卦旨 60% 以上呈现出或凶或吉或平的单一化情形。如凤凰意象，属于与吉卦相联的单一型动物。在林辞中共计出现 54 次，其中卦旨为吉利者为 42 次，平为 8 次，凶为 4 次，出现吉的概率约为 78%。与平卦相联的单一型动物中，鸡意象的概率最低，约为 65%，其余均为 100%。与凶卦相联的单一型动物意象中，以鼠、螟虫最为突出，鼠共计出现 26 次，24 次卦旨都是凶。螟虫（含青蝇、青蛉）共计出现 22 次，20 次卦旨亦都是凶，概率都达到 90%。这类单一型动物中概率最低的是龟，仅为 62% 左右呈凶险指向。

复合型动物意象出现，卦旨的吉、凶、平情况复杂，概率分布比较均匀。如豕（含麑、豚、猪、豭）意象，共计出现 30 次，吉为 5 次，凶为 15 次，平为 10 次，每一种概率都没超过 50%。

单一型和复合型动物意象背后是《易林》作者的情感寄托，爱憎分明的情感指向在单一型动物意象中体现得最为明显，作者对其的态度或肯定或否定或中立，情感自始至终都保持一以贯之的取向。如上述的螟虫意象，《尔雅·释虫》解释为"食苗心"，螟作为一种蛀食禾心的害虫，属于有百害而无一利的动物。《坤》之《革》有如下诗句："螟虫为贼，害我五谷。中冓空虚，家无所食。"螟虫在这里作为啃噬农作物的害虫出现，使得百姓庄稼受损，人民饥饿连连。作者在林辞中将其比喻成贼，并且在出现的 22 则林辞中几乎都和凶卦宗旨相联，可见作者对其的憎恶之情是何等之深！与之相反，如出现在吉卦中的鸤鸠意象则承载了作者对其的喜爱之情。鸤鸠在林辞中共计出现两次，分别为《乾》之《蒙》卦："鹍鹎鸤鸠，专一无尤。君子是则，长受嘉福。"和《夬》之《家人》卦："鸤鸠七子，均而不殆。长大成就，弃而合好。"两卦宗旨均显示为吉，作者对鸤鸠的感情也蕴含于中。化用《诗经·曹风》"鸤鸠在桑，其子七兮；淑人君子，其仪一兮"中的鸤鸠意象，前一则赞美鸤鸠专一不贰的美德，君子若效仿这样的美德，带来的必然是嘉善与祥福。后一则赞美鸤鸠喂养七个孩子时，平等相待其中的每一个，为小鸟长大后懂得和睦相处打下了基础。

  卦旨的吉、平或凶取决于作者感情的爱憎指向，除了鹿、兔、豹三种意象处于悖反状态外，在单一型动物意象中大致呈现出一一对应的关系。这种对应关系不是偶然的、个别的，而是普遍地存在于整个林辞中。不是一种无意的巧合，而是作者的有意编排。

  复合型动物意象出现时，作者对其情感态度难以确定，有时持肯定或否定态度，有时持中立态度，不能一以贯之。试以复合型的鸿意象为例，鸿在林辞中共计出现 22 次之多，处于吉卦中的鸿意象出现时预示着能给人带来无尽的福禄，在情感上受到认可。《比》之《中孚》卦有如下文字："春鸿飞东，以马质金。利得十倍，重载归乡。"鸿意象的出现，预示着给问卦者带来丰厚的利益，主人将满载而归。而处于否定态度下的鸿意象和凶卦相联，给人带来的则是痛苦和灾殃，如《大畜》之《兑》："鸿盗我襦，逃于山隅。不见武迹，使伯心忧。"在这则林辞中，鸿扮演成强盗角色，偷走人类的衣服，给主人的生活带来极大不便，无疑被置于受贬损之列。

  上述动物类型的划分，只是大致的、相对的。每一种类型和情感的对应关系也是如此，落实到具体物象上，还有许多复杂的情况有待考察，不乏有交叉现象的出现。尽管如此，这种对应关系在一定程度上却是客观存在的。

### 二 动物意象的分布及其映射出的社会现实

林辞中的动物意象分布形式多种多样，粗略统计单卦之中出现一种动物意象的林辞为 843 则，约占所出现动物意象林辞总数的 64%。两种动物意象同时出现在一卦之中为 391 则，约占出现动物意象总数的 29%。三种为 64 则，约占 5%。四种和五种同时出现的共计为 24 则，约占 2%。其中以一种动物意象出现的林辞为数最多，两种动物意象共同出现于一卦中的现象亦十分突出。这些林辞中的动物意象连缀在一起所形成的动物世界，有如一面哈哈镜，象征着社会百态，映射出了当时真实的社会生活。

首先，这些动物意象虽以一卦中单个动物出现的情况居多，但是很少有一种动物在整个林辞中都处于孤立存在的状态。从整个林辞来看，始终处于封闭系统里的动物意象仅有 10 来种：蝐、蚂蟥（蟥蚂）、鹭、鹑、螽斯、螳螂、蜗螺、蚤虫、虱子、鸤鸠、雎鸠、狟、鹬、猿等。在飞禽走兽、千流百品的动物意象里，作者对这仅有的十几种意象的情感态度取向鲜明，均可置于单一型类属中，如表 5－1 所示。值得一提的是《遁》之《剥》卦中的蜗螺意象，全诗为："蜗螺生子，深目黑丑，似类其母。虽或相就，众人莫取。"用拟人化的文学手法描写蜗螺的丑陋，遥寄了作者的审美观念。而《乾》之《蒙》中的鸤鸠意象则象征着专一的美德。拟人、象征艺术的运用在动物组合中体现得更加明显。

其次，林辞中动物意象更多的时候处于相互关联之中，而且这种关联的背后并非毫无规律可循，诚如《坤》之《家人》卦所言："弟姊会居，与类相扶。愿慕群丑，不离其友。"在诸多动物意象连缀出现时，类与群的概念突出，"方以类聚、物以群分"是一种潜在的理念左右着林辞中动物意象的分布方式，如表 5－2 所示。

表 5-2

| 两种连缀 | 麟凤、龙马、鸳鸯、牛马（骥）、鱼鳖、蛇虎、乌鹊、雉兔、乌鸥、獐鹿、猪羊、猪牛、虎豹、凫鹭、龙虎、虎狼、豺虎、龙凤、牛羊、龙蛇、朱雀灵龟、熊虎、麟龙、鸡犬、鳅虾、桃雀窃脂、鹈鹕、鸾鸯、犬马、龟象、龟鼍、猕猴兔子、马驴、鸳凤、蜘蛛青蝇、蚕蜂、豕牛、鼠鸡、羊兔、鹄凤、鲂鲤、狐豹、鱼鼠、鼠雉、白虎朱雀、凫鳖、鹿兔、鹿驹、鹿羊、老兔虾蟆、鼠蛙 |
|---|---|
| 两种以上连缀 | 羊雉兔、狐狼鹰、牛马羊、鲤鲔鲫虾、鸳鸯鹈鹕、麒麟龙蛇、老狼白驹大狐、麒麟龙凤、狐狸雉兔、虎豹熊罴、鲤鲔鳣鲲 |

连缀出现在一卦之中的动物意象处于相同或相近似的生存状态之下，灵物与灵物配对组合，家禽与家禽搭档联结，水生之物与水生之物联袂等，同声相应，同气相求，表现出动物世界之中和谐相生的一面。动物意象之间的组合形式是多种多样的，这些组合所象征的内含也是丰富多彩的。《大有》之《旅》："麒麟凤凰，善政得祥。阴阳和调，国无灾殃。"这是用麟凤的组合来象征吉祥和顺，体现出汉代"天人感应"所宣称的"祥瑞征兆"观。《损》之《既济》："狼虎之乡，日争凶讼。受性贪饕，不能容纵。"这里用狼虎象征丑恶的现实，表达了作者的愤慨和警告。《兑》之《旅》："雉兔之东，以野为场。见鹰惊走，死于谷口。"以雉兔象征社会上弱小势力，则充满了作者的怜惜之情。总之，处于同一境地中的动物意象组合，一方面是对自然世界的如实再现，一方面也象征着焦赣所处的社会现实。在表现社会现实的时候，既有作者思想的表露，也有情感的抒发。

除了"物以群居"这种理念主导动物意象的分布外，出现于一卦之中的动物意象还处于残酷的生物链之中，反映出生物之间的"相克"之理，如表 5-3 所示。

表 5-3

| 两种连缀 | 狸鼠、犬兔、鹤蛇、狼虎、鸠鹊、鹊猬、白马赤乌、虎犬、鹄蛇、虎羊、狼羊、豺鹿、狼马、狐鸡、虎鹿、鹰兔、鹰雉、龙虎、鹰鼠、鹰雀、鹄鹤、鹄鱼、蛇鳅、凫鳅、虎马、狍羊、鹊鸡 |
|---|---|
| 两种以上连缀 | 虎狼—羊、虎豹—马、狼狐—鸡、虎狼—雉兔、鹰—雉兔、狐狼—兔雉、雕—乌鹊、虎蛇—牛马、虎—牛羊、虎狼—牛羊、鹞—雀鸠、鹰犬—兔 |

生物体之间的相克现象，往大自然的维度追溯，是生物链条的如实反映，往人类社会的角度追溯，是汉代社会生活的真实剪影。有些林辞与其说是各意象的组合，不如说是一首首写实的血泪诗。"作此哀诗，以告孔忧"，诗中动物争斗的背后是汉代社会征伐暴乱的写照，人世间的巧取豪夺、结党营私、奸佞邪恶都能通过这类处于"相克"链条上的动物意象群展露。试略举两例，如《睽》之《大壮》："鹰飞雉退，兔伏不起，弧张狼鸣，野鸡惊骇。"《无妄》之《明夷》："千雀万鸠，与鹞为仇，威势不敌，虽众无益，为鹰所击。"鹰和狼是动物王国中的凶禽猛兽，雀、野鸡、兔是动物世界中的弱小者，当鹰击长空的时候，即使是千雀万鸠，希望合众弱以御强，但结果这些小鸟弱兽们还是被吓得惶惶而不安。鹰、狼象征着强权恶势力，雀、兔象征着弱势群体，该林辞的背后映射出"社会上强大的政治集团或个人恃强凌弱的暴行，使得可怜的小民百姓不能平安生存"①。

　　此外，动物意象群的连缀分布还受到灾异思想的影响。灾异思想是汉代挥之不去的时代阴霾，易学中对这种思想的涉猎，焦赣的《易林》造其始，京房的《京氏易传》承其绪。置于这种情境中的动物意象组合超乎于常理之外，意义过于怪诞、隐晦，不容易被人们理解。三牛生狗、豕生鱼鲂、狗生龙马，俨然是一幅幅让人摸不着头脑的组合画卷。试以《坤》之《震》中的"三牛生狗"为例说明之，该则林辞曰："三牛生狗，以戌为母。荆夷上侵，姬伯出走。"此则林辞在解读上一直聚讼不已，其中具有代表性的两种看法。一是钱世明先生据《四部丛刊》本，将牛改为年，并在《易林通说》中写道："坎为三年。……需卦中，三、四为半震，震为生。四、五为半艮，艮为狗。是三年生狗之象。"② 宋元本《易林注》在《否》之《姤》卦中则改为"三马生驹，以戌为狗"。二是易学家尚秉和先生在《焦

---

① 陈良运：《焦氏易林诗学阐释》，第239页。
② 钱世明：《易林通说》，第212页。

氏易林注》中据道藏本，仍写作"三牛生狗"，并解释道："艮为牛，数三，故曰三牛。互艮为狗，震为生，故曰生狗。"① 邓球柏先生亦认为："需卦互体离，讼卦互体亦离。离为牛，数三，故曰'三牛'。乾为生，艮为狗。"② 对于上面这句话的解释，以钱氏为代表的一派着眼于人的常规思维定势，通过改动字符使其意义通顺畅达，趋向于把问题简单化。以尚氏为代表的一派着眼于"象"，通过对卦象的分析，维持了文献的原貌，但仍然不能将这种说法圆融会通，因为同样是以"象"索"义"，各家对于"象"的理解却不尽相同。如同样是将牛和卦象进行比附，尚氏认为"艮为牛"，邓球柏先生认为"离为牛"。可见运用以象索义的方法未必能得出一个公允的看法。那么，什么才是这则林辞背后的真正含义呢？"三牛生狗"这几句林辞，还见于《需》之《讼》，只是其中的"以戌为母"变成"以戌其毋"，这段林辞出示的是一种反常现象。"三牛生狗"指三条牛养活一条狗。生，指养活。《荀子·富国》："利足以生民。"③ 其中的生民，指养活百姓。牛的形体、力量远远大于狗，但是，三条牛供养一只狗，实属反常，显示的是牛虽大而弱，狗虽小而强的事象。王充《论衡·物势》："戌，土也，其禽犬也。"④ 在十二生肖中，狗排在第十一位，与十二地支的戌相配，是很靠后的。后面的"荆夷上侵，姬伯出走"，是以春秋时期南楚向东周王朝领地扩充为背景，意谓荆楚小邦却使周天子的同姓诸侯不得安宁。周族姬姓，楚族向北扩张过程中吞并许多姬姓诸侯国。《左传》僖公二十八年："汉阳诸姬，楚实尽之。"⑤ 林辞就是基于这种历史事实而加以撰写。所谓的姬伯，指的就是姬姓诸侯国的君主。值得注意的是，和灾异思想相联的动物意象并非都是组合，单个动物意象有时也会成为这一学说的载体，如

---

① 尚秉和遗稿，张善文校理：《焦氏易林注》上，《尚氏易学存稿校理》第二卷，第35页。
② 邓球柏：《白话焦氏易林》，第61页。
③ （清）王先谦：《荀子集解》，新编诸子集成本，第211页。
④ （汉）王充：《论衡》，第48页。
⑤ 杨伯峻：《春秋左传注》（修订本），第459页。

《蒙》之《比》卦中的"鼠舞厅堂",这句卦辞我们不能将其和拟人手法简单画等号,《汉书·五行志中之上》记载详细:"昭帝元凤元年九月,燕有黄鼠衔其尾舞王宫端门中,王往视之,鼠舞如故。王使吏以酒脯祠,鼠舞不休,一日一夜死。近黄祥,时燕刺王旦谋反将死之象也。其月,发觉伏辜。"① 鼠舞厅堂仅是外壳,灾异性的表达才是这句林辞的内质,预示着也象征着当时的社会将奸佞当道,上下一片昏暗荒淫,最后必然吞下诸侯叛乱的苦果。

"多变其象,示世事之多端殊态"②,《易林》不但在动物意象群和社会现实之间建立起整体的象征关系,而且具体的动物意象都和社会个体或群体建立起了一一对应的象征关系,如"獭"象征恶势力等。具体象征的组合,促成整体象征的形成,整体象征的建构,催生具体象征的运用。

### 三 动物意象群呈现出的多样化艺术特色

林辞本于象而生,每一则林辞,都是一个生动的艺术符号。动物意象群的塑造在这方面体现的最为鲜明,1300多则涉及动物的林辞不亚于一幅幅"动物意象连环画"。

林辞中的动物意象群表现出雅俗兼存的艺术特征,动物意象的"高雅"来源于诸多动物意象在被运用到林辞之前,就已经承载丰富的文化内涵,烙上了特定的文化因子。林辞结撰的来源学者总结出五条渠道,其中一个重要的来源是"取材于《左传》、《国语》、《战国策》、《诗》、《书》、《礼》、《易》等经史典籍"③。事实也的确如此,焦赣是一位博学之士,《左传》、《诗经》、诸子,甚至《楚辞》等,无所不究,因此,他取用这些典籍中高雅的动物意象,显得轻松自如。取自这类书籍且含有丰富文化内涵的动物意象有:雎鸠、鸤鸠、麒麟、龙(蛟)、白虎、文翰、鲤、鲔、鳣、鳏、鸿、凤凰、鹬、鹤

---

① (汉)班固:《汉书》,第1374页。
② 钱锺书:《管锥编》,第870页。
③ 邓球柏:《白话焦氏易林》,第8页。

等，试略举两例以说明之。如和爱情相匹配的雎鸠鸟意象，《履》之《无妄》卦写道："雎鸠淑女，贤圣配偶。宜家受福，吉庆长久。"明显化用《诗经·关雎》中的意象，将雎鸠鸟比拟成贤美窈窕的淑女，表现出美好的爱情理想；《晋》之《同人》卦中也出现了这一意象："贞鸟雎鸠，执一无尤。寝门治理，君子悦喜。"雎鸠化身为坚守正道的贞女意象，秉持自己操守，作者从内美的角度肯定了雎鸠所附带的文化内涵。再如取材于神话传中的"三足孤乌"，《山海经·大荒东经》写道："汤谷上有扶木，一日方至，一日方出，皆载于乌。"郭璞云："中有三足乌。"袁珂先生案："《楚辞·天问》云：'羿焉彃日，乌焉解羽。'《淮南子·精神篇》云：'日中有踆乌。'高诱注云：'踆，犹蹲也，谓三足乌。'"① 这是三足乌的历史原型，到了《玄中记》则云："蓬莱之东，岱舆之山，上有扶桑之树，树高万丈。树颠有天鸡，为巢于上。每夜至子时，则天鸡鸣，而日中阳乌应之。阳乌鸣，则天下之鸡皆鸣。"② 在传说中，日中阳乌即是三足乌，为日之精，居于日中。《玄中记》出自晋代郭璞之手，焦氏《易林》成书期间，三足乌的神话已经衍生出鸣叫以示监督的情节。这一充满神奇色彩的奇异之鸟在林辞中被广泛征引，《小畜》之《未济》有如下诗句："三足孤乌，灵鸣督邮。司过罚恶，自贼其家。"辞中的三足孤乌拥有神奇的"鸣叫"本领，通过灵巧的鸣叫监督治理天下，纠察过错，惩罚凶恶，直至罹祸。赞颂的背后饱含作者的怜惜之情。

和"雅"相映成辉的是"俗"，雅俗共存于一体，并不抵牾。初读焦氏《易林》，往往会给人平俗之感，如果以动物意象为突破口，那么这种平俗之感就会进一步被验证。动物意象群所具有的"俗"之艺术特色表现在对象的选择上：大量普通而平凡的生灵被广泛地纳入林辞之中，这类动物平凡无奇，微不足道，实在难登大

---

① 袁珂：《山海经校注》，第355页。
② 李剑国：《唐前志怪小说集释》（修订本），上海古籍出版社2011年版，第209页。

雅之堂！如虱子、蜘蛛、螳螂、虾蟆、鳅、鼠、青蝇、蚊、蚯蚓、鹌鹑、猕猴、虾、蚂蚁等。作为平凡而简单的生物体，它们生活于充满污垢的场所和阴暗潮湿的犄角旮旯，很少能进入一般文人的视野，更难形之于笔端。在林辞中，涉及这类的动物描写却俯拾即是，构成林辞平俗的审美取向，体现出作者眼光的独到，视角的开阔。

此外，动物意象群的塑造呈现出生活化、漫画化的艺术特征。拉开这种生活化趣味图画帷幕的是一系列拟人的诗句描写。如：

蛇失其公，戴麻当丧。哀悲哭泣，送死离乡。（《大壮》之《噬》）

野鸢山鹊，弈棋六博。三枭四散，主人胜客。（《豫》之《剥》）

鸿盗我襦，逃于山隅。不见武迹，使伯心忧。（《大畜》之《兑》）

水坏我里，东流为海。龟鼋欢嚣，不睹王母。（《随》之《巽》）

在上述例子中，例1类似人有夫妻一样，蛇也有夫妻，它拥有哀伤的感情，懂得为逝者流泪守丧；例2中野鸢与山鹊谙熟人类棋弈，懂得六博之术；例3中飞鸿偷盗人的衣裳后，知道逃匿于山脚之中；最后一例中的龟鼋则全然一副冷酷无情的面容，只图自己逍遥快活，丝毫不念人间冷暖等等。这样的例子在涉及动物意象描写的一千多则林辞中随处可见，如《复》之《萃》、《观》之《无妄》、《噬嗑》之《离》等，兹不赘述。

漫画化的特征则存在于一系列诙谐、幽默的动物画卷之中，动物意象往往被置于一种让人啼笑皆非的场景之下，显得滑稽而又不失可爱。如：

牧羊逐兔，使鱼捕鼠。任非其人，废日无功。（《损》之《归妹》）

骑豚逐羊，不见所望。径涉虎庐，亡豚失羊。（《贲》之《中孚》）

上山求鱼，入水捕狸。市非其归，自令久留。（《履》之《贲》）

取火泉源，钓鲂山巅。鱼不可得，火不可燃。（《小畜》之《屯》）

这些动物意象、镶嵌于漫画式的讽刺之中，"牧羊逐兔"、"骑豚逐羊"有如螳臂挡车、蚍蜉撼树一样，生动形象而又不失意蕴深刻。"入水捕狸"、"钓鲂山巅"在空间方位上紊乱，南辕北辙，不禁让人直接联想到《孟子·梁惠王》中的典语"缘木求鱼"。

生活化与漫画化的塑造都根植于社会沃土，以其差别言之，前者侧重于形象，饱含情感，再现生活中的喜怒哀乐；后者侧重于寓意，暗藏讽谏，表露的是作者对现实的思考。当然，生活化与漫画化的畛域并不清晰，时有变动和交叉的现象。虽然如此，并不妨碍从文学的角度为林辞下这样的结论：二者都是《易林》在文学性上绽放的美丽之花。

《易林》是一部两栖性很强的作品，其旨是《易》，其辞是诗，兼有卜筮和文学的双重属性。林辞中的动物意象是联结卜筮与文学之间的一座桥梁，透过这些动物意象的描写，既能窥究到林辞背后的哲理意蕴，又能品鉴到林辞的文学审美价值。

## 第二节 《易林》的方位词及其相关事象选析

《易林》是产生于特定历史时期的作品，涉猎各种典籍，杂糅汉代的阴阳五行学说，衍《易》而成。书中所涉及的空间方位词丰富，对具体方位词及其相关事象的剖析，有助于我们更好地了解《易林》的文化特色和用象特征。本节选取各个方位中具有代表性的词与相关事象加以探讨。

## 一 东邻、东家、西邻、西家及其婚姻相感事象

东邻、东家、西邻、西家在《易林》中出现频繁，分别计12次、9次、6次、2次。将邻与家这两个语素和方位词搭配使用，在南和北中则与之形成鲜明的对比，一次也没有出现。《易林》中多次出现的东邻、东家、西邻、西家这些方位词，注释家往往从卦象上进行解释，比如，"震为东邻"①、"离为东邻"②、"坎为西邻"③，从象上推理，《乾》为南邻、《坤》为北邻也是存在可能性的，为什么只有东邻、东家、西邻、西家而没有南邻、北邻、南家、北家呢？可见从象上还不能给出一个合理而明确的解释，只能是另寻答案。

《易林》的作者焦赣，年轻时得到梁王的赏识，学成之后一直未曾离开过梁地的小黄，梁地属汴州，是典型的黄河流域文化。"远古时期，黄河流域的房屋走向一般都是坐北朝南，许多考古发掘已经证实这一点。"④ 这种建筑传统"母系社会时就是如此，并且一直延续到文明社会，保持到今天"⑤。家家户户居住的建筑都是坐北朝南，若以自己的屋舍为基点观察周围邻居，则必然是东邻、东家、西邻、西家居多，而北邻、北家、南邻、南家极少，关系的融洽也以共用同一屋檐或处于同一水平线者为亲，俗语中的东家西舍、左邻右舍就是这一居住习惯的真实反映。这种生活的真实反映到文化中，则是诸多

---

① 尚秉和遗稿，张善文校理：《焦氏易林注》上，《尚氏易学存稿校理》第二卷，第46页。
② 尚秉和遗稿，张善文校理：《焦氏易林注》下，《尚氏易学存稿校理》第二卷，第806页。
③ 尚秉和遗稿，张善文校理：《焦氏易林注》上，《尚氏易学存稿校理》第二卷，第100页。
④ 李炳海：《〈诗经〉中的空间方位选析》，《中州学刊》1991年第3期。
⑤ 同上。

典籍密集出现这类方位名词的原因,如《淮南子·齐俗训》篇写道:"趋舍礼俗,犹室宅之居也,东家谓之西家,西家谓之东家,虽皋陶为之理,不能定其处。"① 这是东家和西家较早以对举形式出现的记载,于《说山训》篇再次提及,相关文字是这样的:"东家母死,其子哭之不哀。西家子见之……"② 在这里,同样涉及了东家和西家之语,类似的文献记载甚多,不胜枚举。可见,典籍中对东邻、西家等的使用不是偶然的,而是经常的,是生活的真实与文化结合使然。这也是《易林》频繁出现东邻、东家、西邻、西家的真正原因。将邻居与东或西结合而不与南或北结合,在同样是产生于黄河流域文化的《周易》中也能得到印证:"东邻杀牛,不如西邻之禴祭,实受其福。"这则爻辞见于《既济》卦,提到"邻"的时候,方位合成词语素的选择仍然是东和西,而不是南和北。

　　东邻、东家、西邻、西家是一组贴近现实生活的词汇,《易林》中和它们相关联的事象多是人们耳熟能详的日常琐事,具体形象,内容丰富而多彩。"吾有骓骝,畜之以时。东家翁孺,来请我驹。价极可与,后无贱悔。"(《豫》之《震》)这是以农村简单的物品交换为描写对象。"饮酒醉酗,跳起争斗。伯伤叔僵,东家治丧。"(《大畜》之《晋》)这描写的是一件因醉酒引发斗殴,导致邻里死亡的悲剧事件。"东邻愁苦,君乱天纪"(《恒》之《萃》),"西邻孤媪,欲寄我室"(《睽》之《谦》),这是描写邻里忧愁而悲伤的情感。除了忧伤外,在与这组方位词相伴的事象中,表达喜悦之情的婚姻嫁娶事象所占数量最多,如:

　　　　宜昌娶妇,东家歌舞。宴乐有序,长安嘉喜。(《需》之《大过》)
　　　　东邻嫁女,为王妃后。庄公筑馆,以尊王母。归于京师,季

---

① 刘文典:《淮南鸿烈集解》,第376页。
② 同上书,第549页。

姜悦喜。(《泰》之《豫》)

西家嫁子,借邻送女。嘉我淑姬,宾主俱喜。(《姤》之《既济》)

上述这些《易林》中反复出现的主题都是婚嫁,相同或类似的用例编排还见于《屯》之《观》、《否》之《既济》、《剥》之《无妄》、《家人》之《遁》、《随》之《睽》、《萃》之《归妹》、《无妄》之《豫》等。为什么会如此密集地出现东邻、东家、西邻、西家与婚嫁事象相联的现象呢?这从文化生成的相关现象中能找到答案。

东家、东邻等词语在先秦典籍中刚开始抛头露面的时候,就已经和年轻女子结下了不解之缘。《孟子·告子下》有这样的记载:"逾东家墙而搂其处子,则得妻,不搂,则不得妻,则将搂之乎?"① 这是孟子与屋庐子之间的一小段对话,其中"东家处子"指的就是邻家女子。宋玉的《登徒子好色赋》则有这样一段著名的描写:"天下之佳人莫若楚国,楚国之丽者莫若臣里,臣里之美者莫若臣东家之子。东家之子,增之一分则太长,减之一分则太短;著粉则太白,施朱则太赤;眉如翠羽,肌如白雪;腰如束素,齿如含贝,嫣然一笑,惑阳城,迷下蔡。"② 文中的东家少女,天然素美,眉如翠羽、肌如白雪,宛若一位超凡的小仙子,久久让人羡慕。这是文学作品中"东家"一词的较早出处,可谓一经出现,附加的文化意义旋即定型,东家即东邻,成了后代文学中以"东邻"代指"美女"的最早源头,传诵于千载之后。先秦时期对这些方位词的使用是如此,两汉时期更是如此。司马相如《美人赋》写道:"臣之东邻,有一女子,云发丰艳,蛾眉皓齿,颜盛色茂,景曜光起。恒翘翘而西顾,欲留臣而共止。"在这里,东邻之女同样楚楚动人,和宋玉笔下的东家之子可谓平分秋色。

---

① 杨伯峻:《孟子译注》,中华书局1960年版,第274页。
② 吴广平:《宋玉集》,岳麓书社2001年版,第80页。

类似的文献记载很多，由此可见，东邻、东家等和女子相联的文化传承无疑是《易林》中婚嫁事象与东家、东邻等相联的重要原因之一。婚嫁事象除了和东邻、东家、西邻、西家紧密相联外，还有另外两种情况，一是直接和"东"或"西"相联，一是和含有"东""西"语素的合成词相联，同样都是频繁而突出的，如《乾》之《升》中的"卫侯东游，惑于少姬"，《屯》之《蹇》中的"为季求妇，家在东海"，类似的还有《坤》之《坎》、《需》之《丰》、《大过》之《姤》、《履》之《乾》、《家人》之《颐》等，若计重复的林辞，则会更多。相比之下，与"南"和"北"方位词相联的婚嫁爱情辞很少，多为《涣》之《巽》和《恒》之《晋》的重复出现。

和婚嫁事象相联的这些词，一个共同特点是都含有方位"东"或"西"，为什么婚嫁事象屡屡与方位"东"或"西"结合而密集出现呢？要回答这个问题，还得从古人关于"西"和"东"的哲学观念入手，《说卦》有这样的揭示："万物出乎震，震，东方也……兑，正秋也，万物之所说也。"这是古人根据阴阳五行理念将东方与万物苏醒、西方与万物休憩相联系的较早文字记载。在五行相配的体系中，东方属春、属木，西方属秋、属金，董仲舒在《春秋繁露·五行对》中总结为："金为秋，土为季夏，火为夏，木为春，春主生……秋主收。"① 可见，东方和春天相联，主生，西方和秋天相联，主死。一生一死相反相成。人类的生活也同样如此，春天人们伴随万物的苏醒，"务在劝农桑"，秋天"万物既成，杀气之始也"，则"大理司徒也"。对应人的生命历程而言，生和死是人得以繁衍和更替的起点与终点。面对生命的这两个拐点，死是不可选择的，那么对于生，人们是否有意识的按照某一规律来行事呢？回答是肯定的，这可以从代表"生"的婚嫁事象中找到答案，进而能寻找到打开婚嫁事象多与方位词"东"和"西"相联之谜的钥匙。古人的婚嫁习俗不是随意的，而是有讲究的，从他们对婚嫁季节的选取能得到很好地证实。"桃之

---

① （清）苏舆：《春秋繁露义证》，新编诸子集成本，第315页。

夭夭，灼灼其华，之子于归，宜其室家"(《诗经·周南·桃夭》)，这是在桃花盛开的时节举行婚嫁，"将子无怒，秋以为期"(《诗经·卫风·氓》)，这是在秋季，类似的文献记载很多，两种婚嫁季节尽管存在地域文化上的差异，"春季娶女主要分布在夏文化区……秋冬娶女流行于商、周文化区"①，但都是人们普遍认可和婚嫁密切相关的季节，《易林》中对婚嫁事象的描写于这两个季节都有选取，"春桃生花，季女宜家。受福孔多，男为邦君"(《解》之《归妹》)，这是在春季；"姬姜既欢，二姓为婚。霜降合好，西施在前"(《夬》之《复》)，"刚柔相呼，二姓为家。霜降既同，惠我以仁"(《渐》之《离》)，这是在秋季举行婚嫁。为什么婚嫁常选择在春季、秋季？郑玄注《周礼·媒氏》时对春天举行婚嫁作了理论上的分析："中春，阴阳交，以成昏礼，顺天时也。"② 董仲舒在《春秋繁露·循天之道》中对秋冬举行婚嫁进行了归结："天之道，向秋冬而阴来，向春夏而阴去，是故古之人霜降而迎女，冰泮而杀内。"③ 这反映出古人婚嫁季节的选取和阴阳的升降运行是息息相关的，春天阳气上行可以达到阴阳交合的目的，秋天阴气上行，同样可以达到阴阳结合的目的，阴阳二气的交合与"男女构精，万物化生"的婚嫁事象相吻合。人们对"生"的关注借助于婚嫁事象得到了完美体现。而按照五行对应理论，恰恰与春天相配的是东方，与秋天相配的是西方，故《易林》选取"东"、"西"与婚嫁相配而不选取"南"、"北"与婚嫁相联不是偶然的，是哲学理念的深层驱使所致。东、西与婚嫁的季节相联，表面是化空间为时间的联想方式，内里则是阴阳观念作用使然。这一客观作用的存在，也是东邻、东家、西邻、西家等与婚嫁事象密集相联出现的一个重要文化内因。

由此可见，东邻、东家、西邻、西家作为词语频繁使用，活跃于

---

① 李炳海：《先秦时期的婚嫁季节与〈诗经〉相关作品的物类事象》，《河南大学学报》1994 年第 34 卷第 2 期。
② （清）孙诒让：《周礼正义》，中华书局 1997 年版，第 1040 页。
③ （清）苏舆：《春秋繁露义证》，新编诸子集成本，第 450 页。

《易林》的各则林辞里,不是凭空产生的,而是和古代建筑的布局走向分不开的,将东邻、东家、西邻、西家和婚嫁事象大量结合,则与古代特有的文化生成相联,且与构成这组词的语素"东"、"西"密不可分,是人们对东方和西方的认知观念在具体事象上的外现。

## 二 南山及其舒展事象

东山、西山、南山、北山在《易林》中都有出现,频率分别是15次、4次、29次和3次。南山以超出西山、北山、东山总和还多的数量高居其首,所蕴含的意义也最为丰富多彩。历来先贤在为南山作注解的时候,往往只注意到卦象与辞的结合,难以让人真正信服。尚秉和先生的注解为"震为南,艮为山,故曰南山"①,这种分析是有一定道理的,但是从逻辑上推,卦象结合出现南山的可能性和卦象结合出现东山或者西山、北山的可能性是一致的,可见,南山为什么会在《易林》中一枝独秀的现象并不能得到很好地解释,因而,不能仅仅从卦象与辞的结合上去探讨,还得寻找另外的原因。

《易林》中的南山和《诗经》中的南山使用情况是一致的,李炳海先生在《〈诗经〉中的空间方位选析》一文中指出:"坐北朝南的房屋走向是为满足先民生存需要而出现的建筑样式,但随之也产生了一系列相应的文化现象……在文学领域,则是南山频繁在《诗经》中出现,人们的联想思路更多的是向南山延伸,并成为稳固的思维定势和语言模式,积淀为民族的文化——心理结构。"② 这种揭示是很正确的,《诗经》等先秦典籍所反映出的民族心理结构,指向南山的思维定势在《易林》中同样存在,是南山一语在林辞中反复出现的深层原因。《易林》不仅本身是黄河流域文化的产物,而且大量南山物象更是直接化用《诗经》中的语料。"南山昊天,刺政闵身。疾悲无辜,背憎为仇"(《谦》之《复》),《南山》是《诗经·齐风》诗

---

① 尚秉和遗稿,张善文校理:《焦氏易林注》上,《尚氏易学存稿校理》第二卷,第55页。
② 李炳海:《〈诗经〉中的空间方位选析》,《中州学刊》1991年第3期。

篇名,"昊天"出自《诗经·周颂·昊天有成命》的篇名,《毛诗序》在解《南山》篇时曰"刺襄公也"①,林辞的寓意也全是如此。"南山之杨,其叶牂牂。嘉乐君子,为国宠光"(《革》之《大有》),在这里,林辞是将《诗经·陈风·东门之杨》中"东门之杨,其叶牂牂"进行简单改写而成。类似的化用还见于《归妹》之《恒》、《乾》之《临》等。

相比较《诗经》中与南山相关的事象,《易林》也有它自己的特色,南山所承载的事象内容更加丰富,相关的事象种类更加繁多,值得进一步辨析。

首先是南山上的植被,"履不容足,南山多叶。家有芝兰,乃无病疾"(《归妹》之《姤》),这是描绘南山之上树木丛密,枝叶繁茂的场景。"南山兰茝,使君媚好。皇女长妇,多孙众子"(《井》之《艮》),这是以南山之上的香草兰、茝起兴,寓意美好的兰、茝能带来子孙满堂的福气。"南山芝兰,君子所有。东家淑女,生我玉宝"(《萃》之《同人》),这里同样是描写南山之上的香草,和后两句中的淑女相应。《易林》中涉猎的这些香草,无疑不是着重于它们的异,而是看重于它们的同。

兰,《说文》曰:"香草也。"② 屈原《离骚》有"纫秋兰以为佩",王逸注:"兰,香草也。"③ 兰草除了作为佩饰喻德之外,还与人的生命力相沟通,和生育得子相联。《左传》宣公三年记载:"初,郑文公有贱妾曰燕姞,梦天使与己兰……生穆公,名之曰兰。……穆公有疾,曰:'兰死,吾其死乎?吾所以生也。'刈兰而卒。"④ 这是郑穆公将兰草和自己的生命旅程相关联,从生到死都与之不分,周建忠先生将这一"致兰得子"故事视为"兰图腾"崇拜的影响⑤,是有

---

① (唐)孔颖达疏:《毛诗正义》,阮元校刻《十三经注疏》,第352页。
② (汉)许慎撰,(清)段玉裁注:《说文解字注》,第25页。
③ (宋)洪兴祖:《楚辞补注》,中华书局1983年版,第5页。
④ 杨伯峻:《春秋左传注》(修订本),第673—675页。
⑤ 周建忠:《兰意象原型发微》,《贵州社会科学》1998年第4期。

一定道理的，并且进一步指出，"兰图腾崇拜的内涵，除了男女相爱，生子之祥外，还有拂除邪恶之功能"。可见，兰草是一类与人生命力相联的灵草。

茝，《说文》："虈，齐谓之茝。"①《史记·礼书》记载："椒兰芬茝，所以养鼻也。"② 茝与兰等并列，能养鼻，同样是一种香草名。《楚辞·九歌·湘夫人》有"沅有茝兮醴有兰"，王逸注："茝，一作芷。"③ 茝即是芷，后世《本草纲目》对于芷的功能有这样的介绍："主长肌肤，润泽颜色，可作面脂。"

芝，《说文》："神草也。"④《楚辞·山鬼》篇："采三秀兮于山间。"王逸注："三秀，谓芝草也。"⑤ 芝草能一年多次开花，同样是生命力旺盛的表现。

总之，生长于南山之上的植被都是生命力旺盛的奇树异草，《易林》用南山之上的植被起兴，看重的正是这类香草旺盛的生命力，将它们和人的生命力相比拟，带给人以幸福。为什么《易林》中的南山会与生命力旺盛的植被相联呢？要回答这个问题，也可以从南山所处的方位入手。山本是一种常见事物，属于各个方位都存在的普通物象，然而加上方位词之后的南山却成为了一个特指的概念，《易林》中南山的组合不再是某座具体山的名字，而是"南"所代表的文化内涵与"山"这一物象在意义上的叠加，是哲学理念与地域文化融合的显现。

在阴阳五行体系中，南方属火，《尚书》对火的性质作了这样的解释："火曰炎上。"⑥ 炎含有炎热、光明的含义。南在时令上属夏，夏季太阳照射最为强烈，古人认为这是阳气最盛的时候。这一观念在《周易》的卦象中也能得到印证，南在卦象中属《离》，

---

① （汉）许慎撰，（清）段玉裁注：《说文解字注》，第25页。
② （汉）司马迁：《史记》，第982页。
③ （宋）洪兴祖：《楚辞补注》，第65页。
④ （汉）许慎撰，（清）段玉裁注：《说文解字注》，第22页。
⑤ （宋）洪兴祖：《楚辞补注》，第80页。
⑥ （清）孙星衍：《尚书今古文注疏》，第296页。

《说卦》称:"离也者,明也,万物皆相见,南方之卦也。"随后在卦象与具体象征物相联系时又写道:"离为火,为日。"可见,南方属夏,夏是阳气最盛,也是生命力最强的时候。南山位列于南方,生长、生活于其间的各种事物必然也具有旺盛的生命力。除了上述的香草系列外,这在另外的物象中也能得到很好地佐证,比如"南山松柏,长受嘉福"中的松柏;"南山黄竹,三身六目"中的黄竹;"南山之阳,花叶将将"中的茂盛花叶;"南山大獑,盗我媚妾"中的动物大獑;等等,无一例外都是生命力旺盛的舒展之物。将南山和生命力旺盛相沟通,与南山的亘古长存相联,借助类比思维,从而达到延续自己生命的目的。对于这一点,《易林》本身就有清晰地表述,能提供明确的答案,《复》之《贲》写道:"孟春醴酒,使君寿考,南山多福,宜行贾市,稻梁雌雉,所至利喜。"在这里,将醴酒、寿考、南山、贾市、稻梁、雌雉等众多物象一并串联,遵循以类相从的原则,熔铸在同一则林辞中,可见,南山和寿考等物象本身是相通的,具有一致性。

其次,除在植被描写上的扩充外,南山在《易林》中多次与诸神灵、真人相连缀出现的现象也不容忽视,"禹召诸神,会稽南山。执玉万国,天下康安"(《姤》之《临》),这是将诸神召集于会稽南山之上,召集者是治水英雄禹。将大禹和南山相联,《诗经·大雅·信南山》中有这样的表述:"信彼南山,维禹甸之。"郑玄笺云:"信乎彼南山之野,禹治而丘甸之。"① 在这里,《诗经》采用的是写实性的语言歌颂禹的功绩,相比之下,同样是"奉禹功",林辞加入禹对神灵的召集和调遣成分,则显得极尽浪漫与歌颂之能事,更具艺术感染力。又,"南山之峻,真人所在。德配唐虞,天命为子。保佑歆享,身受大庆"(《否》之《豫》),真人是道家学说中虚构的理想人物,"入水不濡,入火不热",能与自然合二为一。将真人的生活场景想象在南山之峻或"南山之蹊"(《贲》之《解》),正是注意到真人与

---

① (唐)孔颖达疏:《毛诗正义》,阮元校刻《十三经注疏》,第470页。

自然的亲密关系。类似的描写还见于《屯》之《革》、《损》之《旅》、《姤》之《临》、《鼎》之《艮》、《兑》之《讼》、《贲》之《解》、《复》之《比》等林辞中，数量如此之多，不可谓不丰富。

南方属于巫神文化盛行的地域，《山海经》《楚辞》等在这方面的文献记载很多。两汉社会，人对神的关注以及人与神的交往更是空前频繁，诸多作家对神灵的描写突出的是"他们追求个体生命无限延续的愿望"①，《易林》的作者也同样如此。

总之，南山在《易林》中成为一座汇聚诸多神灵的神山，不是偶然的、随意的，而是将南山作为南方文化的缩影，是对南方地域文化的一种创造性再现。另外，真人、神灵是人们假想出来的超越于凡人之上的虚拟形象，他们对生命的体认与众不同，神灵本身具有不死特性，生命的持续长久、生命的美好在神灵那里得到了充分延展；真人"不知说生，不知恶死"是道家对生命的体认，生命的张力在真人身上得到舒展。将他们和南山相联，既与南方阳气充盈，万物生命力旺盛的特点相扣合，又与"山"亘古绵长的象征义相吻合。

## 三 北陆及其消敛事象

《易林》中与方位"北"相结合的词有北陆、北山、北辰、北海、北岳、北阙、北邑、北室等，其中北陆出现最频繁，计14次之多，意义最丰富，与其相关的事象也最能代表北方。为什么《易林》中北陆会成为出现次数最多的一个方位复合词呢？答案无疑与北陆本身所能具有的多重内涵密切相关。陆，《说文》解释为"高平地"②，北陆连称，指的是北方的高平之地，引申为北方，这属于北陆的基本含义，也是林辞中经常出现的一个常用意义。"利在北陆，寒苦难得"（《大过》之《震》），芮执俭先生解释为"北方之地有厚利，天寒地冻难获取"③，将北陆解释成地理方位名词是正确的，类似的例

---

① 李炳海：《汉代文学的情理世界》，第424页。
② （汉）许慎撰，（清）段玉裁注：《说文解字注》，第731页。
③ 芮执俭：《易林注译》，第427页。

子还有"冰冻北陆,不能相贼"(《需》之《贲》),"积水不温,北陆苦寒"(《睽》之《巽》)等。

此外,北陆更多的时候是一个虚拟的空间方位词,属于天上的一个假想坐标。《左传》昭公四年记载:"古者,日在北陆而藏冰。"杜预注:"陆,道也。"道指的是太阳运行的"黄道"。孔颖达在《春秋左传正义》中进一步指出:"《释天》云:'北陆,虚也。西陆,昴也。'孙炎云:'陆,中也。北方之宿虚为中也,西方之宿昴为中也。'彼以陆为中,杜以陆为道者,陆之为中为道,皆无正训,各以意言耳。"① 在孔颖达看来,陆为中为道是可以统一起来的,指的都是方位,北陆为虚宿,虚宿位列二十八星宿中北方玄武系列的中间第四位。虚,《说文》解释为:"大丘也,昆仑丘为之昆仑虚。古者九夫为井,四井为邑,四邑为丘,丘谓之虚。"② 虚和北陆一样,本是地理名词,指面积范围,为什么上应星宿呢?《尔雅》有这样的记载:"玄枵,虚也。颛顼之虚,虚也。北陆,虚也。"宋人郑樵的《尔雅注》解释道:"虚星在辰为玄枵,居躔度为北陆,在地为颛顼之虚。"由此可见,玄枵才是真正的辰星名,北陆、虚、颛顼之虚三者则是玄枵的别名,各种称呼既有各自独立的实际含义又有相互对应的关系。从地理名词转化为假想的方位名词,颛顼之虚、虚是如此,北陆也是如此。林辞"郁映不明,阴积无光。日在北陆,万物凋藏"(《无妄》之《蒙》),"日在北陆,阴蔽阳目。万物空虚,不见长育"(《大过》之《乾》)等,描写的都是太阳运行到北陆这个空间方位的时候,万物开始凋零、敛藏。虚拟方位的存在是假想的,太阳运行到北陆的时候,天气烈寒、地冻艰难的感受才是真实,因而北陆常常直接引申为时令,"北陆闭蛰,隐伏不出"(《屯》之《蒙》),这是一幅北陆时节万物隐伏的场景;"万物空枯,藏于北陆"(《谦》之《渐》),这同样是一幅北陆时令万物空枯隐伏的画卷。

---

① (唐)孔颖达疏:《春秋左传正义》,阮元校刻《十三经注疏》,第2033页。
② (汉)许慎撰,(清)段玉裁注:《说文解字注》,第386页。

无论北陆指的是现实的北方还是虚拟的疆度，无论是方位名词还是时间名词，与之相联的事象都以消敛为主，比如：

　　利在北陆，寒苦难得。忧危之患，福为道门，商叔生存。（《大过》之《震》）
　　夜长日短，阴为阳贼。万物空枯，藏于北陆。（《夬》之《明夷》）
　　郁映不明，阴积无光。日在北陆，万物凋藏。（《无妄》之《蒙》）

上述林辞中的空枯、寒苦、凋藏等，无一例外，描绘的都是归于静止的状态，万物生命力枯竭，处于消寂之中。为什么与北陆相伴的事象是如此呢？从词语的构成来看，语素"陆"的意义是普通而简单的，之所以出现与北陆相联的均是消敛事象，无疑则与这一词中"北"在古人心目中的观念密不可分，北在五行中属水，季节是冬，《尚书·洪范》篇对水的属性界定为"润下"，指潜藏于地下之意，水的这种特性与《说卦》从象上的解释具有一致性，"坎为水，为沟渎，为隐伏"，隐伏之象正是潜藏之象。将北方与水联系起来，《说卦》曰："坎者，水也，正北方之卦也，劳卦也，万物之所归也，故曰劳乎坎。"这是暗含从时令的角度将北方与水相结合给出的解释，水所属的《坎》卦是北方之卦为冬，冬天是慰劳百姓，使其休息的季节，冬天也是万物归于静止，"冬气收而百物皆藏"[1]，一个"主藏"的季节。日行北陆，是正逢冬天最为寒冷的日子，太阳照射时间最短，阴气盛行，阳气衰弱，这一认知见于《春秋繁露·循天之道》："阴气起乎中夏，至中冬而盛。"[2]《易林》对于在北陆之时产生消敛事象的原因也是从这方面揭示的，如"长夜短日，阴为阳贼。万物空枯，藏

---

[1] （清）苏舆：《春秋繁露义证》，新编诸子集成本，第446页。
[2] 同上书，第445页。

于北陆","日在北陆,阴蔽阳目","北陆阳伏,不知白黑"等,文辞通过贼、蔽、伏的动态描写,揭示出阳气始终被阴气所压制,完全一幅力量微弱之象。

综上所述,北陆有三重内涵,既有代表"北方"这一实际所指,又有虚拟的方位与之对应,更有时令的引申含义。借助类比思维,发挥想象与联想,化空间为时间,呈现出多样性的特色。林辞对北陆的关注与描写,消敛事象是外在表象,阴阳五行观念是潜在内核,二者一表一里,相映生辉。

《易林》中的方位词丰富多彩,代表的含义也各不相同。具体方位词与相关事象的结合密集出现在林辞中,看似偶然,其实是必然的。日常生活中人们的居住建筑、地域风貌、天时气候等是方位词与具体事象结合的直接表现源和外在诱因。阴阳五行观念则是古人的思维取向和思维定势之所在,阴阳二气的消长对应春夏秋冬,春夏秋冬对应东南西北,空间与时间整合,化空间为时间,古人观望四方的时候带有深切的节令感受,则是《易林》中方位词与具体事象相结合的内在趋使力量。

## 第三节 天人同感与以阳为尊理念的显现
### ——《易林》灾异事象透视

灾异是汉代文献中常见的高频事象,"其大略之类,天地之物有不常之变者,谓之异。小者谓之灾。灾常先至而异乃随之"①。灾异连称,指的是自然界、人类社会中发生的反常之事。《易林》的作者喜谈灾异,《汉书》记载:"其(焦赣)说长于灾变。"遍检《易林》,《汉书》的这一论断能得到很好地印证。灾异类林辞描写的事象丰富多彩,内容广泛。如此密集出现的背后包含了什么样的理念呢?这些理念是如何在灾异事象中运作的呢?

---

① (清)苏舆:《春秋繁露义证》,第259页。

## 一　灾异事象类型及相关理念生成的文化土壤

灾异事象无论形式上还是内容上，都多种多样，涵盖的范围也非常广泛。如果要加以划分，基本上囊括了天文、自然风物和人间怪诞三种类型。

与日、月、星辰乖逆相伴的灾异事象属于天文类。如，"团团白日，为月所食。损上毁下，郑昭出走"（《比》之《萃》），这是描写太阳被月亮侵蚀，象征阴盛阳衰，对应人主力弱将亡。"武夫司空，多口争讼。金火当户，民不安处，年饥无有"（《讼》之《噬嗑》），这是以金星和火星的出现作为灾异征兆，相伴着饥荒事象。天文星象的反常与人世间的各种灾患呈现出紧密相联的关系。《史记·天官书》有类似记载："月、五星顺入，轨道，司其出所守，天子所诛也。其逆入，若不轨道，以所犯命之，中坐，成形，皆群下从谋也，金、火尤甚。"金星、火星偏离运行轨迹时，对应群下相从而图谋叛乱。

自然风物类灾异指由动物、植物、山川、节气时令的异常所引发的灾患。"早霜晚雪，伤害禾麦。损功弃力，饥无所食"（《需》之《咸》），霜和雪的到来或提前或推迟，没能按照正常的节令秩序出现，带来的是庄稼损伤，民众歉收。"梅李冬实，国多盗贼。扰乱并作，王不得制"（《屯》之《师》），梅和李本是春夏成熟的作物，冬天成熟违背植物生长规律，对应的灾患是盗贼乱作。"鸟飞狐鸣，国乱不宁。下强上弱，为阴所刑"（《中孚》之《大畜》），鸟和狐的反常举动之后紧跟的是国家的不安宁。"高阜山陵，陂陁颠崩。为国妖祥，元后以薨"（《旅》之《姤》），高山发生震动坍塌，视之为国家的妖祥征兆，对应的是元后将逝。

"牡飞门启，患忧大解。修福行善，不为身祸"（《需》之《兑》），城门和关牡是人所制造的器体，门牡不翼而飞，属于人间怪诞类灾异。

灾异事象种类繁多，背后蕴含了怎样的思想观念呢？要回答这个问题，还得从《易林》产生的文化背景入手。《易林》的产生年代大致在西汉末年，这个时期董仲舒倡导的公羊学已经不再鼎盛，不过，其余响依旧存在，且有复活的趋势。彼时，《公羊传》和《穀梁传》是"立于学官"的官学。公羊学属于齐学，对此，皮锡瑞在《经学历史》中写道："汉有一种天人之学而齐学尤盛，《伏传》五行，《齐诗》五际，《公羊春秋》多言灾异，皆齐学也。《易》有象数占验，《礼》有明堂阴阳，不尽齐学，而其旨略同。"①《易林》作者焦赣的地望正是齐地，《汉书》记载道："（京房）治《易》，事梁人焦延寿。延寿字赣。赣贫贱，以好学得幸梁王，王共其资用，令极意学。既成，为郡史，察举补小黄令……三老官属上书愿留赣，有诏许增秩留，卒于小黄。"②梁和小黄隶属豫州（今河南），临近齐文化区。焦赣一生未曾离开过小黄，耳闻目染的都是齐学。这种影响在林辞灾异事象的描写中能得到很好的印证，"采薪得麟，大命陨颠。豪雄争名，天下四分"（《屯》之《坤》），采薪得麟属于不祥之兆的记载见于《公羊传》哀公十四年：

> 春，西狩获麟。何以书？记异也。何异尔？非中国之兽也。然则孰狩之？薪采者也。薪采者则微者也，曷为以狩言之？大之也。曷为大之？为获麟大之也。……孔子曰："孰为来哉！孰为来哉！"反袂拭面涕沾袍。颜渊死，子曰："噫！天丧予。"子路死，子曰："噫！天祝予。"西狩获麟，孔子曰："吾道穷矣。"③

在西狩获麟之前，先是孔子最为喜爱的弟子颜渊死去，紧接着是子路离开，两位最得意的门生先后逝去，对孔子来讲哀痛莫大于此，西狩获麟又属于奇异事象，故生出"吾道穷矣"的感叹，林辞《屯》之《坤》据此而编撰，"大命陨颠"和"天下四分"是在这一基础上

---

① （清）皮锡瑞：《经学历史》，第68—69页。
② （汉）班固：《汉书》，第3160页。
③ （汉）何休注，（唐）徐彦疏：《春秋公羊传注疏》，阮元校刻《十三经注疏》，中华书局1980年版，第2352—2353页。

所作的发挥。

如果说上述是明显援引公羊学典籍中的故实，关系明了，那么另外一类灾异事象则需要加以辨析。公羊学的核心是天人同感，灾异与阴阳观念融会，这在学术界已经达成广泛一致，林辞也是如此，二者能相互印证。天人同感与阴阳观念贯穿《易林》灾异事象始终，在这方面，是一脉相承的关系。

《春秋经》："七年春，夫人姜氏会齐侯于防。夏四月辛卯，夜，恒星不见。夜中，星陨如雨。秋，大水。无麦、苗。冬，夫人姜氏会齐侯于穀。"① 记载的是庄公七年发生的一次天文现象，对此，《公羊传》写道："君子修之曰：'星陨如雨。'何以书？记异也。无苗，则曷为先言无麦而后言无苗？一灾不书，待无麦，然后书无苗。何以书？记灾也。"② 星陨如雨被当作奇异现象记载下来，紧接着无麦、苗被当作灾患记载下来，至于为什么会发生这一现象的原因，《公羊传》没有交代，《易林》对此提供了明确的答案："星陨如雨，力弱无辅。强阴制阳，不得安土。"（《豫》之《讼》）这是将天上的陨星归入阴的象征系列，星陨如雨为阴盛，强阴制阳是阴盛犯阳之象，对应着权势衰微，民众不得安宁的灾患。焦氏在这里秉持的正是公羊学理念，用天人同感与阴阳观念解释了这一灾异现象。

《易林》灾异事象背后是天人同感、阴阳观念的渗透，阴阳灾异在后代也成了习惯性称呼，那么天人同感和阴阳观念是如何在各类灾异事象中显现和起作用的呢？试结合不同类属分别来看。

## 二 天文类灾异事象

在古人观念中，天上的日月星辰和人类社会不是隔绝的，而是紧密联系在一起的，每一星宿各有司职，对应着下界的各种人物角色，掌管着人间的各种活动。林辞有类似记载："司禄凭怒，谋议无道。

---

① 杨伯峻：《春秋左传注》（修订本），第170—171页。
② （汉）何休注，（唐）徐彦疏：《春秋公羊传注疏》，阮元校刻《十三经注疏》，第2228页。

商氏失政，殷人乏嗣。"（《蒙》之《蹇》）司禄是文昌星宿的一颗子星，文昌星宿掌管的都是要职，《汉书·天文志》记载："斗魁戴筐六星，曰文昌宫，一曰上将，二曰次将，三曰贵相，四曰司命，五曰司禄，六曰司灾。"① 从这段文字可以看出，文昌星所辖的子星从司职上将到司管灾患无不关系重大。在林辞《蒙》之《蹇》中，它被当作一位发怒的天神，谋划着惩治人间的无道之主，体现的正是天人同构的观念。灾异事象的发生与相应的天象建立对接关系，星辰的划分以人类社会为参照物，掌管着人类社会中的事务，《易林》类似的记载甚夥。

腾蛇，星宿名，《晋书·天文志》："腾蛇二十二星，在营室北，天蛇也，主水虫。"《易林》取象腾蛇时写道："腾蛇乘龙，年岁饥凶，民食草蓬。"（《比》之《颐》）腾蛇乘龙，指此星宿出现会镇压住青龙，青龙是水龙，遭到腾蛇压伏，则会出现饥荒，百姓无所食。

火星，心宿的大星，《易林》称："火至井谷，阳芒生角。犯历天市，窥观太微。登上玉床，家易六公。"（《大有》之《复》）火星的运行轨迹偏离，触犯井、角、天市、太微、床等星宿，对应的是臣子将会叛乱，故林辞编撰有家易六公之灾。

各种天体不仅在天人同构模式中司职人间要务，而且也有阴阳属性之分。太阳和月亮是最大的星辰。

《汉书》记载"（焦赣）以风雨寒温为候，各有占验"，风雨寒温指的是日月的运行轨迹所产生的风雨寒温气候，《汉书·天文志》写道："一曰月为风雨，日为寒温"②，焦赣以风雨寒温为候，其实是在观测日月的运行，并以此预测吉凶祸福，这是焦赣的专长。日月各自按固有轨迹穿行于星宿之间，且互不乖逆，象征的是阴阳和谐。如，"日月相望，光明盛昌。三圣茂承，功德大隆"（《蒙》之《谦》），太阳是人崇拜的对象，属于阳刚的象征，带给人以光明。

---

① （汉）班固：《汉书》，第 1275 页。
② 同上书，第 1296 页。

"晨昏潜处,候时煦煦。卒逢白日,为世荣主"(《大有》之《中孚》),这是将白日与贤明君子相比况。然而一旦太阳受到遮蔽,阳刚受到损伤,产生的都是不吉利事象,"杲杲白日,为月所食。损上毁下,郑昭出走"(《家人》之《小畜》),日属阳,月属阴,君属阳,日被月所食对应人君力弱为阴所犯,属于阴盛犯阳之象。历史故实也确实如此,昭公在继任国君之前出奔卫,正是受到兄弟的排挤所致。灾异事象描写的背后是对阴盛犯阳现象的谴责和警戒,潜台词是对阳刚的保护,阳不宜受损,应该处于专尊地位。遮掩太阳光辉的物体可以是月亮,也可以是其他物体,这种观念从太阳与其他物象的关系中能得到进一步印证。

"雾露雪霜,日暗不明。阴孽为疾,年谷大伤"(《萃》之《革》),在这里,太阳光被雾和雪所遮蔽,失去光芒,对应的灾异表现为庄稼绝收,其中雾气遮日现象最常发生。《巽》之《噬嗑》的林辞写道:"郁怏不明,为阴所伤。众雾集聚,共夺日光。"雾属阴,《春秋繁露·五行变救》写道:"水有变,冬湿多雾。"雾由水变来,水是母体,二者相通。雾气夺去日光,同样象征的是阴盛犯阳。阴气遮蔽太阳,与灾异相联,暗藏的是以阳为本、阳尊阴卑理念。与公羊学的阴阳观一脉相承,董仲舒的《春秋繁露》有《阳尊阴卑》篇,其中一段文字如下:

> 故阳气出于东北,入于西北,发于孟春,毕于孟冬,而物莫不应是。阳始出,物亦始出;阳方盛,物亦方盛;阳初衰。物亦初衰。物随阳而出入,数随阳而终始,三王之正随阳而更起。以此见之,贵阳而贱阴也。①

阳主宰世间的万物,和生命力紧密相联。阳气被阴气僭夺,是生命力受到衰败损伤。古人观念中,太阳是至阳至刚之物,这从《周易》

---

① (清)苏舆:《春秋繁露义证》,第 324 页。

中也能得到验证，《周易》乾卦第一，乾字篆文写作䷀，从乙倝声，籀文写作䷀，为三日在乙中之象。《乾》的卦形是三个阳爻相叠，三阳爻与三日有相通之处，用日象征阳，是古人最大的直观感受和理性总结。阳处于收敛状、受到遮蔽，都与不吉利卦旨相联系。如：

  日暗不明，谗夫在堂。右臂疾痹，君失其光。（《观》之《讼》）

  日在北陆，阴蔽阳目。万物空虚，不见长育。（《大过》之《乾》）

  墙高蔽目，昆仑翳日。远行无明，不见欢叔。（《坎》之《豫》）

  阴蔽其阳，日暗不明。君忧其国，求骓得黄，驹犊从行。（《离》之《观》）

  日入明匿，阳晶隐伏。小人劳心，求事不得。（《离》之《涣》）

林辞中的太阳被遮蔽所对应的事象并非都是灾异，但是卦旨均不吉利，概莫能外，太阳被遮蔽现象的卦旨呈不吉利，折射出的是对阳的认可和尊崇，与此相应，阴则置于了被否定和贬抑的对象，霓虹就是其中的典型代表。

"壅遏堤防，水不得行。火盛阳光，阴蜺伏藏，退还其乡"（《比》之《大畜》），阴蜺指霓虹，当阴蜺出现的时候，必然降生灾害。"蝃蝀充侧，佞人倾惑。女谒横行，正道壅塞"（《蛊》之《复》），化用《诗经·蝃蝀》诗意。蝃蝀，虹的别称，《唐开元占经》虹蜺占条目引蔡邕《月令章句》称："虹，蝃蝀也。阴阳交接之气，著于形式者也。雄曰虹，雌曰蜺。常依阴昼见于日冲，无云不见，太阴亦不见，虹常依象阳，见于日旁，白而直者曰蜺。"[①] 虹是阴阳二

---

① （唐）瞿昙悉达编：《唐开元占经》，第709页。

气交合的产物,发出白光的虹也可以叫作蜺。虽然古代对于霓虹阴阳属性的认定比较复杂,并不能简单划分,但在《易林》中,性偏阴的归属大体比较明朗。女谒指宫中妇女得宠弄权,多所请托,女属阴和虹相应,"正道壅塞"正是阴盛犯阳的结果。

总起来说,天文现象的反常对应人类社会的种种灾患,天人同感是纽带,日月星辰等天体划分出阴阳两个阵营,太阳、月亮、陨星、霓虹等各有归属,辰星间发生僭越,阴盛犯阳和灾异事象建立起了比较稳定的联系,是以阳为本,尊阳抑阴思想的使然。

### 三 自然风物、人间怪诞类灾异事象

自然风物灾异事象是另外一种类型,与天人同感和阴阳观念相联,折射的也是以阳为尊理念,一以贯之。

"三河俱合,水怒踊跃。坏我王屋,民困于食"(《蛊》之《颐》),水怒是阴盛之象,带来了冲毁屋舍的灾乱性后果。水属于至阴之物,《易林》写道:"阴涿川决,水为吾祟。使我心愦,毋树麻枲,居止凶殆。"(《未济》之《解》)水和阴在这里相提并论,视之为鬼祟之物,处于被谴责状态。属性为阴的其他同类物也受到格外关注,"早凋被霜,花叶不长。非时为灾,家受其殃"(《蒙》之《中孚》),这是描写霜所造成的灾难;"积雪大寒,万物不生。阴制庶土,时本冬贫"(《遁》之《晋》),这是描写积雪所造成的灾患。这些事象都集中传达出"阴淫为贼"的观念,符合公羊学的传承。如,"桓公八年'十月,雨雪',周十月,今八月也,未可以雪"。对于大雪灾难的不期而至,《汉书·五行志》解释道:"时夫人有淫齐之行,而桓有妒媢之心,夫人将杀,其象见也。桓不觉寤,后与夫人俱如齐而杀死。凡雨,阴也,雪又雨之阴也,出非其时,迫近象也。"① 《汉书》转述的是公羊学派代表人物刘向的观点,接着《汉书》援引董仲舒的言论写道:"象夫人专恣,阴气盛

---

① (汉)班固:《汉书》,第1423页。

也。"对于雨水之类的阴柔之物常和灾异事象相伴，公羊学内部认知是一致的，并没有分歧。

除了描写属性为阴之物本身发生灾异外，还有另外一类灾异事象，看似和阴盛无关而实际上也与之有千丝万缕的联系，如，"寒燠失时，阳旱为灾，虽耗无忧"（《明夷》之《同人》），这是描写缺水而导致了旱灾的发生，旱灾为什么会发生呢？原因很多，其中阴盛篡乱无疑也是因素之一，《旅》之《革》写道："迁延恶人，使德不通。炎旱为殃，年谷大伤。"在这里，以恶人作祟发端，认为旱灾和恶人逞狂具有一定的因果关系，恶人作乱同样是阴盛成灾的表现，这种说辞在其他公羊学家中亦常见，《汉书·五行志》记载了刘歆的许多观点，其中有一段文字是这样的："（昭公）二十五年'七月上辛大雩，季辛又雩'，旱甚也。刘歆以为时后氏与季氏有隙。又季氏之族有淫妻为逆，使季平子与族人相恶，皆共谮平子。"① 雩灾、旱灾等事象和当时季氏僭越之举相系，秉持的是天人同感理念，对季氏听信妻之逆言等罪行的罗列，透露的是对阴淫为患的谴责和贬损。总之，山川河流所发生的灾异，和人间的社会现实相联，二者之间形成因果律，灾异形成不是独自的，纯任自然的，而是受到人类社会的支配，二者具有一一对应的关系。

自然山川类灾异事象之外，动物类灾异事象所占数量亦颇多，充满荒诞色彩，"雄鸡不晨，雌鸡且呻。志疵心离，三旅生哀"（《困》之《既济》），雌鸡司晨的现象，《尚书·牧誓》写道："古人有言曰：'牝鸡无晨，牝鸡之晨，惟家之索。'今殷王受，惟妇言是用。"牝鸡代雄鸡而鸣，古人认为是不祥之兆，对应殷纣王将受到妲己的蛊惑，进而遭致灭国之灾。雌鸡属阴，与妲己相应，雌鸡司晨是阴阳乖逆，属于阴盛僭阳之象。又如，

　　　　鱼蛇之怪，大人忧惧。梁君好城，失其安居。（《晋》之《屯》）

---

① （汉）班固：《汉书》，第 1388—1389 页。

第五章　义理与事象：《易林》的斑斓世界

  大蛇巨鱼，战于国郊。上下隔塞，卫侯庐漕。(《噬嗑》之《讼》)
  大蛇巨鱼，相搏于郊。君臣隔塞，戴公庐漕。(《归妹》之《坎》)
  巨蛇大鰌，战于国郊。上下隔塞，主君走逃。(《剥》之《艮》)
  大蛇巨鱼，相搏于郊。君臣隔塞，卫侯庐漕。(《未济》之《既济》)

"鱼蛇之怪"指的就是"大蛇巨鱼，战于国郊"，故实见于《左传》，相关记载为："庄公十四年，初，内蛇与外蛇斗于郑南门中，内蛇死。"这里将两蛇相斗改写为蛇和鱼或蛇和鰌，选取的争斗对象属性没有改变，都是阴性之物，同样是阴盛之象，出现这种怪诞事象的结果预示着国家灭亡，君主出逃。鱼蛇之间的争斗，对应国家灭亡，灾祸到来之前上天先之以凶兆警告，秉持的理念是天人同感。综观这类灾异，与阴盛之象紧密相联，君王等遭受到危害，其实是阳刚受损的表现，阴与阳的角决，会导致一系列灾异事象的发生。

  动物类灾异还有一些颇为费解的事象，与阴阳转化密切相关，需要加以辨析，对它们的认知才有可能从模糊走向清晰。

  豕生鱼鲂，鼠舞庭堂。奸佞施毒，上下昏荒，君失其邦。(《蒙》之《比》)
  彭生为豕，白龙作灾。盗尧衣裳，桀跖荷兵。青禽照夜，三日夷伤。(《比》之《蒙》)

上述两例，描写动物之间或人与动物之间的转化，转化背后对应着一系列灾异，第一例，豕生出鱼鲂，预示当时的社会奸佞当道，上下一片昏暗荒淫，结果使得君主将会失去其邦国。为什么将豕和鱼鲂粘连在一起呢？豕生鱼鲂又象征着什么呢？要回答这个问题，还得从物象各自的属性入手,《说卦》称"坎为水,坎为豕",豕是水畜,性属阴,《中孚》卦卦辞"豚、鱼吉,利涉大川,利贞"。豚、鱼是同一类物象,阴柔的象征,与利涉大川,践履阴柔之行一致。豕生鱼鲂,是阴生阴,属于同类性质物象的转生。紧接的鼠舞庭堂,《汉书·五行志》记载:"昭帝元凤元年九月,燕有黄鼠衔其尾舞王宫端门中,往视之,鼠舞如故。王使夫人以酒脯祠,鼠舞不休,夜死。黄祥也。时燕刺王旦谋反将败,死亡之象也。"① 鼠性阴毒,也是阴的象征物,鼠舞庭堂和豕生鱼鲂(阴生化阴)属于同类意象,象征的都是阴盛之象,对阳刚造成伤害,故预示着灾异,与灾异相联。

彭生变化为豕,见于《左传》桓公十八年和庄公八年记载,齐襄公和文姜私通,并让彭生杀死文姜的丈夫鲁桓公,后来又杀死了彭生,彭生冤死。齐襄公与妹妹文姜通奸,按礼属于乱伦行为,有悖于道德,故《左传》作者采用因果律思维,让彭生化为豕,恐吓齐襄公,以报冤仇。《易林》引之为灾异,彭生属阳,豕属阴,彭生为豕是阳转化而为阴,戾气成灾之象。

物象之间的转生除了阴转生阴、阳转生阴外,还有阳转化为阳和阴转化为阳两种。后两种转化和前两种转化,在卦旨上截然相反,前者多凶险,后者多吉利,体现的正是以阳为尊理念,相关事象是这样的:"龙化为虎,泰山之阳。众多从者,莫敢敉藏。"(《需》之《中孚》)龙属于阳,是善变动物,虎亦属于阳,龙化为虎是阳转化为阳,莫敢敉藏指未敢安抚此局面,卦旨比较平和。类似的记载还见于《未济》之《归妹》,相关的文字是这样的:"龙生马渊,寿考且神。飞腾上天,舍宿轩辕,常居乐安。"龙属于阳,马亦属于阳,龙生于马,是阳生于阳,属于阳盛之象,与之相联的不是灾异事象发生,而是祥瑞征兆的呈现。"阴变为阳,女化作男。治道得通,君臣相承。"(《屯》之《离》)女性变为男性,本是罕见之事,归属于灾异。《汉书·五行志》记载:"魏襄王十三年,魏有女子化为丈夫。京房《易

---

① (汉)班固:《汉书》,第1449页。

传》曰：'女子化为丈夫，兹谓阴昌，贱人为王。'"① 在女子转为丈夫的立场上，焦赣、京房师徒二人产生了很大分歧，焦氏认为，女化为男，阴化为阳属于吉利的象征，是从以阳为本，尊阳抑阴的理念出发所做出的判断，合乎公羊学传统。

　　天人同感与以阳为本理念除了在动物类灾异事象的转化外，于植物类灾异事象中体现的也同样明显而突出。"李梅冬实，国多盗贼。扰乱并作，君不得息"（《屯》之《师》），李树和梅树冬天结出果实，违背生长规律，这一故实发生于战国时期，《汉书·五行志》记载："僖公三十三年，十二月，李梅实，刘向以为周十二月，今十月也，李梅当剥落，今反华实，近草妖也。先华而后实，不书华，举重者也。阴成阳事，象臣颛君作威福。"② 梅李冬实，《汉书》引述刘向的论断认为这是阴成阳事所对应的灾异，焦赣也持此观点，冬天是阴气凝结之时，故也认为梅李冬实代表的是盗贼乖逆之象。《剥》之《益》写道："扬华不时，冬实生危。忧多横贼，生不能服。昆仑之玉，所求不得。"当开花结实季节锁定在冬季，出现的是危险，为什么冬天结实会对应危险呢？《易林》本身给出了答案，"阳失其纪，枯木复起。秋华冬实，君不得息"（《大过》之《蒙》），秋华冬实和枯木复苏属于同类事象，原因正在于阳气失去固有的运行轨迹所致，阳受损，与以阳为尊理念相悖，故对应的必然是危难。相比之下，《易林》多次单独撷取李华再实之象，与"梅李冬实"对应灾异不同，李华再实带来的是祥瑞征兆，相关林辞是这样的："李华再实，鸿卵降集。仁哲权舆，荫国受福。"（《比》之《讼》）在这里，没有特定的时间限定，李树两次开花结果，与鸿卵降临搭配，卦旨吉利。再实的过程伴随花的开放，花属于向外打开，两次开花，不是收敛之象，而是舒展之象，正是阳得以盛行的表现，与"梅李冬时"的阳损相反，故为荫国受福的祥瑞征兆。

---

① （汉）班固：《汉书》，第 1472 页。
② 同上书，第 1412 页。

世间万物纳入阴阳的图式中予以观照，以阳为本，以阳为尊，对于阳的发展持肯定态度，与阳相联的舒展、开放型事象也得到充分认可，明乎此，对于林辞中唯一一则人间怪诞类灾异事象的理解就能从模糊走向清晰，"牡飞门启，忧患大解，不为身祸"（《革》之《丰》），这则林辞反复出现，《渐》之《坤》有相同记载，《同人》之《夬》、《需》之《兑》大体同。针对《革》之《丰》这条林辞，刘黎明《焦氏易林校注》据《需》之《兑》补入"修福行善"一句，并在《需》之《兑》处写道："牡飞门启本为凶兆，但由于修福行善，故而不为身祸，患忧大解。"① 刘先生的补正与解释有一定道理，但并非十分确切。《易林》大同小异的林辞随处可见，不必苛求完全统一，而且在解释上也有涉改动文献之嫌。牡飞故实发生在汉成帝时期，《汉书·五行志》写道：

> 元延元年正月，长安章城门门牡自亡，函谷关次门牡亦自亡。京房《易传》："饥而不损兹谓泰，厥灾水，厥咎牡亡。"《妖辞》曰："关动牡飞，辟为亡道臣为非，厥咎乱臣谋篡。"②

对于门牡不翼而飞，一般而言，无疑属于不祥的灾异事象，而在焦赣看来，情况并非如此，牡飞门启本身就是忧患大解的前兆。之所以如此，原因是很清楚的，锁簧为牡，是旧式锁中可以插入和拔出的部件，与之相应的锁体为牝。牝牡之分，亦即阴阳之别。与门牡不翼而飞事象相系的是门被打开，门打开属于外向型，舒展型事象，符合以阳为尊的理念。这在《易林》中也能找到内证："关折门启，衿带解堕。福与善生，忧不为祸。"（《噬嗑》之《小畜》）门被开启伴随的正是福与善生。《系辞》说："是故阖户谓之坤，辟户谓之乾。"辟，指开，乾阳似昼，以开户喻之，故尽管林辞这一现象发生突然，充满

---

① 刘黎明：《焦氏易林校注》，第 116 页。
② （汉）班固：《汉书》，第 1401 页。

荒诞色彩，非比寻常，但却正是《易林》以阳为尊理念的诠释，与"李华再实"属于同一类型事象，符合祥瑞征兆的特征。

天上的日月星辰和人间事象同构，灾异与人事相联，秉持的是天人同感思维，灾异的形成，不是无缘无故的，而是与人的所作所为紧密联系在一起。《易》以道阴阳，君臣、男女、日月等，无不可做对立划分。灾异事象的背后是阴阳观念的折射，阴犯阳占据着灾异事象发生的主流，与之相应，以阳为尊的理念犹如一根红线贯穿始终。表面看来是光怪陆离的事象，深层原因是阴阳失衡、相互僭越的机制使然，以阳为尊理念在这些荒诞的事象中显现，发挥着它的作用。

## 第四节 《易林》的色彩词及相关物象与事象选析

《易林》中的色彩词可以划定为两个层面：一个是自然色彩，一个是人为选定的特定色彩层面。特定的色彩词语蕴含固有的象征义，往往和相关物象与事象能建立起稳定关系，选用的背后留有远古的历史传说映像，也有五行学说的渗透。

### 一 白、黑、赤搭配的物象及相关的吉祥或争斗事象

《易林》中的色彩词出现频繁，白、黑、赤是较为突出的几种，物体著不同色彩，所表达的含义往往也不相同。除开本身所具有的颜色之外，有些是人为选定，属于相关理念与物象本身内涵的叠加。

1. 白色。林辞出现由白色所构成的物象丰富，相关名目23种：白日、白粒、白龙、白驹、白脊、白咽、白雉、白鸟、白鹤、白马、白缟、白云、白圭、白虎、白豕、白茅、白头、白颠、白鹄、白貒、白鹿、白乌、白齿。包含上述物象的林辞既有吉利事象也有凶险事象，其中和凶险事象相系者往往内涵更为丰富。

白豕，《大有》之《晋》写道："三豕俱走，斗于谷口。白豕不胜，死于坂下。"豕色白，和死丧不祥之象相伴，豕的颜色本没有确

定性，林辞中相斗之豕的颜色各不相同，之所以选择"白豕不胜"，需从白色的象征义中寻找答案。白色指向死亡，古代丧服皆为白色是民族文化心理定势使然。《诗经·小雅·渐渐之石》有类似运用，诗句是这样的："有豕白蹢，烝涉波矣。月离于毕，俾滂沱矣。武人东征，不皇他矣。"朱熹《诗集传》引张子曰："豕之负涂曳泥，其常性也。今其足皆白，众与涉波而去，水患之多可知矣。"① 豕白蹢涉渡暗示水患洪灾，是负面的不祥景象。《说文解字》："白，西方色也，阴用事，物色白。"段玉裁注："出者阳也。入者阴也。"② 入是收敛之象，多和死丧相系。五行说里白色匹配西方，时令对应秋天，象征刑罚，《春秋繁露·五行顺逆》写道："金者秋，杀气之始也。"③ 白色主阴用事，往往和刑杀死丧相联，《庄子·外物》篇记载这样一则寓言：

> 宋元君夜半而梦人被发窥阿门，曰："予自宰路之渊，予为清江使河泊之所，渔者余且得予。"元君觉，使人占之，曰："此神龟也。"君曰："渔者有余且乎？"左右曰："有。"君曰："令余且会朝。"明日，余且朝，君曰："渔何得？"对曰："且之网得白龟焉，其圆五尺。"君曰："献若之龟。"龟至，君再欲杀之，再欲活之，心疑，卜之，曰："杀龟以卜吉。"乃刳龟，七十二钻而无遗策。仲尼曰："神龟能见梦于元君，而不能避余且之网；知能七十二钻而无遗策，不能避刳肠之患。如是，则知有所困，神有所不及也。"④

龟在《庄子》中多次出现，仅此处标明颜色。白龟通灵，能托梦于人，却最终难逃一死，带有讽刺意味，龟甲用于占筮，能七十二钻而

---

① （宋）朱熹：《诗集传》，第230—231页。
② （汉）许慎撰，（清）段玉裁注：《说文解字注》，第363页。
③ （清）苏舆：《春秋繁露义证》，新编诸子集成本，第375页。
④ （清）郭庆藩：《庄子集释》，新编诸子集成本，第933—934页。

无遗策，白则预示着龟自身的命运结局。与白色相搭配的物象指向死丧，在林辞中也并不是个案。

白犬①，《升》之《晋》写道："三犬俱走，斗于谷口。白者不胜，死于阪下。"（《大有》之《晋》略同）三犬相斗，不胜而死者是白犬，和《大有》之《晋》可以相互印证。

白虎，《革》之《比》写道："白虎赤愤，窥观王庭。宫阙被甲，大小出征。天地烦溃，育不能婴。"林辞中，白虎以军旗上的图案形式出现，配以白色，呈现狰狞凶恶的面目，彰显它的威猛，林辞罗列的是系列凶险事象。

白龙，《比》之《蒙》说："彭生为豕，白龙作灾。盗尧衣裳，桀跖荷兵。青禽照夜，三日夷伤。"白龙作灾，用的是《说苑·正谏》的典故："昔白龙下清泠之渊，化为鱼，渔者豫且射中其目。"这个传说的原型出自《庄子·外物》。白龙不应当化为鱼而入清泠之渊，因此被射中眼睛。白龙作灾的传说在《楚辞·天问》中也有相关记载："帝降夷羿，革孽夏民。胡射夫河伯，而妻彼雒嫔？"对此，王逸作了如下解说：

> 传曰：河伯化为白龙，游于水旁，羿见射之，眇其左目。河伯上诉天帝，曰："为我杀羿。"天帝曰："尔何故得见射？"河伯曰："我时化为白龙出游。"天帝曰："使汝深守神灵，羿何从得犯？汝今为虫兽，当为人所射，固其宜也。羿何罪与？"②

《说苑·正谏》和《楚辞·天问》所载白龙被射的传说大同小异，是不同的流传版本。林辞取材于这个系列的传说而得。

总而言之，《易林》中白豕、白虎、白龙是和白色搭配出现的典型物象，嵌入三种物象的林辞无一例外都指向凶险。《周礼·春官·

---

① 白犬是结合林辞推断出来的名物，不在数目统计中列出。
② （宋）洪兴祖：《楚辞补注》，第99页。

保章氏》:"观天下之妖祥,以五云之物,辨吉凶、水旱降丰荒之祲象。"郑司农注:"青为虫,白为丧。"① 白色和死丧相联,今天的俗语还称"红白喜事"。豕、虎、龙选取与白搭配,含义与附加的色彩象征义密不可分,受五行观念支配,白属西,主于刑杀,故白豕、白虎、白龙都被置于不吉利爻辞之中,与死伤事象结合。从现实层面来看,豕、犬纯为白色者较为罕见。古代的猪主要是黑色,白猪是近代才从域外引进而大量饲养。《山海经》提到白犬(白狗),是作为奇异之物出现。龙的原型是蛇,白蛇也极其罕见。白虎是凶猛之兽,《后汉书·南蛮西南夷列传》写道:"秦昭襄王时,一白虎常从群虎,数游秦蜀巴汉之境,伤害千余人。"白豕、白犬、白龙、白虎,均作为怪异之物出现,故与凶险事象相伴。

2. 黑色。林辞出现由黑色所构成的物象较少,相关名目有6种:黑虎、黑颡、黑子、黑龙、黑云、黑狼。黑色,《说文解字》:"黑,北方色也,火所熏之色也。"段玉裁注:"(北方色也,)四字各本无。依青赤白三部下云东方色、南方色、西方色、黄下亦云地之色。则当有此四字明矣。"② 段注依据《说文》通例而补,是可信的。黑色当匹配北方,阴气最盛。这在林辞中能找到相关案例。

黑云,《同人》之《蛊》:"龙渴求饮,黑云影从。河伯捧觞,跪进酒浆,流潦滂滂。"黑云降下大量雨水,水神河伯奉献酒浆,是阴盛的象征。在五行说中,黑与水相配。现实生活中,黑云即乌云,确实有降水可能。

黑龙,林辞《否》之《小过》是这样的:"黑龙吐光,使阴复明。燎猎载圣,六师以昌。"龙的原型是蛇,蛇体黑色居多,因此,想象中的龙是黑色,合乎常理,属于正常现象,故林辞出示的是吉利事象。《庄子·列御寇》有这样一则寓言记载:

---

① (清)孙诒让:《周礼正义》,第2124页。
② (汉)许慎撰,(清)段玉裁注:《说文解字注》,第487页。

## 第五章 义理与事象：《易林》的斑斓世界

> 庄子曰："河上有家贫恃纬萧而食者，其子没于渊，得千金之珠。其父谓其子曰：'取石来锻之！夫千金之珠，必在九重之渊而骊龙颔下，子能得珠者，必遭其睡也。使骊龙而寤，子尚奚微之有哉！'"①

成玄英疏："骊龙，黑龙也。颔下有千金之珠也。"② 在先民想象中，正常的龙是黑色，故《淮南子·览冥训》称女娲"杀黑龙以济冀州"。

林辞中黑龙和吉利事象相系，少有例外。之所以如此，还可以从政治理念中找到答案，司马迁《史记·封禅书》写道：

> 二年，东击项籍而还入关，问："故秦时上帝祠何帝也？"对曰："四帝，有白、青、黄、赤帝之祠。"高祖曰："吾闻天有五帝，而有四，何也？"莫知其说。于是高祖曰："吾知之矣，乃待我而具五也。"乃立黑帝祠，命曰北畤。③

这则记载中，高祖自立黑帝，皇权和黑色自此结下不解之缘，随后盛行的"三统说"为汉代初年崇尚黑色奠定了理论基石，董仲舒《春秋繁露·三代改制质文》称："故《春秋》应天作新王之事，时正黑统。王鲁，尚黑，绌夏、亲周、故宋。"④《春秋》体现的是黑统制度，对此，顾颉刚先生在《汉代学术史略》中论述道："《春秋》虽是一部书，抵得一个统，故周以后的王者能用《春秋》之法的就是黑统之君了。"⑤"三统说"盛行后，汉代主流文化层面对黑色喜爱有加，故《易林》黑龙事象的编写受此影响也往往指向吉利。直到汉

---

① （清）郭庆藩：《庄子集释》，新编诸子集成本，第1060—1062页。
② 同上书，第1062页。
③ （汉）司马迁：《史记》，第1127页。
④ （清）苏舆：《春秋繁露义证》，新编诸子集成本，第187—189页。
⑤ 顾颉刚：《汉代学术史略》，东方出版社2005年版，第3页。

武帝太初元年（前104），才正式确定色彩尚黄。

3. 赤色。林辞中出现由赤所构成的物象有6种名目：赤虎、赤头、赤子、赤乌、赤鹖、赤帝。赤色，《说文解字》："赤，南方之色。从大，从火。"赤色象征阳，赤和南方相配，这在《周易》中能得到印证，《说卦》称："乾为南……为大赤。"孔颖达疏："为大赤，取其盛阳之色。"① 林辞将其和虎、龙、乌搭配，同样是阳刚的象征，具有较大的战斗力或破坏性。比如，赤鹖，《无妄》之《中孚》写道："有两赤鹖，从五隼噪。操矢无笞，趣释尔射。扶伏听命，不敢动摇。"鹖，《尔雅·释鸟》："江淮而南，青质，五采皆备曰鹖。"② 鹖是一种猛禽，毛色以青为底色而五彩皆备。林辞中出现的却是赤鹖，亦属怪异之物。林辞认为，对待这种怪异之鸟不必用箭射杀，它自然会对人表示服从，不敢有所动作。对赤鹖而言，它是被制伏的对象，非吉祥之象。林辞中的赤鹖作为负面角色出现。

4. 搭配。色彩词黑、白、赤构成的特定物象单独出现时，白色、赤色多凶险，黑色多吉利。当白色、黑色、赤色物象搭配共现时，却是另一番景象，往往处于争斗之中，少有例外。物着以颜色，其寓意也融入兴象之中。

    白龙黑虎，起譻暴怒。战于涿鹿，蚩尤败走，居止不殆，君安其所。（《蒙》之《坎》）
    白龙赤虎，战斗俱怒。蚩尤败走，死于鱼口。（《坤》之《临》）

两条林辞里，白龙、黑虎、赤虎处于争斗事象。芮执俭先生注："白龙指黄帝，赤虎指蚩尤。"③ 芮先生的注解是对的，而且黑虎指的也

---

① （唐）孔颖达疏：《周易正义》，阮元校刻《十三经注疏》，中华书局1980年版，第95页。
② （晋）郭璞注：《尔雅》，第71页。
③ 芮执俭：《易林注译》，第29页。

是蚩尤。结合历史传说来看,黄帝部落起源于西部,《史记·五帝本纪》记载:"黄帝者,少典之子,姓公孙,名曰轩辕。"① 名轩辕依据地理名称而得,《山海经·西山经》记载:"又西四百八十里,曰轩辕之丘。"② 黄帝名轩辕,发源于西部地域。黄帝的活动区域也与西部关联,《庄子·至乐》称:"昆仑之虚,黄帝之所休。"③ 昆仑山位于西部。黄帝和西部有密不可分的关联,故林辞以白龙当之,五行说白象征西方,龙喻君,指黄帝。蚩尤,《路史·后纪四蚩尤传》:"坂泉氏蚩尤,姜姓,炎帝之裔也。"④ 蚩尤生乎炎帝系统,太阳神炎帝尚赤,蚩尤亦曾任过南方天帝,《逸周书·明堂解》记载:"命赤帝(炎帝)分正二卿,命蚩尤于宇少昊,以临四方。……蚩尤乃逐帝,争于涿鹿之河,九隅无遗。"⑤ 蚩尤之死,《山海经·大荒东经》记载:"应龙处南极,杀蚩尤与夸父。"蚩尤的生与死都与南方相关联,南方为赤,蚩尤与南方炎帝同是上天所任命,曾经共同治理天下,故林辞在虎前缀以赤来称呼蚩尤。另外,蚩尤部落相对于黄帝部落,活动区域主要居于南部或北部,战败场所为涿鹿,是蚩尤一生的拐点,在今河北省,居于我国疆域北部,故林辞也以黑虎当之,黑象征北方。

　　　　白马赤乌,战于东都。天辅有德,败悔为忧。(《豫》之《既济》)

此处的白马和赤乌处于争斗事象之中,白马代指殷商,赤乌代指西周,尚秉和先生注:"盖白马为殷人所尚。"⑥ 尚氏的注解是可信的,

---

① (汉)司马迁:《史记》,第1页。
② 袁珂:《山海经校注》,第51页。
③ (清)郭庆藩:《庄子集释》,新编诸子集成本,第615页。
④ 转引自袁珂《中国古代神话》,华夏出版社2006年版,第138页。
⑤ 《逸周书》,齐鲁书社2010年版,第74页。
⑥ 尚秉和遗稿,张善文校理:《焦氏易林注》上,《尚氏易学存稿校理》第二卷,第296页。

殷人尚白，周人尚赤，《史记·封禅书》记载："殷得金德，银自山溢。周得火德，有赤乌之符。"银色白，故林辞以白马当之，周火德，故以赤乌当之。争斗故实原型见于《墨子》《史记》。《墨子·非攻下》写道："赤乌衔珪，降周之岐社，曰：'天命周文王伐殷有国。'"①《史记·周本纪》也记载："武王渡河……既渡，有火自上复于下，至于王屋，流为乌，其色赤，其声魄云。是时，诸侯不期而会盟津者，八百诸侯。诸侯皆曰：'纣可伐矣。'"林辞据此引申而得。

争斗事象中的龙和虎，在古人的观念中，一东一西，各据一方。虎的颜色和龙呈现悖反态势，二者置于对立面来刻画。林辞里，不仅是龙和虎的对抗，也是色彩象征义的对抗。白与黑的分立，是古人的惯性思维模式，《春秋繁露·楚庄王》有这样的文字："有知其阳阳而阴阴、白白而黑黑也。"②黑白对举出现，黑与白是对立面。《楚辞·九章·怀沙》末章写道："变白而为黑兮，倒上以为下。"白与赤的分立则源自五行学说，金白，火赤，按照五行相克原理，火克金。这种习惯在近代的赤白军对立以及当下分析国际形势时还能找到类似的遗留。

五行观念统辖下，附着色彩的四灵是较为特殊的群体，如，白虎以四灵身份出现，预示能给问卦者带来好运，往往偏离出白色和死丧事象相伴的思维惯性。《大有》之《大有》写道："白虎张牙，征伐东莱。朱雀前驱，赞道说辞，敌人请服，衔璧而趋。"白虎以威猛欲征伐东莱，朱雀用言辞促使敌人讲和，虎、雀合作，致使敌人请服，给人民免去战争的灾害。林辞吉利。

## 二 玄、苍、青、黄搭配的物象及相关吉祥事象

1. 玄色。《易林》中玄色、苍色、黄色以及相关物象与事象，往往呈现出吉利指向。玄，《说文解字》："幽远也，象幽而入覆之也，

---

① （清）孙诒让：《墨子间诂》，新编诸子集成本，中华书局2001年版，第151—152页。

② （清）苏舆：《春秋繁露义证》，新编诸子集成本，第11页。

黑而有赤色者谓玄。"① 是一种近似黑的色彩，林辞中玄色单独出现的次数不多，通常情况下，是搭配出现，共计玄鸟、玄骊、玄黄、玄圭、玄兔5种名目。

玄鸟，《晋》之《剥》写道："天命玄鸟，下生大商。造定四表，享国久长。"玄鸟指燕子，和商朝的始祖相联，《诗经·商颂·玄鸟》："天命玄鸟，降而生商。"

玄骊，《履》之《兑》："玄骊黑颡，东归高乡。朱鸟道引，灵龟载庄。遂抵天门，见我贞君。"首句描写的是玄色黑额马前行之象，林辞吉利。

玄黄，《巽》之《泰》："三阶土廊，德义明堂。交让往来，享燕相承。箕伯朝王，锡我玄黄。"林辞提及的玄黄代指丝帛，《尚书·武成》有相似用例："惟其士女，篚厥玄黄，昭我周王。"

玄圭，《屯》之《大畜》："克己洁身，逢禹巡狩。锡我玄圭，拜受福佑。"玄圭是一种黑色的玉佩，象征吉祥。《尚书·禹贡》记载："禹锡玄圭，告厥成功。"孔传："玄，天色，禹功尽加于四海，故尧赐玄圭以彰显之，言天功成。"蔡沉《书集传》："水色黑，故圭以玄云。"② 尧赐给大禹玄圭，取其治水有功之义。《泰》之《益》写作玄珪，曰："凤凰衔书，赐我玄珪，封为晋侯。"故实见于《吕氏春秋·重言》《史记·晋世家》，相关文字是这样的：

> 成王与叔虞戏，削桐叶为珪以与叔虞，曰："以此封若。"史佚因请择日立叔虞。成王曰："吾与之戏耳。"史佚曰："天子无戏言。言则史书之，礼成之，乐歌之。"于是遂封叔虞于唐。③

在这段记载中提及梧桐和玄珪。梧桐，古人认为是凤凰的栖息之所，《庄子·秋水》称："夫鹓鶵，发于南海而飞于北海，非梧桐不止，

---

① （汉）许慎撰，（清）段玉裁注：《说文解字注》，第159页。
② （宋）蔡沉：《书集传》，中华书局2017年版，第65页。
③ （汉）司马迁：《史记》，第1303页。

非练石不食，非醴泉不饮。"故林辞以凤凰衔书、赐我玄珪发端，卦旨指向吉利。

玄搭配出现的物象仅见上述几种名目，多和吉利相伴，仅玄兔例外。《既济》之《既济》写道："玄兔指掌，相与相恃。证讯诘问，诬情自直。宛死谁告，口为身祸。"玄兔据月中兔形之影想象而得，后世谢庄有《月赋》，诗句曰："引玄兔于帝台，集素娥于后庭。"月属阴，玄兔亦属阴，《太平御览》卷七〇七引《晋书·石勒传》云："夫兔阴兽，玄水色。"首句以玄兔发端，与林辞主体部分受诬遭陷的阴盛事象相应。

2. 苍色。林辞与之搭配出现的物象有苍龙、苍鹰、苍耳3种。《说文解字》："苍，草色也。"段玉裁注："引申为凡青黑色之称。"① 象征东方，主生。除苍鹰、苍耳外，林辞与苍搭配出现的物象多伴随吉利卦旨。

苍龙，《噬嗑》之《兑》说："火起吾后，喜炙我庑。苍龙衔水，泉喷屋柱，虽忧无咎。"苍龙衔水救民于火灾之中，扮演着及时雨的角色。《遁》之《震》："骢骊黑鬃，东归高乡。白虎推轮，苍龙把衡。朱雀导引，灵龟载游。远扣天门，入见真君，马全人安。"苍龙和白虎、朱雀、灵龟，分属二十八宿东、西、南、北的各七宿的总称，一起护送主人东归高乡，是拟人手法的运用。《坤》之《屯》："苍龙单独，与石相触。摧折两角，室家不足。"苍龙单独前行遇石折角，暗示阳遇阳受损之象。《颐》之《大过》："六龙俱怒，战于坂下。苍黄不胜，旅人艰苦。"多种颜色之龙云集于一处，相互争斗，苍龙与黄龙不能占据上风，暗示旅人前行艰苦，反衬出对黄龙和苍龙不能取胜的同情。林辞《小畜》之《姤》："苍龙隐伏，麟凤远匿。寇贼同处，未得安息。"首句苍龙、麒麟、凤凰隐伏远匿代指贤人在寇贼层出的黑暗社会中无法施展自己的才能，借助避世远祸的方式，方能保全自身。

---

① （汉）许慎撰，（清）段玉裁注：《说文解字注》，第40页。

3. 青色。林辞出现由青所搭配构成的物象有青蝇、青蛉、青禽、青牛 4 种名目。青，《说文解字》："东方色也。木生火，从生，丹。"① 青代表东方，色度上青和苍近似，《诗经·郑风·出其东门》："缟衣綦巾。"毛传："綦巾，苍艾色。"孔颖达疏："苍，即青也。"② 青色象征东方，和生命力、光明相联，《释名》："青，生也。象物生时色也。"③ 林辞对于青色的特意运用案例呈现多样性，青蝇、青蛉两种本为青色的动物，与凶险事象相系。青牛，《讼》之《小过》："青牛白咽，呼我俱田。历山之下，可以多耕。岁乐时节，民人安宁。"虞舜躬耕于历山之下的故实见于《尚书·虞书·大禹谟》："帝初于历山，往于田。"《史记·五帝本纪》也记载："舜耕历山，历山之人皆让畔。"林辞首句以青牛起兴，取青象征东方，太阳冉冉升起带来光明的联想义而得，林辞吉利。青禽，《比》之《蒙》："彭生为豕，白龙作灾。盗尧衣裳，桀跖荷兵。青禽照夜，三日夷伤。"这里的青禽指的是三青鸟。

总起来看，玄、苍、青三色相近，《楚辞·九辩》："左朱雀之茇茇兮，右苍龙之躍躍。"王逸注："青虬负毂而扶辕也。"④ 林辞中只见苍龙而未见青龙一语。玄、苍、青三色搭配而成的物象总体不多。搭配的物象所在林辞有吉利也有凶险，较为均衡。

4. 黄色。《易林》中出现物象缀以黄字共见 100 余次，相关名目 23 种⑤：黄金、黄鸟、黄玉、黄龙、黄麑、黄叶、黄离、黄竹、黄精、黄貜、黄池（地名）、黄鹄、黄足、黄裳、黄岩（地名）、黄牛、黄马、黄泉、黄宝、黄屋、黄虹、黄头、黄鹤。黄，中和之色，《汉书·律历志》记载："黄者，中之色，君之服也。"⑥ 五行之中属土，尊崇黄色的理论依据还和"五德说"盛行密不可分，《汉书·武帝

---

① （汉）许慎撰，（清）段玉裁注：《说文解字注》，第 215 页。
② （唐）孔颖达疏：《毛诗正义》，阮元校刻《十三经注疏》，第 346 页。
③ （汉）刘熙：《释名》，中华书局 1985 年版，第 67 页。
④ （宋）洪兴祖：《楚辞补注》，第 196 页。
⑤ 黄帝，用于人名，不列入讨论范围。
⑥ （汉）班固：《汉书》，第 959 页。

纪》:"夏五月（前104年），正历，以正月为岁首。色上黄，数用五，定官名，协音律。"① 这是利用"五德说"改定历法、崇尚色彩黄。林辞中对和黄搭配出现的物象的描写是怎样呢？这从相关林辞中能找到清晰的答案。

黄裳,《离》之《小过》记载:"黄裳建元，文德在身。禄祐洋溢，封为齐君。"化用《周易·坤》卦六五"黄裳元吉",《象》曰:"黄裳元吉，文在中也。"裳,《系辞》传也记载:"黄帝、尧、舜垂衣裳而天下治。"裳前缀以中和之色，取以谦和卑下的态度治理天下之义，林辞吉利。

黄竹,《离》之《损》:"南山黄竹，三身六目。出入制命，东里宣政，主尊君安，郑国无患。"黄竹本是一种色黄的草本植物，此处指乐曲,《穆天子传》记载:"天子命歌《南山》……天子作诗三章以哀民，曰:'我徂黄竹……'"这首林辞用的是《穆天子传》卷五的典故。穆王先令人歌《南山有台》，又赋《我徂黄竹》之诗，故林辞称"南山黄竹"。"三身六目"，指穆王三位得力的随行大臣和勇士，当指祭公、逄公和高奔戎。后几句描写的是郑国事象，"东里宣政"，指郑子产执政。《论语·宪政》有"东里子产"之语。

黄精,《豫》之《蛊》:"茹芝饵黄，饮食玉瑛。神与流通，长无忧凶。"饵黄，指食用黄精，黄精是一种延年益寿之物。《文选·嵇康〈与山巨源绝交书〉》写道:"饵术黄精，令人久寿。"

黄麑,《履》之《同人》写道:"婴孩求乳，母归其子，黄麑悦喜。"黄麑指幼儿，黄麑的出现和吉祥相伴，取其幼小可爱之义，在另外的林辞中也是如此,《蛊》之《晋》:"昆仑源口，流行不止。龙门砥柱，民不安处。母归扶子，黄麑悦喜。"黄麑是一种性情较为温和的兽类，代指幼儿。黄，谓幼小。以色彩指代年龄，谓婴儿、幼儿。《旧唐书·食货志》:"男女始生者为黄，四岁为小。"

黄玉,《蒙》之《观》写道:"黄玉温厚，君子所服。甘露溽暑，

---

① （汉）班固:《汉书》，第199页。

万物生茂。"黄色和玉搭配使用,玉性温润,《诗经·秦风·小戎》:"言念君子,温其如玉。"黄是中和之色,与玉正相应,林辞吉利。

黄龙,《大畜》之《大过》写道:"三羊上山,东至平原。黄龙服箱,南至鲁阳,完其佩囊,执绥车中,行人有庆。"龙的本性好坏跟其搭配的颜色趋向于一致,黄是中和之色,故与之搭配的龙负车箱而行,对人友善。平原,西汉郡名,在今山东北部。鲁阳,西汉县名,属南阳郡,在今河南平顶山西40公里左右。《需》之《萃》:"大口宣唇,神使伸言。黄龙景星,出应德门。兴福上堂,天下安昌。"这是黄龙星宿和景星一道成为天下昌盛太平的祥瑞征兆。《夬》之《睽》:"三羊上山,驰至太原。黄龙负舟,遂到夷阳,究其玉囊。"黄龙负舟,给人效命出力,俨然是人类的好朋友。

总起来说,上述是与黄色搭配较为典型的物象与事象,往往都指向吉利,其他物象,黄金、黄岩、黄马、黄宝、黄屋、黄虹、黄头等,也是如此,呈现出对中和之色的偏好。黄色和人民日常生活相联系,文化层面影响既深且广。这在《诗经》时代也能得到很好的印证,《诗经·秦风·渭阳》篇首章写道:"我送舅氏,曰至渭阳。何以赠之?路车乘黄。"《诗经·小雅·裳裳者华》记载:"裳裳者华,芸其黄矣。我觏之子,维其有章矣。维其有章矣,是以有庆矣。"《诗经·小雅·都人士》说道:"彼都人士,狐裘黄黄。其容不改,出言有章。行归于周,万民所望。"黄色在古人心目中的地位,近代学者刘师培《古代以黄色为重》一文有详细论述[1]。其色彩柔和,没有白、赤的炫目,也没有玄、苍、黑的暗淡,《白虎通义·号》篇写道:"黄者,中和之色,自然之性,万世不易。"[2] 代表的是古人对黄色的普遍看法,《易林》诸多林辞反映的情形与之正相应。

《易林》中的色彩词语丰富多样,既有动物固有的色彩,也有受五行学说以及历史传说的影响,特定的、人为附加的色彩。其中黄、

---

[1] 刘琅:《精读刘师培》,鹭江出版社2007年版,第336—338页。
[2] (清)陈立:《白虎通疏证》,新编诸子集成本,中华书局1994年版,第53页。

黑（玄、苍）、白、赤、青是最为常见的几种，属于正色，唐孔颖达《礼记正义》写道："玄是天色，故为正。纁是地色，赤黄之杂，故为间色。皇氏云：'正，谓青赤黄白青，五方正色也。'"[①] 林辞黄与白所搭配的物象和事象尤显突出，丰富了物象的内涵，含义往往靠颜色得以进一步区分和加深。

---

① （汉）郑玄注，（唐）孔颖达疏：《礼记正义》，阮元校刻《十三经注疏》，第1477页。

# 第六章

# 范式与流传：《易林》的后世影响

## 第一节 《易林》与《京氏易传》的关系厘清与认定

《易林》和《京氏易传》的作者存在师承关系，然而二人流传下的文献资料内容却相差甚远①，学界一方面沿用《汉书》的说法，一方面又不能准确定位二者的实际关系。尽管《易林》和《京氏易传》在灾异事象上有大量相似之处，对此，陈良运先生有详细论述②，但其他层面，陈先生未予以关注，不失为一种遗憾。

**一 《易林》和《京氏易传》对《易传》的嗣承与发展**

《易林》以象解占是重要的手段，尽管《易林》林辞溢出卦象所圈定取象范围的情形十分普遍，显得零散芜漫，但林辞内里依托卦象确实有规律可循。京房易学创立的缜密系统，以象说《易》也是一个重要手段。

---

① 本书比照的材料为《京氏易传》《汉书·京房传》《汉书·五行志》《汉书·天文志》，不涉《唐开元占经》及清人辑佚材料。
② 陈良运：《焦氏易林诗学阐释》，第535—548页。

配于人事为首，为君父，于类为马，为龙。（《京氏易传·乾》）①

取象为雷，出自东方，震有声，故曰雷。雷能警于万物，为发生之始，故取东也。（《京氏易传·震》）

于人为手，为背，取象为山，为石，为门，为狗。（《京氏易传·艮》）

从上面的案例可以看出，《京氏易传》中的《乾》《震》《艮》的象征物在《周易·说卦》中都有明确记载，见不到大的差别。京氏易象也有扩展和超越，《经典释文》保存了部分京氏逸象，如："坎为柴马，为筋干，为吝啬，为朱足，为螺。"直接卦象之外，《京氏易传》还运用伏象，《乾》卦下写道："与坤为飞伏。""六位纯阳，阴象在中。"《姤》卦下写道："配于人事为腹，为母。于类为马。"《姤》卦上《乾》下《巽》，《说卦》称"坤为腹"，《姤》卦的伏卦为《坤》，故京房称《姤》配与人事为腹。八宫卦背后都潜伏着对立的卦形，飞伏既可以是卦象也可以指爻象。《坤》卦初六爻辞："履霜，坚冰至。"京房注："阴虽柔顺，气亦坚刚，为无邪气也。"初六与初九为飞伏，隐藏阳气刚强。阴阳一飞一伏，《京氏易传·乾》卦说："六位纯阳，阴象在中。阳为君，阴为臣，阳为民，阴为事。阳实阴虚，明暗之象，阴阳可知。"阳与阴、明与暗构成飞伏关系。飞伏的目的，朱伯崑先生写道："在于除本卦卦爻象外，又增一卦爻象，以便于说明卦爻辞的吉凶。"②如此一来，显性的卦象背后包含一个隐性的卦象，物象的灵活选取必然获得大幅提升。

运用象对卦形作整体阐释，《损》卦上《艮》下《兑》，《京氏易传》："泽在山下，卑险于山。"《履》："天下有泽曰履。"京房开篇都是从象上予以阐发。《剥》："柔长刚减，天地盈虚……存身避害，与

---

① （汉）京房：《京氏易传》，影印文渊阁四库全书本，台北：台湾商务印书馆2008年版，第808册，第441页。
② 朱伯崑：《易学哲学史》，第126页。

时消息。春夏始生，天气盛大，秋冬严杀，天气消灭。"《剥》卦上《艮》下《坤》，众阴剥一阳之形，《剥》指剥落之义。《蹇》："水在山上，蹇险难进，阴阳二气否也。"《蹇》卦上《坎》下《艮》，《说卦》称"坎为水"，象征阴，《艮》为山，为阳，阴阳背离。类似引用俯拾皆是，如："解者，散也。""艮，止也。""贲者，饰也。"都是沿袭《说卦》《杂卦》所作的界定。《易林》同样如此，如：六爻不变卦象《剥》之《剥》写道："行触大讳，与司命忤。执囚束缚，拘制于吏，幽人有喜。"遭受束缚拘制正是卦名所示的剥落之义。《蹇》之《蹇》写道："同载共舆，中道别去。丧我元夫，独与孤居。"夫妻别离，正是《蹇》所示的阴阳相悖之象。由此不难看出，《京氏易传》《易林》和《周易大传》具有一定的嗣承关联。

以象解卦的互体说，《左传》已经偶尔运用，庄公二十二年，一位周史为陈侯占，遇《观》之《否》卦，周史说道：

是谓"观国之光，利用宾于王"。此其代陈有国乎？不在此，其在异国；非此其身，在其子孙。光，远而自他有耀者也。坤，土也；巽，风也；乾，天也；风为天，于土上，山也。有山之材，而照之以天光，于是乎居土上，故曰："观国之光，利用宾于王。"①

周史解《观》之《否》，援引物象"山"，杨伯峻先生注：

自否卦之第二爻至第四爻，古所谓互体，为艮卦，艮为山，故云"山也"。后人多不信互体之说，顾炎武《日知录》卷一互体、卦爻外无别象即言之，近人高亨《左传国语的周易说通解》亦言之。然解此节，不用互体，甚难圆通。②

---

① 杨伯峻：《春秋左传注》（修订本），第222—223页。
② 同上书，第223页。

杨先生依托据象系辞原则，推断《左传》存在运用互体是可信的。《观》卦上《巽》下《坤》，《否》卦上《乾》下《坤》，《说卦》称"坤土，巽风，乾天"，周史的土、风、天都能于卦象中予以落实，故《艮》为山必定是依据卦象而得。《易林》后于《左传》，互卦的应用已经较为普遍。《京氏易传》也明确提及，如《大过》卦下写道："互体象乾，以金土定吉凶。"《大过》卦上《兑》下《巽》，中间正是三个阳爻构成的《乾》卦。《中孚》卦："互体见艮，止于信义。"《中孚》卦上《巽》下《兑》中互《艮》。

以象解卦中的爻位分等、世应说，京房分一卦六爻为初爻元士、二爻大夫、三爻三公、四爻诸侯、五爻天子、上爻宗庙。六爻分列六等，有贵贱之别，直接承继《系辞》"贵贱者存乎位"的观点。《京氏易传·复》写道："初九元士之世，六四诸侯见应。"《复》是坤宫一世卦，称之为初元。上下卦相通位置上的爻相应。一、二、三、四、五世卦，分别以对应卦的世爻位主，纯卦以上爻为主。"定吉凶只取一爻之象。"《京氏易传》卷下写道："八卦，鬼为系爻，财为制爻，天地为义爻，福德为宝爻，同气为专爻。"旧注："天地即父母也，福德即子孙也，（同气）为兄弟也。"如此一来，为主的爻位和其他的爻之间会产生一个主次遵从的关系，世爻最被看重。关于爻位分等，爻位世应说，朱伯崑先生写道："是《彖》《象》应位说的发展。"①

以象解卦的背后蕴藏阴阳观念，《京氏易传·乾》标示道："阳为君，阴为臣，阳为民，阴为事。"《需》卦："阴阳交会运动，阴雨积而凝滞，于阳通乃合也。"《坎》为水，水为阴，《乾》为天，为阳，水蓄积在天上，是积而凝滞之象。阴阳关系的表述，《解》卦条目下写道："升降属阳荡阴，以阳为尊。"这一理念在《易林》中也是如此。总之，《易林》《京氏易传》与《易传》能建立起流变关联，《易林》和《京氏易传》均以象解卦是汉代易学风气使然。

---

① 朱伯崑：《易学哲学史》，第123页。

## 二 《易林》与《京氏易传》的纳甲、卦气说

《易林》和《京氏易传》受汉代文化的浸润，易学已经有不少其他因素的介入。如果说《易林》还处于朦胧阶段的话，那么《京氏易传》则是有意识地强化了系统的建构。借助《京氏易传》成熟的学说，反观《易林》，可以准确地定位二者的关系。《京氏易传》首倡卦象和历法配合，《京氏易传》卷下写道：

> 分天地乾坤之象，益之以甲乙壬癸。震巽之象配庚辛，坎离之象配戊己，艮兑之象配丙丁。八卦分阴阳，六位配五行，光明四通，变易立节。

十个天干配以八个经卦，卦八个，天干十个，《乾》《坤》上下卦一分为二，各自多配一个。纳天干外，八宫卦还寻求纳十二地支①。纳天干和纳地支目的，郭彧先生写道："孟喜的十二月卦本是以月为单位而纪年的。到了京房就向前发展了一步。不但一卦当一月，还可以当一日，当一时，当一年。"② 灵活性更大。

京房八宫卦的排列按照阴爻阳爻的变动而得，融入卦气说，乾宫八卦：《乾》《姤》《遁》《否》《观》《剥》《晋》《大有》。坤宫卦八卦：《坤》《复》《临》《泰》《大壮》《夬》《需》《比》。《乾》《坤》前六卦排成的组合正是一幅阴阳消息图，源自孟喜易学。释一行《卦议》写道："十二月卦，出于《孟氏章句》，其说《易》本于气，而后以人事明之。"③

八宫卦的排布和二十四节气配合。卦象与历法本是两套系统，结

---

① 分别对应的情形是：《乾》从初爻至六爻，配子、寅、辰、午、申、戌；《坤》从初爻至六爻，配未、巳、卯、丑、亥、酉；《震》从初爻至六爻，配子、寅、辰、午、申、戌；《巽》卦从初爻至六爻，配丑、亥、酉、未、巳、卯；《坎》卦从初爻至六爻，配寅、辰、午、申、戌、子。

② 郭彧：《京氏易传导读》，齐鲁书社2002年版，第36页。

③ （宋）欧阳修、宋祁撰：《新唐书》，中华书局1975年版，第598页。

合在一起，京房经过加工改造，六十四卦三百六十四爻配一年，八纯卦各有所主，位于较关键的节气点，《乾》主立冬，当十月，《坤》主立秋，当七月，《巽》主立夏，当四月，《艮》主立春，当正月，《坎》主冬至，当十一月，《兑》主秋分，当八月，《离》主夏至，当五月，《震》主春分，当二月。对此，朱伯崑先生有详细论述①。卦气的排布和历法扣合，可用来解说各种自然现象。明乎此，有利于更好地解读相关文献，《汉书》记载了三次京房上疏的奏折。

> 房以建昭二年二月朔拜，上封事曰："辛酉以来，蒙气衰去，太阳精明，臣独欣然，以为陛下有所定也。然少阴倍力而乘消息。臣疑陛下虽行此道，犹不得如意，臣窃悼惧。守阳平侯凤欲见未得，至己卯，臣拜为太守，此言上虽明下犹胜之效也。臣出之后，恐必为用事所蔽，身死而功不成，故愿岁尽乘传奏事，蒙哀见许。乃辛巳，蒙气复乘卦，太阳侵色，此上大夫覆阳而上意疑也。己卯、庚辰之间，必有欲隔绝臣令不得乘传奏事者。"②

剖析这封奏折，了解时令与所对应卦象的联系是必不可少的一环。朔，《说文解字》："月一日始苏也。"二月朔，指农历二月初一。辛酉及之后的干支，郭彧先生作了如下推断：

> 京房疏中曰"辛酉以来，蒙气衰去，太阳精明，臣独欣然，以为陛下有所定也"，辛酉为建昭元年十一月二十七日，既是汉元帝接见京房之日。是日有归魂卦随。"魂，阳物，谓乾神也"（《周易集解》虞翻解），前有游魂卦为蒙气（如"蒙如尘云"《汉书·五行志》），有归魂则去蒙气，故曰"蒙气衰去"。"然少阴倍力而乘消息，臣疑陛下虽行此道，犹不得如意，臣窃悼惧"，至壬戌有游魂

---

① 朱伯崑：《易学哲学史》，第135页。
② （汉）班固：《汉书》，第3164页。

大过及萃（少阴兑宫二世），癸亥有游魂讼与咸（少阴兑宫三世），故曰"少阴倍力而乘消息"，"消息"则指辟卦而言。"至己卯，臣拜为太守，此言上虽明下犹胜之效也。臣出之后，恐必为用事所蔽，身死而功不成，故愿岁尽乘传奏事，蒙哀见许。乃辛巳，蒙气复乘卦，太阳侵色，此上大夫覆阳而上意疑也。己卯、庚辰之间，必有欲隔绝臣令不得乘传奏事者。"己卯为二年二月初一日。辛巳为二年二月十五日，有游魂卦明夷，故曰"蒙气复乘卦"，"太阳侵色"，是日辟卦为乾，乾受蒙气，故曰"侵色"。大夫为二世，"上大夫"则指二世杂卦三阴覆二阳之损言，又"地火明夷"本身即为覆阳之象。己卯、庚辰为二月二十五日、二十六日。①

郭先生将卦象和卦气、干支结合，依据卦气指认奏折中的干支，相互印证的方法是可取的，但具体推求过程中，又有不少抵牾之处。辛酉具体指哪一天，可以从后面己卯这个时间卡点上找到答案。己卯拜为太守，与"房以建昭二年二月朔拜"吻合，己卯确指二月初一。按照常理推算，一封奏折中的干支纪日不可能相去甚远，若遵循这个逻辑，从己卯逆推干支，是这样的：戊寅、丁丑、丙子、乙亥、甲戌、癸酉、壬申、辛未、庚午、己巳、戊辰、丁卯、丙寅、乙丑、甲子、癸亥、壬戌、辛酉。由此可知，辛酉间隔己卯17日，辛酉应当在一月十四日，而无须远求认定辛酉指十一月二十七日。辛酉指一月十四日，己卯指二月初一，同理推算，其他相应的日期分别是：辛巳二年二月三日，庚辰二月十二日。同样是谈论这一段时间，第一封奏折和第三封奏折可以对读。

　　房至陕，复上封事曰："乃丙戌小雨，丁亥蒙气去，然少阴并力而乘消息，戊子益甚，到五十分，蒙气复起。此陛下欲正消息，杂卦之党并力而争，消息之气不胜。强弱安危之机不可不察。己丑

---

① 郭彧：《京氏易传导读》，第22—23页。

夜，有还风，尽辛卯，太阳复侵色，至癸巳，日月相薄，此邪阴同力而大阳为之疑也。臣前白九年不改，必有星亡之异。臣愿出任良试考功，臣得居内，星亡之异可去。议者知如此于身不利，臣不可蔽，故云使弟子不若试师。臣为刺史又当奏事，故复云为刺史恐太守不与同心，不若以为太守，此其所以隔绝臣也。陛下不违其言而遂听之，此乃蒙气所以不解，太阳亡色者也。臣去朝稍远，太阳侵色益甚，唯陛下毋难还臣而易逆天意。邪说虽安于人，天气必变，故人可欺，天不可欺也，愿陛下察焉。"房去月余，竟征下狱。①

这封奏折，写于下狱的一个月之前，所作推断当是在建昭二年（前37）九月底、十月左右。京房下狱而死，《汉书·汉元帝》记载："（建昭二年冬十一月）淮阳王舅张博、魏君太守京房坐窥道诸侯王以邪意，漏泄省中语，博要斩，房弃市。"奏折中的纪日干支仍属于被任命为太守的那段时区，属于京房有意识地追记和向皇上念叨，因为那是京房人生拐点的重要的半个月。同理推求，丙戌位于己卯之后6天，当指二月八日，丁亥指二月九日，戊子指二月十日，己丑指二月十一日，辛卯指二月十三日，癸巳指二月十五日。干支日与卦气是否可以对应呢？奏折内有提及蒙气、消息、杂卦，对此，朱伯崑先生辨析道：

> 京房借蒙卦义和卦象，讲蒙气。"少阴并力而乘消息"，是说，蒙卦四阴爻，二阳爻，表示阴气尚盛，干扰阴阳消息。戊子，指丁亥次日。一日分为八十分，分起夜半，每辰十分多，"五十分"，当日中。"杂卦"，指四正卦和消息卦即十二辟卦以外的卦。就卦气说，辟卦指泰、大壮卦。杂卦指晋、解等卦。就人事说，辟卦比喻君，杂卦比喻臣。②

---

① （汉）班固：《汉书》，第3165—3166页。
② 朱伯崑：《易学哲学史》，第142—143页。

第六章　范式与流传：《易林》的后世影响

朱先生的辨析是可信的，《蒙》卦，参照徐芹庭先生《焦氏易林新注》所附卦气表，"正月七～十二日，大夫蒙卦，54 日 72 分，泰九二，蛰虫始振"。京房以蒙气为对象观察，和历法时间（二月初一任为太守之前）是吻合的，与第一封奏折所提及的蒙气在时令上完全一致。辟卦释为《泰》《大壮》，杂卦释为《晋》《解》，出自《汉书》张晏注，《汉书·京房传》第一封奏折："乃辛巳，蒙气复乘卦，太阳侵色，此上大夫覆阳而上意疑也。"张晏注写道："《晋卦》、《解卦》也。太阳侵色，谓《大壮》。"① 参照今人所附卦气表，"正月廿五～三十日，君泰卦"。"正月四～二月三日"，几乎整个正月都是《泰》卦的六爻值日。"二月廿五～三十日，君大壮卦。""二月四日～三月三日"，几乎整个二月都是《大壮》卦的六爻值日。又"二月十三～十八日，卿晋卦"。"二月十九～廿四日，公解卦。"尽管现传的卦气图虽不能完全反映当时的情形，但大体是可信的。《晋》卦、《解》卦位于君卦《泰》《大壮》之间，可以形成杂卦干扰辟卦之态，所有日期亦与京房密奏所提及的干支大体吻合。

京房所上的第二封奏折也提及卦气。

　　房未发，上令阳平侯凤承制诏房，止无乘传奏事。房意愈恐，去至新丰，因邮上封事曰："臣前以六月中言《遁卦》不效，法曰：'道人始去，寒，涌水为灾。'至其七月，涌水出。臣弟子姚平谓臣曰：'房可谓知道，未可谓信道也。房言灾异，未尝不中，今涌水已出，道人当逐死，尚复何言？'臣曰：'陛下至仁，于臣尤厚，虽言而死，臣犹言也。'平又曰：'房可谓小忠，未可谓大忠也。昔秦时赵高用事，有正先者，非刺高而死，高威自此成，故秦之乱，正先趣之。'今臣得出守郡，自诡效功，恐未效而死。惟陛下毋使臣塞涌水之异，当正先之死，为姚平所笑。"②

---

① （汉）班固：《汉书》，第 3164 页。
② 同上书，第 3164—3165 页。

这是京房于建昭二年七月之后所上的第二封奏折,《资治通鉴》明确标示为秋后。参照今人《焦氏易林新注》所附的卦气表,"六月七~十二日,侯豫外卦,206 日 78 分,遁六二,蟋蟀居壁。六月十三~十八日,卿涣卦,213 日 5 分,遁九三,鹰学习。六月十九~廿四日,公履卦,219 日 12 分,遁九四,鹰草为萤"。又"六月廿五~三十日,君遁卦"。六月中指六月的中旬,对应的正是《遁》卦。《遁》卦,《京氏易传》写道:

> 阴爻用事,阴荡阳遁,金土见象,山在天下为遁,阴来阳退也。小人君子污隆,契斯义也,《易》云"遁世无闷"。与艮为飞伏,大夫居世。建辛未为月。六二得应,与君位遇建焉。臣事君,全身远害。

《遁》卦不效,当指《遁》卦所标示的物候没有按时出现,因此接连出现反常异象。京房弟子姚平力劝其全身远祸,避免与《遁》卦未有征验所带来的不祥之灾。从历史事实来看,京房并没有采纳弟子的言论,而是以自己的生命验证了卦气异样所带来的灾祸。由这三封密奏可以看出,京房的卦气说是相当成熟的,言说人事已然得心应手。

以卦气反观《易林》,尽管《汉书》记载:"其说长于灾变,分六十四卦,更直日用事",但远没有《京氏易传》那样成系统。卦象配纳甲、纳支,和历法结合,还处于萌芽的自发阶段,试以含天干"甲"的林辞为例。

> 甲乙丙丁,俱归我庭。三丑六子,入门见母。(《讼》之《随》、《益》之《贲》)
> 甲戌己庚,随时转行。不失其心,唐季发愤,擒灭子婴。(《随》之《剥》,首两句复见于《噬嗑》之《坤》、《渐》之《旅》、《归妹》之《同人》)
> 六甲无子,以丧其戌。五丁本亲,庚失曾孙,癸走出门。

（《家人》之《大壮》）

晦昧昏冥，君无纪纲。甲午成乱，简公丧亡。（《旅》之《涣》）

鬼哭泣社，悲伤无后。甲子昧爽，殷人绝嗣。（《睽》之《颐》）

《讼》之《随》、《家人》之《大壮》、《归妹》之《同人》，卦象中含经卦《乾》，和《京房易传》的甲配《乾》相吻合。尤其是《家人》之《大壮》，每一句均涉干支，对此，周立升先生写道：

甲谓乾，君象。子，臣民。己谓离，日也；戊即坎，月也。丁谓兑，兑为妻妾。庚即震，震为长子。癸谓坤，坤众也。此"林辞"谓：国君没有臣民，就像太阳失去了月亮。后宫嫔妃不睦，绝嗣断子绝孙，百姓四处逃亡，被迫离开家门。①

周先生据干支对应的卦象象征义，林辞内涵得以显现，是可信的。《家人》卦上《巽》下《离》互《坎》，《大壮》卦上《震》下《乾》互《兑》，林辞和卦象多数能对应。纳甲配卦的意识，林辞已初见端倪，余下的林辞则显得较为灵活，《随》之《剥》、《噬嗑》之《坤》等卦象中并没有《乾》。

干支在林辞中的使用，含义丰富，不局限于表示时间，戌，《临》之《乾》："黄獹生子，以戌为母。晋师在郊，虞公出走。"黄獹，指黄色猎犬。獹，或作盧，简写作卢。《诗经·齐风·卢令》，毛传："卢，田犬。"② 黄獹生子，即黄色猎犬生崽。"以戌为母"，《说文解字·戌部》："戌，威也。九月阳气微，万物毕成，阳下入地也。"段玉裁注："威，灭也。本毛诗传。火死于戌，阳气至戌而尽，故威从

---

① 刘大钧主编：《大易集奥》，上海古籍出版社2004年版，第534页。
② （清）王先谦：《诗三家义集疏》，第388页。

火、戌。"① 戌谓灭。田犬嗜羊，故称田犬所产之子是"以戌为母"，用以暗示虞国君主的短视浅见，以灭亡为依托。由此不难推测，《易林》中的纳甲配卦、取象方法十分灵活，并没有形成规律。

卦象和历法、节气的配合又怎样呢？《汉书》记载："（焦赣）以风雨寒温为候。"由纳甲延伸开去，林辞多次提及物候现象，今存宋元本《易林注》书前刊刻一幅分卦值日表，与二十四节气配合，卦气在林辞的实际应用中是否普遍遵循卦气理论，可以从部分林辞中得到确切答案：

霜降闭户，蛰虫隐处，不见日月，与死为伍。（《坤》之《需》）

北陆闭蛰，隐伏不出，目盲耳聋，道路不通。（《屯》之《中孚》）

春桃生花，季女宜家。受福且多，在师中吉，男为邦君。（《师》之《坤》）

春桃萌生，万物华荣，邦君所居，国乐无忧。（《复》之《解》）

东风解冻，河川流通，西门子产，升擢有功。（《复》之《需》）

《坤》之《需》提及霜降，卦气图对应的是"兑六三，九月中"。值日表对应的卦是"明夷、困、剥"。蛰虫隐，卦气图："候艮内卦，剥上九，蛰虫俯。"卦象和林辞所示的物候现象不一致。高怀明先生辨析道：

依卦气，霜降为九月中，蛰虫咸俯与水始冰为艮卦所当候，此与坤相应，但与二月需卦的关系何在？②

---

① （汉）许慎撰，（清）段玉裁注：《说文解字注》，第752页。
② 高怀明：《两汉易学史》，第95页。

高先生质疑是有道理的，卦气图有这样的记载："侯艮卦、坤初六，水始冰。大夫既济卦，坤六二，地始冻。"物候向后略挪移，《坤》之《需》提及的物候可与本卦勉强对应。《屯》之《中孚》提及北陆，为冬天，和之卦《中孚》所当之日大体也可以吻合。遗憾的是，这种对应十分有限，不能一以贯之，《复》之《需》首句"东风解冻"，卦气图记载："侯小过外卦，泰初九，东风解冻。"卦象和卦气不吻合。《师》之《坤》、《复》之《解》提及春桃，对应的是"侯需外卦，大壮初九。"对此，高怀明先生写道："依卦气，'桃始华'是需卦，而需为二月卦；师卦所当候为'蚯蚓结'，在四月；坤卦为'天气上腾，地气下降'更在十月。"[①] 高先生据卦气图的论断是有根据的，由此不难推测，林辞的卦气物候不能够和卦象完全对应起来，总体上显得很是紊乱。

## 三 《易林》与《京氏易传》的星象、五行说

《京氏易传》卦象和星宿对应，首先是五星五行配卦，《乾》卦"五星从位起镇星"，《姤》卦"五星从位起太白"，《遁》卦"五星从位起太阴"，《否》卦"五星从位起岁星"，《观》卦"五星从位起荧惑"，遵循的是土金水木火五行相生顺序。随后是《剥》卦"五星从位起镇星"，《解》《晋》卦"五星从位起太白"，五星依次循环配完八宫六十四卦。

其次，卦象、星宿和月份捆绑，《礼记·月令》记载：日在营为正月，在柳为六月，在翼为七月，在角为八月，在房为九月，在尾为十月，在斗为十一月，在婺女为十二月。二十八宿，《京氏易传》与卦象相配，如《否》卦："柳宿从位降乙卯。"朱伯崑先生解释道："此卦与坤为飞伏，乃三世卦，三公居世。乙卯指坤卦三爻。坤内卦纳乙，三爻纳卯。"《晋》卦："翼宿从位降己酉金。二象分候二十八，运配金土。"己酉，源于《晋》的飞伏卦《离》，《离》内卦纳

---

① 高怀明：《两汉易学史》，第95页。

己,第四爻纳酉,地支酉配金,尚秉和先生《周易古筮考》记载:"子水,丑土,寅木,卯木,辰土,巳火,午火,未土,申金,酉金,戌土,亥水。"① 故京房称位降己酉金。

《京氏易传》每一卦下都有详细的五星、二十八宿配卦断语,人为构建起一幅周密而严谨的星象配卦图。

《易林》林辞也多次摄取星象,名目繁多。林辞《大有》之《复》、《鼎》之《临》写道:"火至井谷,阳芒生角。犯历天市,窥观太极。登上玉床,家易六公。"火星犯井、角,《史记·天官书》记载:"东井主水事,火入之,一星居其旁,天子且以火败,故曰祸也。"又"火犯守角,则有战"。玉床指天床,《星经》:"天床六星在宫门外,听政之前……床星倾,天子不安,失位也。"② 林辞罗列的是系列星象及灾异事象。井宿,《姤》卦:"井宿从位入辛丑。"《困》卦:"井宿从位降戊寅。"《履》卦:"井宿从位降壬申。"井宿与《姤》卦初六、《履》卦九五、《困》卦初六配。角宿,《震》卦:"角宿从位降庚戌土。"《大壮》卦:"角宿从位降庚午。"反观《易林》两则卦象,并不含《姤》《履》《困》以及《震》《大壮》卦。可见,林辞虽多个星宿系于卦象之下,但关系较为灵活,没有《京氏易传》那样系统。另外的星象也不例外,参宿的林辞如下:

实沈参墟,以义讨尤。次止结盟,以成霸功。(《泰》之《未济》)

实沈参伐,以义断割。次陆服刑,成我霸功。(《姤》之《随》)

齐姜叔子,天文在手。实沈参墟,封为康侯。(《随》之《恒》)

---

① 尚秉和遗稿,张善文校理:《周易古筮考》,《尚氏易学存稿校理》第一卷,第123页。

② (战国)甘公、石申:《星经》,丛书集成初编本,中华书局2011年版,第29册,第13—14页。

第六章 范式与流传：《易林》的后世影响 　269

邑姜叔子，天文在手。实沈参虚，封为晋侯。（《睽》之《坤》）

参宿出现四次，参虚代指晋地，征伐成就霸功，指晋文公成为霸主。《国语·晋语四》叙述重耳流亡及返国，反复提到参星。齐姜之子分封康侯故实见于《左传》昭公元年：

昔高辛氏有二子，伯曰阏伯，季曰实沈，居于旷林，不相能也，日寻干戈，以相征讨。后帝不臧，迁阏伯於商丘，主辰。商人是因，故辰为商星。迁实沈于大夏，主参，唐人是因，以服事夏、商。其季世曰唐叔虞。当武王邑姜方震大叔，梦帝谓己："余命而子曰虞，将与之唐，属诸参，而蕃育其子孙。"及生，有文在其手曰虞，遂以命之。及成王灭唐，而封大叔焉，故参为晋星。①

参宿在这里不主计时，而是指地域。《京氏易传·乾》卦："参宿从位起壬戌。"林辞对应的卦象没有《乾》，四则卦象也缺少同一性，由此不难推测，卦象和星宿的匹配并不严格，充满灵活性，这种情形不是个案，而是普遍存在。

《京氏易传》五行配卦、爻，《噬嗑》卦下写道："象于五行，顺则吉，逆则凶。"《既济》卦下记载："五行相配，吉凶丽乎爻象。"《京氏易传》卷下说："生吉凶之义，始于五行，终于八卦。"五行具体配卦，朱伯崑先生据《京氏易传》绘制出一幅五行六位图②，转述成文字是这样的：

乾（卦体）金，初爻至上爻依次配水、木、土、火、金、土；坤土，依次土、火、木、土、水、金；震木，依次水、木、

---

① 杨伯峻：《春秋左传注》（修订本），第1217—1218页。
② 朱伯崑：《易学哲学史》，第131页。

土、火、金、土；巽木，依次土、水、金、土、火、木；坎水，依次木、土、火、金、土、水；离火，依次木、土、水、金、土、火；艮土，依次土、火、金、土、水、木；兑金，依次火、木、土、水、金、土。

八纯卦下各辖的七卦，五行学说体现在该卦世爻与飞伏卦此爻的属性关系上，此不赘述，总体上是一个密不透风的系统。

《易林》运用五行生克观念的林辞，下面几则是其中的典型代表。

背北相憎，心意不同，如火与金。（《乾》之《归妹》）

异国殊俗，情不相得。金木为仇，茵贼擅杀。（《家人》之《未济》）

异国殊俗，情不相得。金木为仇，百贼擅杀。（《夬》之《比》、《旅》之《升》）

若以《京氏易传》逆向衡量《易林》，《乾》卦对应金，《归妹》卦上《震》下《兑》，中间互《离》，《说卦》称"离为火"，《乾》之《归妹》称火与金，可在卦象上找寻到对应。《旅》卦上《乾》下《兑》，《乾》《兑》为金。《升》卦上《坤》下《巽》，《巽》为木，《旅》之《升》称金木为仇，同样能在卦象上找到对应，是不是《易林》的五行生克配卦可以一以贯之呢？回答是否定的，不对应的情形不仅存在，而且是大量的。如上述的《家人》卦上《巽》下《离》，《未济》卦上《离》下《坎》，无金之象。《夬》卦上《兑》下《乾》，《比》卦上《坎》下《坤》，《夬》之《比》无木之象。

《易林》还有较为特殊的一个概念式取象，《丰》之《睽》："绝世游魂，福禄不存。精神涣散，离其躬身。"《丰》之《睽》卦二、三、六爻变，林辞依傍卦的宗旨，《丰》，多故也，《周易》爻辞多是丧礼事象，《睽》背离之义，故称绝世游魂，精神涣散，游魂指脱离形体外游之魂。《井》之《震》："游魂六子，百木所起。三男从父，三女随母。至己而反，各得其所。"六子犹如游魂一样，漂流在外。游魂两次出现，京氏八宫卦的分布排列以卦的爻位变动为基础，游魂是重要一环。然而反观《易林》，无论是本卦《丰》《井》还是之卦《睽》《震》，均不位于八宫卦的游魂卦序列之内，可见，游魂象的运用依托《周易》，和卦象对应却与《京氏易传》无涉。

《易林》一卦变为六十四卦，遵循《周易》卦筮原则，配以林辞，林辞依据卦象而得，没有严格的编撰原则，显得较为离散，建构的是一个包罗万象的世界。京房创立的易学，完整而成体系，一向内延伸，一向外扩展。《易林》和《京氏易传》的关系可以总结为：《易林》对《京氏易传》有所影响，但内里关联不大，两个文本的"亲缘"关系难以确切指认，《京氏易传》不是《易林》的扩展，而是自辟蹊径，自铸新体。

## 第二节 《易林》与郭璞《易洞林》及相关占辞

《晋书·郭璞传》称"璞既好卜筮"①，"有郭公者，客居河东，精于卜筮，璞从之受业。公以《青囊中书》九卷与之，由是遂洞五行、天文、卜筮之术，攘灾转祸，通致无方"②。郭璞精通天文、五行，喜好卜筮。《晋书》记载占筮案例五则，清人马国翰辑佚《易洞林》三卷，补遗一卷。《易洞林》及郭璞的相关占筮融入天文、五行，和《周易》的关联明显而突出。与西汉末年《易林》的联系又是怎样呢？本节拟对此予以初步探讨③。

### 一 《易林》与郭璞占筮—爻变、静体不变占辞的生成机理

《易林》一爻变卦象林辞编写依傍相对应的《周易》爻辞，辅以

---

① （唐）房玄龄等撰：《晋书》，中华书局 1974 年版，第 1905 页。
② 同上书，第 1899 页。
③ 《易洞林》的部分占筮及《太平御览》《太平广纪》中的占筮例，大都为占卜治病之类，充满荒诞离奇色彩，本书不予全部讨论。

卦象，和《左传》占筮具有一致性。这种解占的方式，在晋代郭璞的占筮易例中是怎样的呢？《晋书·王羲之传》所附《许迈传》中有这样的记载：

> 许迈，字叔玄，一名映，丹杨句容人也。家世士族，而迈少恬静，不慕仕进。未弱冠，尝造郭璞，璞为之筮，遇《泰》之《大畜》，其上六爻发。璞谓曰："君元吉自天，宜学升遐之道。"时南海太守鲍靓隐迹潜遁，人莫之知。迈乃往候之，探其至要。父母尚存，未忍违亲。……永和二年，移入临安西山，登岩茹芝，眇尔自得，有终焉之志。乃改名玄，字远游。与妇书告别，又著诗十二首，论神仙之事焉。羲之造之，未尝不弥日忘归，相与为世外之交。①

这则记载提及郭璞替未及弱冠的许迈卜筮，卦得《泰》之《大畜》，属《泰》卦上六爻发。发，指动，现代汉语发动往往连言。郭璞解占道："君元吉自天，宜学升遐之道。"首句和《周易·大畜》卦上九爻辞近，对此，连镇标先生作了如下辨析：

> （此是）依据变卦的变爻即《大畜》的上九爻来定吉凶的。《大畜》卦的上九爻辞云："何天之衢，亨"，象辞亦云："何天之衢，道大行也"，意谓天上大路是何等畅达，亨通。②

连先生的判断是对的，郭璞占筮，依据之卦的变动爻而解。"何天之衢，亨。"指负载四通八达的天路，言外之意，有上天保护，故称"元吉自天"。无独有偶，这则故实记载还见于《云笈七签》和《历世真仙体道通鉴》。所不同的是，占筮得到的卦象为："遇《大壮》

---

① （唐）房玄龄等撰：《晋书》，第2106—2107页。
② 连镇标：《郭璞研究》，上海三联书店2002年版，第156页。

之《大有》，上六爻发。"《大壮》之《大有》，《大壮》卦上六爻动，变而为《大有》上九阳爻，《大有》上九爻辞写道："自天祐之，吉无不利。"指上天祐助而吉利，与郭璞所言"君元吉自天"也十分契合。二者孰更接近真实，已经无从考察，两种不同的记载揭示出一个事实，在这里，郭璞占筮依据的不是本卦变动爻，而是之卦变动爻。郭璞一爻变占筮灵活，有时也据本卦的变动爻及经卦卦象，马国翰辑佚《易洞林》卷上记载：

> 刘石又招集群贼，专为掠害，势不可过。于是，同行君子皆欲假道取便，又未审所之，乃令吾决其去留，卦遇《同人》之《革》，其林曰："朱雀西北，白虎东走。奸猾衔璧，敌人束手。占行得此，是谓无咎。"①

《同人》之《革》是上九爻变动，《同人》卦上九爻辞："同人于郊，无悔。"指聚集众人于郊外，没有困厄。《易洞林》末句称"无咎"与之合。《同人》之《革》前几句，可以从卦象中找到答案，《乾》，《说卦》称西北卦也，《周易启蒙翼传》："离为朱雀。"《离》为南方，配朱雀，《同人》卦上《乾》下《离》，故首句称"朱雀西北"。《周易启蒙翼传》："兑为白虎。"《兑》，西方，配白虎，《离》为南方，《革》卦上《兑》下《离》，故以白虎东走当之。朱雀本当居南，白虎本当居西，之所以出现游走，是因为征伐。《革》卦上《兑》下《离》，《兑》五行配金，《离》配火，火能克金。故敌人衔璧束手，征伐以成功收场。

郭璞占筮一爻变卦象和《易林》是否有相通性可寻呢？从具体对应的林辞中能找到答案，林辞《泰》之《大畜》写道："生长以时，长育根本。阴阳和德，岁乐无忧。"卦旨吉利，和《大畜》卦上九爻辞"何天之衢，亨"旨趣同。郭璞解占也是吉利，

---

① （清）马国翰：《玉函山房辑佚书》，第 2972 页。

具有一致性①。林辞《同人》之《革》写道："山陵四塞，遏我径路，欲前不得，复还故处。"《同人》卦上九爻辞："同人于郊，无悔。"林辞是出行到郊外之象，复还故处，暗含没有成行之义。《同人》卦上《乾》下《离》，《革》卦上《兑》下《离》，《同人》之《革》是《乾》变《兑》居于《离》上，《乾》变《兑》属阳变阴，力量减弱之象，《说卦》称"离为甲胄，为戈兵"，故林辞取象出行不利。郭璞占筮描写的也是出行征伐，不同仅在于结局。

由此推断，一爻变筮例，郭璞占筮和《易林》存在相通性，往往以变动爻所对应的《周易》爻辞为依傍，同时关注变动卦象。这种相通性得以构建的基础是客观存在的，在《汉书》中能得到很好的印证。《汉书·叙传下》记载："孝哀彬彬，克揽威神。彫落洪支，底剧鼎臣。婉娈董公，惟亮天功，《大过》之《困》，实桡实凶。"②化用《大过》卦爻辞"栋桡，凶"。出自变动爻九三。《汉书·西域传下》写道："《易》之，卦得《大过》，爻在九五，匈奴困败，公车方士、太史治星望气，及太卜龟蓍，皆以为吉，匈奴必破，时不可再得也。"③颜师古引孟康注："其繇曰'枯杨生华'，象曰'枯杨生华，何可久也！'谓匈奴破不久也。"④爻在九五，指《大过》卦九五爻变动，孟康注援引的正是《大过》卦九五爻辞。一爻变卦象以变爻解具有普遍共识⑤。值得注意的是，相通之外，也存在不同点，郭璞占筮和《易林》具体卦象并不能完全对应比照。

《易洞林》卷上记载不变卦象的占筮案例是这样的：

> 余乡里曾遭危难，因之灾厉，寇戎并作，百姓遑遑，靡知所投……于是璞卜郡内县道可以逃死之处者，皆遇《明夷》䷣之

---

① 对应的卦象若以《大壮》之《大有》考察，对应林辞曰："褒后生蛇，经老衰微，迅跌衰光，酒灭黄离。"指向凶险，与郭璞占筮相左。
② （汉）班固：《汉书》，第4239页。
③ 同上书，第3913页。
④ 同上书，第3915页。
⑤ 关注的变动爻，出自本卦或者之卦，具有灵活性，不确定。

象，乃投策喟然叹曰："嗟乎！黔黎时漂异类，桑梓之邦其为鱼乎！"①

黔黎，指百姓。桑梓，代指故土。《明夷》卦上《坤》下《离》，《说卦》称"坤为地，离为日"，是日落于地下之象。《周易》所系全是鸟受伤，人隐退之事。洞林《明夷》卦以百姓漂泊流离，故土沦陷为异族统治当之，取《明夷》卦的象征义而得。

相应的林辞《明夷》之《明夷》写道："他山之错，与璆为仇，来攻吾城，伤我肌肤，邦家骚扰。"《说卦》称："坎为加忧，离为戈兵。"首两句，用的是《诗经》典语，《小雅·鹤鸣》："它山之石，可以为错。"毛传："错，石也，可以琢玉。"璆，《说文》："美玉也。"错可攻玉，紧承其后叙写的是寇贼侵犯之象，卦旨不吉利，合乎《明夷》日落藏于地下的衰损象征义。当不变动卦象出现时，解占取卦的宗旨及象征义。这种一致性在另外的卦象中也是如此。

马国翰辑佚《易洞林》卷上记载：

邑昌不静，复南过颍。由脉头口渡去三十里，所传高贼屯驻，栅断渡处以要，流人时数百家，车千乘，不敢前。令占，可决，得《泰》䷊。欣然语众曰："群类避难，而得拔茅汇征之卦。且泰者，通也。吉又何疑！"吾为前驱，从者数十家。至贼界，贼已去。余皆回避。櫺津渡为贼所劫，人仅得再悔，不从余卦。至淮南安丰县，诸人缅然怀悲，咸有归志，令余卦决之。卜住安丰，得《既济》䷾，其林曰："小狐迄济，垂尾累衰。初虽偷安，终靡所依。"案卦言之，秋吉春悲。卜诣寿春，得《否》䷋，其林曰："乾坤蔽塞道消散，虎刑挟鬼法凶乱。乱则何时时建寅。僵尸交林血流漂，此占行者入涂炭。"②

---

① （清）马国翰：《玉函山房辑佚书》，第 2972 页。
② 同上书，第 2973 页。

这段文字涉及三首不变动卦象，一是《泰》卦，一是《既济》卦，一是《否》卦。《泰》者，通也，指卦的宗旨。又取象于爻辞，谓"拔茅彙征"，出自《泰》初九爻辞："拔茅茹以其彙，征吉。"如此一来，郭璞对于不变动卦象的占筮秉持的是据卦的宗旨，兼顾不变动初爻。郭璞占筮得《既济》卦，《既济》卦辞，"初吉，终乱"。故《易洞林》称"终靡所依"。占辞"小狐迄济，垂尾累衰"取《未济》卦卦辞："小狐迄济，濡其尾，无攸利。"案卦言之，指的是《既济》卦上《坎》下《离》，先天八卦《离》东《坎》西，分别对应秋与春，卦辞初吉终乱，故称秋吉春悲。是综合《既济》和对卦《未济》而得。《否》卦，解占时说道"乾坤闭塞道消散"，后面事象杂糅卦气，据首句引申发挥，不吉利。《否》卦上《乾》下《坤》，卦辞"大往小来"，三个阳爻位列《坤》上，成《乾》卦，不通之象，故称"乾坤闭塞"。总起来说，三则卦象，综合卦的宗旨、卦辞和卦象而得。《易林》对应的三首林辞是这样的：

> 求玉陈国，留连东城。须我王孙，四月来复。主君有德，蒙恩受福。(《泰》之《泰》)
> 玄兔指掌，相与相恃。证讯诘问，诬情自直。宛死谁告，口为身祸。(《既济》之《既济》)
> 秦为虎狼，与晋争强。并吞其国，号曰始皇。(《否》之《否》)

无独有偶，《易林》三首占辞和《易洞林》卦旨指向完全一致，《泰》之《泰》叙写求玉陈国，典故出自《左传》，结局吉利。《既济》之《既济》以冤情事象为主，是昧于事理之象。《否》之《否》，不吉利，取秦晋争强，最终秦王嬴政称始皇的事象当之。以虎狼为喻，是对这种行径的贬损。《易林》三首不变动卦象的林辞无疑是由卦的宗旨、卦象而得。在这一点上，《易林》和《易洞林》具有一致性。具体层面上，又表现出灵活性。

## 二 《易林》与郭璞占筮多爻变占辞的生成机理

郭璞占筮多爻变筮例是怎样的呢？马国翰《易洞林补遗》记载了这样一则二爻变占筮案例：

（晋元帝时）扬州别驾顾球娣，生十年有病，至五十余。令璞筮之，得《大过》之《升》。其辞曰："《大过》卦者义不嘉，冢墓枯杨无英华。振动游魂见龙车，身被重累婴天邪。法由斩祀杀灵蛇，非己之咎先人瑕。案卦论之可奈何？"球乃访迹其家事。先世曾伐大树，得大蛇杀之，女便病。病后，有群鸟数千，回翔屋上。人皆怪之，不知何故。有县（农）行过舍边，仰视，见龙牵车。五色晃烂，其大非常，有顷遂灭。①

《大过》卦上《兑》下《巽》，《升》卦上《坤》下《巽》，《大过》之《坤》是第四、五爻变动。郭璞从卦的宗旨与变动爻入手，《大过》卦指超过某种限度，是一种不吉利之象，故称"义不嘉"。"冢墓枯杨无英华"，化用《大过》九五爻辞："枯杨生华，老妇得其士夫。无咎无誉。"这是本卦的宗旨与本卦变动爻相结合的占筮易例。

《易洞林》卷上记载：

卜诣松滋不吉，卜诣合肥又不吉，卜诣阳泉得《小过》☷之《坤》☷。其林曰："小过之坤卦不奇，虽有旺气变阳离。初见陈勾被牵羁，暂过则可羁不宜。将见劫追事几危，赖有龙德终无疵。"②

《小过》卦上《震》下《艮》，《坤》卦上《坤》下《坤》，《小过》之《坤》是第三、四爻变动。旺气，指《小过》卦四阴爻间所夹的

---

① （清）马国翰：《玉函山房辑佚书》，第 2980 页。
② 同上书，第 2973 页。

两阳爻。变阳离，谓阳爻离去，变而为纯阴的《坤》卦。陈勾，尚秉和先生《周易古筮考》作勾陈①，甚是。勾陈，星官名，刘向《说苑·辨物》："璿玑，谓北辰句陈枢星也。以其魁杓之所指二十八宿为吉凶祸福。"② 句陈（勾陈）星附属于璿玑，主各种吉凶。《晋书·天文志》记载："北极五星，勾陈六星，皆在紫宫中……勾陈，后宫也。"③ 勾陈星相当于帝之后宫，由此推测，勾陈牵羁，当为阴盛兵事所绊。暂，《说文解字·日部》："不久也。"段玉裁注："不久也。《左传》：'妇人暂而免诸国。'今俗语云霎时间，即此字也。"暂过，指迅速通过。羁不宜，指羁旅不适宜。龙德，指星神名，传说龙德星往往主贵人，能逢凶化吉。郭璞占筮《小过》之《坤》主要也是从爻的变动以及卦象上阐释。

《晋书·郭璞传》记载：

> 时元帝初镇建邺，导令璞筮之，遇《咸》之《井》，璞曰："东北郡县有'武'名者，当出铎，以著受命之符。西南郡县有'阳'名者，井当沸。"其后晋陵武进县人于田中得铜铎五枚，历阳县中井沸，经日乃止。④

这则二爻变占筮材料，郭璞采用散句形式，没有借助韵语说解。《咸》卦下《艮》上《兑》，《说卦》称"艮为东北"，故称"东北郡县"。铎，《说文·金部》："大铃也。军法：五人为伍，五伍为两，两司马执铎。"段玉裁注："大铃也。谓铃之大者。说者谓军法所用金铃金舌，谓之金铎。"《兑》为金，故称"出铎"。《井》卦上《坎》下《巽》中互《离》《兑》，《说卦》称"坎为水，离为

---

① 尚秉和遗稿，张善文校理：《周易古筮考》，《尚氏易学存稿校理》第一卷，第72页。
② （汉）刘向撰，向宗鲁校证：《说苑校证》，第442页。
③ （唐）房玄龄等撰：《晋书》，第289页。
④ 同上书，第1901页。

火，兑为金，巽为木"，可形成架锅燃火烧水之象，故称"井当沸"。卦象与郭璞占辞"西南郡"、"阳"的关联，连镇标先生作了如下辨析：

> 井卦二至四爻互为卦兑，三至五爻互卦离，依《周易·说卦传》兑居西方，离卦居南方，而维系二者的中心点则在西南方，故井水沸腾之地当在建邺的西南郡县。而南为阳方，故该县应以"阳"字命名。①

连先生的论断是可信的，以"阳"命名的郡县依托《井》卦互《离》而得，与以"武"命名郡县的卦象位置是一致的。《咸》卦上《兑》下《艮》，三至五爻互《乾》，《说卦》称："乾西北之卦也，言阴阳相薄也。"《乾》卦配方位四时，对应秋末冬初季节，阴气阳气相互搏斗，故郭璞占辞名之为"武"。阳与武均系由三至五爻所形成的互卦而得名。

《晋书·郭璞传》记载了一则三爻变占筮：

> 璞既过江，宣城太守殷祐引为参军。时有物大如水牛，灰色卑脚，脚类象，胸前尾上皆白，大力而迟钝，来至城下，众咸异焉。祐使人伏而取之，令璞作卦，遇《遯》之《蛊》，其卦曰："艮体连乾，其物壮巨。山潜之畜，匪兕匪虎。身与鬼并，精见二午。法当为禽，两灵不许。遂被一创，还其本墅。按卦名之，是为驴鼠。"卜适了，伏者以戟刺之，深尺余，遂去不复见。郡纲纪上祠，请杀之。巫云："庙神不悦，曰：'此是邴亭驴山君鼠，使诣荆山，暂来过我，不须触之。'"其精妙如此。②

---

① 连镇标：《郭璞研究》，第186页。
② （唐）房玄龄等撰：《晋书》，第1900页。

《遁》卦上《乾》下《艮》，《蛊》卦上《艮》下《巽》，《遁》之《蛊》是第二、四、五爻变卦象。《遁》卦《艮》下《乾》上，故言"艮体连乾"。《乾》为阳，为日，阳之大者，故称其物壮巨。《说卦》称"艮为山，巽为入"，《遁》指隐遁，《易洞林》称"山潜之象"。从本卦及之卦卦象上解。后面提及驴鼠，是引申推测而得。

《晋书·郭璞传》记载的三爻变卦象还有一则：

> 及帝为晋王，又使璞筮，遇《豫》之《睽》，璞曰："会稽当出钟，以告成功，上有勒铭，应在人家井泥中得之。繇辞所谓'先王以作乐崇德，殷荐之上帝'者也。"及帝即位，太兴初，会稽剡县人果于井中得一钟，长七寸二分，口径四寸半，上有古文奇书十八字，云"会稽岳命"，余字时人莫识之。璞曰："盖王者之作，必有灵符，塞天人之心，与神物合契，然后可以言受命矣。观五铎启号于晋陵，栈钟告成于会稽，瑞不失类，出皆以方，岂不伟哉！若夫铎发其响，钟征其象，器以数臻，事以实应，天人之际不可不察。"帝甚重之。①

《豫》卦上《震》下《坤》，《睽》卦上《离》下《兑》，《豫》之《睽》是第一、二、六爻动，郭璞占筮取的是《豫》卦的《象传》："雷出地，豫，先王以作乐崇德，殷荐之上帝。以配祖考。"高亨先生针对这句象辞作了这样的解释："先王观此卦象，从而创作音乐，歌颂功德，洋洋而盛，进之上帝，献之祖考，以娱乐之。"② 钟鼓是重要的乐器。郭璞以《象传》为依据推测，祭祀祖考，必将是钟。文辞"观五铎启号于晋陵"与占筮《咸》之《井》相呼应，指晋陵武进县人于田中得铜铎五枚一事。"栈钟告成于会稽"，钟与铎一前一后相继出现，是天降瑞兆。铎，段玉裁注："大铃也，鼓人，以金

---

① （唐）房玄龄等撰：《晋书》，第1901页。
② 高亨：《周易大传今注》，清华大学出版社2010年版，第141页。

铎通鼓。"钟,段玉裁注:"当作金乐也。"《诗经·周南·关雎》:"钟鼓乐之。"铎与钟同类,与鼓一起,均系打击乐器。

《晋书·郭璞传》记载的多爻变卦象中,包含一则五爻变卦象筮例是这样的:

> 臣不揆浅见,辄依岁首粗有所占,卦得《解》之《既济》。案爻论思,方涉春木王龙德之时,而为废水之气来见乘。加升阳未布,隆阴仍积,《坎》为法象,刑狱所丽,变《坎》加《离》,厥象不烛。以义推之,皆为刑狱殷繁,理有壅滥。又去年十二月二十九日,太白蚀月。月者属《坎》,群阴之府,所以照察幽情,以佐太阳者也。……案《解卦》繇云:"君子以赦过宥罪。"《既济》云:"思患而豫防之。"臣愚以为宜发哀矜之诏,引在予之责,荡除瑕衅,赞阳布惠,使幽毙之人应苍生以悦育,否滞之气随谷风而纾散。此亦寄时事以制用,藉开塞而曲成者也。①

这段文字详细而丰富,出自郭璞呈给晋元帝的疏奏。从记载可以看出,《解》卦上《震》下《坎》,《既济》卦上《坎》下《离》,《解》之《既济》是五爻全动而上六爻不动,郭璞所谓按爻论思,指按照变动爻所牵涉的经卦象。《说卦》称"震为东方",象征春天,为木,为龙,《坎》为水,《解》之《既济》上卦《震》变《坎》是《震》为《坎》所乘之象,故占断说:"方涉春木王龙德之时,而为废水之气来见乘。"《既济》卦上《坎》下《离》,《坎》为水,水象征阴,《离》为火,象征阳,"加升阳未布,隆阴仍积"。意谓水居于火上,是阴盛而压制住阳刚。郭璞提及"《坎》为法象,刑狱所丽,变《坎》加《离》,厥象不烛",《坎》为法之象,取《坎》为水,法字构形从水,由水平喻指法律公平之义而得。变《坎》句指的是《解》卦上卦《震》变《坎》和下卦《坎》变为《离》的合称,变

---

① (唐)房玄龄等撰:《晋书》,第1902—1903页。

《坎》加《离》成《既济》卦。烛，谓明。厥象不烛谓《既济》卦《坎》水阴居上，浓阴正盛，故说不烛。以义推是本于《坎》为法的引申。繇云句分别出自《解》卦和《既济》卦的《象传》。郭璞据卦象（和天象），撰写上疏奏折，涉及不动爻所在的经卦、卦象、《象传》多个层面。

《易洞林》卷上：

> （逃难时）得《随》䷐之《升》䷭卦，"虎在山石，马过其左。驳为功曹，猾为主者。垂耳而潜，不敢来下。爰升虚邑，遂释魏野"。①

《随》卦上《兑》下《震》，《升》卦上《坤》下《巽》，《随》之《升》是第一、二、三、四、五爻变动。原注：兑虎震马，互艮山石。驳，《说文·马部》："马色不纯。"猾，《山海经·南山经》记载："尧光之山……有兽焉，其状如人而彘鬣，穴居而冬蛰，名曰猾裹，其音如斫木，见则县有大繇。"②明张自烈《正字通》写道："海兽名，猾无骨，入虎口，虎不能噬，处虎腹中，自内啮之。"猾是虎的克星。卦象上，《坤》为安，《虞氏易象》："坤为安。"惠栋注："《坤》道主静，故安。《左传》：毕万筮仕，遇《屯》之《比》。辛廖占之曰：安而能杀。杜预以为《坤》为安《震》杀也。"③《说卦》"巽为入"，《升》指上升。故称爰升虚邑，遂释魏野。这是郭璞为取道焦丘通往河北之地而占，魏野，指河北。后来占筮应验，从焦丘通往河北虽属险径，但终究吉利。

《易洞林》多爻变卦断辞取象灵活，变动爻对应的《周易》爻辞，《象传》，变动卦象，均是考虑的因素。《易洞林》多爻变卦象和《易林》是否存在相通呢？回答是肯定的，《易林》相应的卦象分别是这样

---

① （清）马国翰：《玉函山房辑佚书》，第 2972—2973 页。
② 袁珂：《山海经校注》，第 10 页。
③ （清）惠栋：《周易述》（附《易汉学》《易例》），第 570 页。

的,《大过》之《升》写道:"虾蟆群聚,从天请雨。云雷集聚,应时辄与,得其愿所。"《大过》指超过某种限度,旱灾正是超出某种常态之象。郭璞占筮"《大过》卦者义不嘉"也着眼于《大过》卦卦义。《升》指升腾,故称"云雷聚集"。《大过》上《兑》下《巽》,《升》上《坤》下《巽》,《说卦》称"兑为泽",故以虾蟆起兴。下卦《巽》,《巽》不动,上卦《兑》变《坤》,《兑》为泽,《坤》为水,阴应于阴,故《易林》林辞取虾蟆请雨而得之象。《小过》之《坤》:"谨慎重言,不幸遭患,周召述职,脱免牢门。"遭受灾患,借助周公、召公之力得以脱免,是先困厄后无忧的过程,和《易洞林》"将见劫追事几危,赖有龙德终无疵"一致。《解》之《既济》:"上政骚扰,螟虫并起,害我嘉谷,年岁无稷。"《说卦》称"离为甲冑,为戈兵",取政治混乱、螟虫为害当之。郭璞据《解》之《既济》呈疏,也是从政治昏聩、刑法壅乱而论。林辞《随》之《升》写道:"登几上舆,驾驷南游,合从散横,燕齐以强。"登几上舆是上升动作,燕齐渐强是上升态势,与郭璞的该则占筮"爰升虚邑"吻合。

如果说,上述《易洞林》和《易林》卦象的解占具有相似性,另外,也有部分占筮是完全不一样的。

《咸》之《井》:"望尚阿衡,太宰周公,藩屏汤武,立为王侯。"《咸》,感也,《井》,通也,以明君贤臣相感而称王当之。《豫》之《睽》写道:"日走月步,趣不同舍,妻夫反目,主君失位。"《睽》卦上《离》下《兑》,指悖反,夫妻反目,正是悖反之象。《遁》之《蛊》林辞写道:"昭公失常,季氏悖狂。逊齐处郓,丧其宠身。"《说卦》称"乾为君,兑为毁折",用的是臣子僭越叛乱,鲁昭公失国事象,见于《左传》。郭璞的占筮,《咸》之《井》据象占得铜铎,《豫》之《睽》据《象传》推断得钟,《遁》之《蛊》据象解得驴鼠。由此可见,尽管解占都和卦象密不可分,但推断结果却千差万别。

总起来说,多爻变卦象,《易洞林》和《易林》具有一定的相通性,也存在不同点。相通性在于解占手段一致,不同点则在于具体卦象的解读，受到各自情境的左右，并不完全一样。

### 三 《易林》与郭璞占筮筮例占辞的文学性

汉代《易林》的林辞编写采用四言诗的形式，诗的属性特征明显而突出。《易洞林》及郭璞其他占筮占辞编写也多以韵语的形式出现，近于诗歌。

《易洞林》中的《随》之《升》写道："虎在山石，马过其左。驳为功曹，猾为主者。垂耳而潜，不敢来下。爰升虚邑，遂释魏野。"占辞前四句以动物起兴，虎、马、驳、猾，位列相克的生物链上，以此比拟人世的利害关系，借物喻理。两拍构成一句，属对工整。《既济》之《既济》："小狐迄济，垂尾累衰，初虽偷安，终靡所依。"四字成句，由两拍构成。"（郭璞）诗乃中兴之冠。"这种句式和郭璞诗可以互观，《幽思篇》："林无静树，川无停留。"①《赠温峤诗五首》之一写道："兰薄有茝，玉泉产玫。亹亹含风，灼灼猗人。如金之映，如琼之津。擢翘秋阳，凌波暴鳞。"② 这种句式与《易林》林辞也具有一致性，林辞《损》之《艮》写道："豺狼所言，语无成全。误我白马，使干口来。"四言体韵语是术数的重要表现手法，典雅而浓重。

郭璞占辞在句子结构上有较大的突破，发展出工整的七言诗体，韵律和谐③。《大过》之《升》写道："大过卦者义不嘉，冢墓枯杨无英华。振动游魂见龙车，身被重累婴天邪。法由斩祀杀灵蛇，非己之咎先人瑕。案卦论之可奈何？"七言成句，遵循二二一二拍子，这种结构和诗已经十分吻合。

郭璞占辞相比于《易林》，四言韵语句子明显增多，《既济》之《既济》六句，《大过》之《升》七句，《随》之《升》八句，《遁》

---

① 逯钦立：《先秦汉魏晋南北朝诗》，第867页。
② 同上书，第864页。
③ 《太平御览》《太平广记》所载及《易洞林》部分占辞多是七言体，内容和《大过》之《升》相似，夹杂卦气。

之《蛊》十二句。《易林》林辞的句数显得较为单一，大体以四言四句式为主，少部分六句，八句以上，往往属于讹误。

《周易》的语言具有象征性，物象和事象暗含寄托。衍化至汉代《易林》，象征艺术依旧如此。延续到东晋郭璞的《易洞林》等，虽然部分占辞物象可以坐实，相当于后代所谓的"射覆"，但占辞取象达意仍以象征为主，破解其中物象的象征义是正确理解占筮用语的一把钥匙。

枯杨，《大过》之《升》写道："《大过》卦者义不嘉，冢墓枯杨无英华。振动游魂见龙车，身被重累婴天邪，法由斩祀杀灵蛇，非己之咎先人瑕。案卦论之可奈何？"游魂，是阴性物体。京房八宫卦，《大过》卦上《兑》下《巽》，由《震》卦初、二、三、五爻变、四爻回复为阳爻变化而得，《大过》是《震》卦的游魂卦，故占辞称"振动游魂"。婴，《说文》：颈饰也。引申婴，绕也。缨与婴通。陆机赴洛中道作诗："世纲婴我身。"李善注引《说文》："婴，绕也。"由，因也。《易洞林》的该则占辞意谓璇动游魂，见到龙车。身体多病缠绕，多重自天而降的灾异。斩除社树、杀灵蛇之事，并非因自己的过错而是因先人的瑕疵所致。相似的记载见于干宝的《搜神记》。枯杨象征阳刚的衰弱之象，化用的是《大过》卦爻辞而得。枯阳象征阳刚衰弱，和冢墓并提，冢墓，是人死后的归宿地，人死是阳气丧尽，而归于阴地，象征的也是阴。整首占辞谓阴盛致患之义。

驴鼠，《遁》之《蛊》写道："艮体联乾，其物壮巨。山潜之畜，匪兕匪虎。身与鬼并，精见二午。法当为擒，两灵不许。遂被一创，还其本墅。按卦名之，是为驴鼠。"占筮所得驴鼠，鼠，往往夜间出没，是一种阴险具有破坏性的动物，象征阴柔。驴鼠指一种体形硕大的鼠类，驴指大，宋人谢维新《合璧事类》记载："鼳鼠，秦人谓之小驴。"驴鼠的象征义，在后面的文字描述中能找到答案，身与鬼并，鬼是夜间出没的阴魂，象征阴，鼠与鬼并提，秉持的是阴与阴相通理念。见二午，指的是出现于晌午时分。驴鼠象征阴，不能出现于阳光之下，故有创伤之象。

桑梓，树木高大，生长旺盛，象征的是阳刚。《易洞林》存郭璞占筮辞："黔黎时漂异类，桑梓之邦其为鱼乎？"桑，《楚辞·天问》："焉得彼涂山氏女，而通之于台桑。"梓，《尔雅·释木》："椅，梓。"郭璞注："即楸。"桑梓搭配，《诗经·小雅·小弁》："维桑与梓，必恭敬止。"朱熹《诗集传》："桑、梓二木，古者五亩之宅，树之墙下，以遗子孙，给蚕食、具器用者也……桑梓父母所植。"① 桑梓往往借指故乡或乡亲父老。张衡《南都赋》写道："永世克孝，怀桑梓焉；真人南巡，睹旧里焉。"桑和丧音同，引申出怀念死者、故土。为什么洞林称"其为鱼乎"呢？要回答这个问题，还得从鱼的象征义入手，鱼生活于水中，象征阴柔，桑、梓是生活于岸上的树木，象征阳刚，占辞暗含的是阳刚变阴，衰损之象。这在《晋书》中能得到验证，针对这则占筮，《郭璞传》记载：

> 惠、怀之际，河东先扰。璞筮之，投策而叹曰："嗟乎！黔黎将湮于异类，桑梓其翦为龙荒乎！"于是潜结姻昵及交游数十家，欲避地东南。②

翦，指翦灭。龙荒，《汉书·叙传下》："龙荒幕朔，莫不来庭。"孟康注："谓白龙堆荒服沙幕也。"颜师古辨析道："龙，匈奴祭天龙城，非谓白龙堆也。朔，北方也。"③《汉书》记载的故实是宣帝时期，匈奴龙城边远荒漠区域的少数民族，无不来汉庭朝见。龙荒往往代指少数民族。少数民族的属性，《汉书·天文志》界定道：

> 中国于四海内则在东南，为阳，阳则日、岁星、荧惑、填星，占于街南，毕主之。其西北则胡、貊、月氏旃裘引弓之民，

---

① （宋）朱熹：《诗集传》，第 185 页。
② （唐）房玄龄等撰：《晋书》，第 1899 页。
③ （汉）班固：《汉书》，第 4238 页。

为阴,阴则月、太白、辰星,占于街北,昴主之。①

在这里,华夷观念和日月星辰捆绑在一起,中原地区与日相配,象征阳刚。少数民族地带与月相配,象征阴。明乎此,《易洞林》记载这则占筮辞时,将龙荒改写成物象为鱼,也就可迎刃而解。鱼是典型的阴柔象征物,与龙荒所指的少数民族属性一致,故可以相互替代。

《易洞林》《晋书·郭璞传》的相关占辞和《易林》是较为突出的衍《易》文献,郭璞用于占筮起卦的对象广泛,和《易林》相比较,表现形式更加灵活,更具有诗性特征。

---

① (汉)班固:《汉书》,第 1289 页。

# 主要参考文献

陈良运：《焦氏易林诗学阐释》，百花洲文艺出版社 2000 年版。
崔新：《译注焦氏易林》，中国文联出版社 2008 年版。
邓球柏：《白话焦氏易林》，岳麓书社 1996 年版。
费秉勋主编：《白话易林》，三秦出版社 1990 年版。
李昊：《焦氏易林研究》，巴蜀书社 2012 年版。
刘黎明：《焦氏易林校注》，巴蜀书社 2011 年版。
钱世明：《易林通说》，华夏出版社 1990 年版。
乔家骏：《焦氏易林易学研究》，台北：花木兰文化出版社 2008 年版。
芮执俭：《易林注译》，敦煌文艺出版社 2001 年版。
尚秉和：《焦氏易诂》，中华书局 1991 年版。
尚秉和：《焦氏易林注》，中国书店 1990 年版。
尚秉和著，张善文校理：《尚氏易学存稿校理》，中国大百科全书出版社 2005 年版。
王赣、牛力达：《大衍新解》，济南出版社 1992 年版。
徐传武、胡真校点集注：《易林汇校集注》，上海古籍出版社 2012 年版。

徐芹庭：《焦氏易林新注》，中国书店 2010 年版。

［日］安居香山、中村璋八：《纬书集成》，河北人民出版社 1994 年版。
（宋）程颐：《周易程氏传》，中华书局 2011 年版。
高亨：《周易古经今注》（重订本），中华书局 1984 年版。
高亨：《周易大传今注》，齐鲁书社 1998 年版。
高怀明：《两汉易学史》，广西师范大学出版社 2007 年版。
黄寿祺、张善文：《周易译注》，上海古籍出版社 2004 年版。
（清）惠栋：《周易述》（附《易汉学》《易例》），中华书局 2007 年版。
黎子耀：《周易秘义》，浙江古籍出版社 1989 年版。
李炳海：《周易释读》，海南出版社 1989 年版。
（清）李道平：《周易集解纂疏》，中华书局 1994 年版。
（清）李光地撰，刘大钧整理：《周易折中》，巴蜀书社 2010 年版。
李镜池：《周易探源》，中华书局 1978 年版。
林忠军：《象数易学发展史》，齐鲁书社 1994 年版。
刘玉建：《两汉象数易学研究》，广西教育出版社 1996 年版。
卢央：《京房评传》，南京大学出版社 2011 年版。
吕书宝：《满眼风物入卜书》，民族出版社 2005 年版。
（清）马国瀚：《玉函山房辑佚书》，广陵书社 2005 年版。
容肇祖：《占卜的源流》，海豚出版社 2010 年版。
尚秉和：《周易尚氏学》，中华书局 1980 年版。
（魏）王弼撰，楼宇烈校释：《周易注》（附《周易略例》），中华书局 2011 年版。
温少峰：《周易八卦释象》，巴蜀书社 2005 年版。
于雪棠：《〈周易〉与中国上古文学》，北京师范大学出版社 2005 年版。
余敦康：《汉宋易学解读》，华夏出版社 2006 年版。

（清）张丙哲：《占易秘解》，海南出版社 1995 年版。
张涛：《秦汉易学思想研究》，中华书局 2005 年版。
周振甫：《周易译注》，中华书局 1991 年版。
朱伯崑：《易学哲学史》，北京大学出版社 1986 年版。
（宋）朱熹：《周易本义》，上海古籍出版社 1987 年版。

（清）陈奂：《诗毛氏传疏》，中国书店 1980 年版。
高亨：《诗经今注》，上海古籍出版社 1980 年版。
（清）焦循：《孟子正义》，中华书局 1987 年版。
（清）刘宝楠：《论语正义》，中华书局 1990 年版。
（清）马瑞辰：《毛诗传笺通释》，中华书局 1989 年版。
（清）皮锡瑞：《今文尚书考证》，中华书局 1989 年版。
（清）阮元：《十三经注疏》，中华书局 1980 年版。
（清）孙希旦：《礼记集解》，中华书局 1989 年版。
（清）孙星衍：《尚书今古文注疏》，中华书局 1986 年版。
（清）孙诒让：《周礼正义》，中华书局 1987 年版。
（清）王聘珍：《大戴礼记解诂》，中华书局 1983 年版。
（清）王先谦：《诗三家义集疏》，中华书局 1987 年版。
（清）朱彬：《礼记训纂》，中华书局 1996 年版。
（宋）朱熹：《诗集传》，中华书局 2011 年版。
（宋）朱熹：《四书章句集注》，中华书局 1983 年版。

（汉）班固：《汉书》，中华书局 1962 年版。
（晋）陈寿：《三国志》，中华书局 1982 年版。
（晋）杜预：《春秋左传集解》，上海人民出版社 1988 年版。
（南朝宋）范晔：《后汉书》，中华书局 1965 年版。
何建章：《战国策注释》，中华书局 1990 年版。
（汉）刘珍等撰，吴树平校注：《东观汉记校注》，中华书局 2008 年版。

（汉）司马迁：《史记》，上海古籍出版社1997年版。

徐元诰：《国语集解》（修订本），中华书局2001年版。

杨伯峻：《春秋左传注》（修订本），中华书局2009年版。

陈奇猷：《韩非子集释》，上海人民出版社1974年版。

陈奇猷：《吕氏春秋校释》，学林出版社1984年版。

（清）郭庆藩：《庄子集释》，中华书局1961年版。

何宁：《淮南子集释》，中华书局1998年版。

刘文典：《淮南鸿烈集解》，安徽大学出版社、云南大学出版社1998年版。

四川大学古籍整理研究所、中华诸子宝藏编纂委员会编：《诸子集成补编》，四川人民出版社1997年版。

（清）孙诒让：《墨子閒诂》，中华书局1996年版。

王利器：《新语校注》，中华书局1986年版。

（清）王先谦：《庄子集解》（附刘武内篇补正），中华书局1987年版。

（清）王先谦：《荀子集解》，中华书局1988年版。

杨伯峻：《列子集释》，中华书局1979年版。

（汉）扬雄撰，（宋）司马光集注：《太玄集注》，中华书局1998年版。

朱谦之：《老子校释》，中华书局1984年版。

费振刚等：《全汉赋》，广东教育出版社2006年版。

（宋）洪兴祖：《楚辞补注》，中华书局1983年版。

李炳海：《周代文艺思想概观》，东北师范大学出版社1993年版。

李炳海：《部族文化与先秦文学》，高等教育出版社1995年版。

李炳海：《黄钟大吕之音》，吉林人民出版社2001年版。

连镇标：《郭璞研究》，上海三联书店2002年版。

逯钦立：《先秦汉魏晋南北朝诗》，中华书局1983年版。

（清）皮锡瑞：《经学历史》，中华书局 2004 年版。

邱鹤亭：《列仙传今译·神仙传今译》，中国社会科学出版社 1996
年版。

（清）唐晏：《两汉三国学案》，中华书局 1986 年版。

徐复观：《两汉思想史》，华东师范大学出版社 2001 年版。

许结：《汉代文学思想史》，人民文学出版社 2010 年版。

（汉）许慎撰，（清）段玉裁注：《说文解字注》，上海古籍出版社
1988 年版。

许维遹：《韩诗外传集释》，中华书局 1980 年版。

（清）严可均：《全上古三代秦汉三国六朝文》，中华书局 1983 年版。

赵敏俐：《周汉诗歌综论》，学苑出版社 2002 年版。

（清）朱骏声：《说文通训定声》，中华书局 1983 年版。

# 后　　记[*]

　　这本书出自我的博士学位论文，原来的名字叫"《焦氏易林》研究——汉代易学与文学关系透视"。两年来，陆陆续续作了一些修改，基本上采用的是减法原则，删掉了一些文字，奉献给大家的是现在的这样一本小书。去年非常幸运地得到了合作导师过常宝先生的应允，于年底前来到了北师大文学院博士后流动站学习和工作，感谢先生提供给了我这样一次宝贵的深造学习机会，也感谢北师大文学院提供经费资助书稿的出版。

　　这本小书立足于研究汉代焦氏林辞，属于专书性质，焦氏林辞是汉代象数易学的代表，文本看似简单，其实进入它的大门是封闭的，就像上了一道道门锁，需要研究者去层层破解，才能体会其中的乐趣。绪言中提到的三个问题，本书尝试着解决，它们像一道道数学题，既诱惑人又折磨人，研究时需要给出自己的答案，但拙书提供的方案是否又都有价值？焦氏林辞难读，我的阐释是不是让人感觉也难读呢？……

　　三年的思索，现在准备呈现给亲爱的读者们，忐忑之余，也伴随着一份喜悦，这份喜悦之情洋溢着感谢和学术写作的回味。回想过去，本科、硕士阶段的论文选题都集中于楚辞、庄子，文学中伴随哲

---

[*] 此序是在我博士学位论文致谢的基础上修改而成，保留了当时的部分文字。

学思辨一直是我的术业爱好。三年前作为幸运儿，成为李炳海先生的学生，开始接受严格的学术训练，慢慢踏入学术研究这片广阔的天地。

当初书稿（论文）的写作，让我真正体会到了学术的苦与乐，时时交织着困惑与喜悦。论文完成历时两年有余，每章由单篇小论文构成，每篇小论文都经过先生的亲笔修改润色，从刚开始的大批量删改，到后来的越改越少，手稿积累到了厚厚的一沓。如今这些批注满满的手稿都被我细心地加以收藏，因为内里凝聚着先生对学生的培养心血和期待，感谢先生您！

在书稿（论文）具体写作中，得到了冷成金老师、王昕老师、徐正英老师、朱万曙老师等的帮助，徐正英老师参加了我最后的论文评审，论文书稿上写满了先生的批阅文字，后来先生因事未能参加我的答辩，就将批阅书稿送给了我，至今读这些文字都让我深受感动。本科班主任吴广平老师，硕士导师郭丹老师也经常询问论文进展，时刻鼓励。福建师范大学张善文老师听闻我研究《焦氏易林》赠送给我两套《尚氏易学存稿校理》，在这里一并致谢。

毕业时，作为这本小书的原稿（博士学位论文）提交答辩委员会审议，答辩委员会由郭英德教授（答辩委员会主席）、赵敏俐教授、廖可斌教授、袁济喜教授、徐楠副教授等组成。各位老师都对我的论文提出了中肯的指导意见和建议，谨向上述诸专家、前辈致以敬意。

从中国人民大学毕业后，我进入了南京大学博士后流动站学习和工作，合作导师许结先生学术气象宏大，对我的论文指导颇多，让我收获颇丰，感谢先生您。南京大学给了我一个充分施展拳脚的平台，也让我有时间修改博士学位论文，并向各个学术期刊投稿，本书有的章节，曾以单篇论文的形式在《中州学刊》《孔子研究》《世界宗教文化》等多家学术刊物上发表，发表时不少期刊对论文提出了较好的修改意见，在此谨向各期刊表示感谢！

初中毕业时，考入了师范学校就读三年制普师专业，期以早日从教贴补家用，然世事造化，因缘巧合，得以顺利进入大学学习，并且一直读书到现在。感谢父母、妹妹的支持，感谢爱人吴媛媛的支持，感谢诸多亲朋好友的支持。

　　因笔者能力及阅读所限，拙著所论必然尚存诸多不足之处，敬请大家批评指正。

田胜利<br>
2017 年 3 月 16 日<br>
于北京新街口外大街寓所